U0907741

图书馆社会教育职能研究

陈瑜◎著

郑州大学出版社

图书在版编目(CIP)数据

图书馆社会教育职能研究 / 陈瑜著. — 郑州 : 郑州大学出版社, 2022.9(2024.6 重印)
ISBN 978-7-5645-9068-0

Ⅰ. ①图… Ⅱ. ①陈… Ⅲ. ①图书馆 - 社会职能 - 研究 Ⅳ. ①G258

中国版本图书馆 CIP 数据核字(2022)第 161492 号

图书馆社会教育职能研究
TUSHUGUAN SHEHUI JIAOYU ZHINENG YANJIU

策划编辑	李勇军	封面设计	孙文恒
责任编辑	暴晓楠	版式设计	孙文恒
责任校对	刘晓晓	责任监制	李瑞卿

出版发行	郑州大学出版社	地　　址	郑州市大学路 40 号(450052)
出 版 人	孙保营	网　　址	http://www.zzup.cn
经　　销	全国新华书店	发行电话	0371-66966070
印　　刷	永清县畔盛亚胶印有限公司		
开　　本	710 mm × 1 010 mm　1 / 16		
印　　张	15.75	字　　数	254 千字
版　　次	2022 年 9 月第 1 版	印　　次	2024 年 6 月第 2 次印刷

书　　号	ISBN 978-7-5645-9068-0	定　　价	78.00 元

本书如有印装质量问题,请与本社联系调换。

目　录

导 论

英国学者大卫·皮尔森曾说：图书馆的意义不仅仅是收藏文本资料，它并且具有集体的价值。(《大英图书馆书籍史话》)作为近代教育的产物，图书馆与古代的藏书楼有本质性的差别：它是搜集可为人群文明的传达者、介绍者提供有益图书并保管之，使公众由最简单的方法得以自由阅览的教育机关。近代图书馆诞生之后，就逐渐成为普及社会教育的重要机构。“图书馆事业，是社会教育的一部分。是比较别的事业更具体化，更有永久性和独立性的一种社会教育。它是以文字、图画等为工具，去化育人民的。”①

甲午战争后，受西方和日本社会教育思想的影响，中国传统的社会教化开始向近代社会教育转型。在“开民智”“作新民”思想的影响下，中国近代图书馆社会教育开始萌芽。清末新政时期，以输入文明、开通智识为主要内容的图书馆教育和服务观念逐渐确立并得到了普遍的支持，为图书馆社会教育奠定了社会基础。辛亥革命后，民国政府把各地设立公共图书馆并面向普通民众开放列入整个社会教育规划中，在发展中逐渐以社会教育而定位，社会教育成为图书馆极为重要的属性与职责。

社会教育是我国近代教育改革与发展过程中的一个重要课题，被喻为“活的教育中心”的图书馆承载着“社会教育”的重大使命。1934 年，民国学者马

① 沈祖荣：《今后二年之推进图书馆教育》，载《沈祖荣文集》，武汉大学出版社，2013 年，第 299 页。

宗荣在《现代社会教育泛论》一书中将社会教育的发展历程归纳划分为三个阶段，即准社会教育时期、社会教育萌芽时期、社会教育成立时期。在各个历史时期，图书馆都是实施社会教育的重要机构，1915 年兴京县教育所长孙世昌在呈文中说："图书馆与社会教育有密切关系，对改革风俗，传播文化功效甚著。"① 美国布法罗大学学者 Sharon Chien Lin 则认为，民国时期图书馆被认为是人民教育中心，公共图书馆的数量在不断增加，为社会教育的广泛开展提供了空间②。应该说，社会教育历经清末、民初、国民政府的一系列历史时期，在"普遍均等""开放、平等、免费"等社会教育学思想的指导下，形成了公共图书馆、通俗图书馆、乡村图书馆、巡回文库、私立图书馆等较完整的图书馆体系，持续有力地推动着我国社会教育的发展。图书馆的社会教育职能在地位和形制上得到高度认可，各种社会教育思潮与不同时期的公共图书馆运动、新教育运动、新文化运动、乡村建设运动等激荡融合，将民国时期图书馆社会教育的实践推向高潮。

从社会教育思想角度分析，受日本及欧美图书馆理念的影响，"图书馆即教育""图书馆应为公众开放""教育界与图书馆界打成一片"等教育思想的传播，为这一时期图书馆的发展起到了举足轻重的作用。第一代图书馆学家大多有海外求学的经历，他们倡导的"平等、开放、自由、免费"的图书馆思想，是图书馆开展社会教育所应遵循的原则先导。教育学家谢荫昌较早在中国系统介绍公共图书馆的社会教育职能，他提出：社会教育机关虽多，但"终莫如图书馆"，认为图书馆社会教育可以完善国民知识、稳定社会秩序，强调图书馆在教育精英学者的同时也能够教育民众。1918 年沈祖荣在《中国全国图书馆调查表》中指出：图书馆的性质在于普及教育，"盖吾国士人，多持曹仓邺架之谬见，尚未明了图书馆之性质，不在培养一二学者，而在教育千万国民；不在考

① 《兴京县呈教育所长扩充图书馆》，辽宁省档案馆藏《奉天省长公署档》，全宗 JC10，卷 22991 号。

② Sharon Chien Lin, "Education for Librarianship in China After the Cultural Revolution," Journal of Education for Librarianship (1983): 17-29.

求精深学理，而在普及国民教育"[①]。1923 年刘国钧在《美国公共图书馆概况》一文中指出："图书馆在今日不惟为研究学术所必需，且为社会教育之利器"，"盖学校之教育止于在校之人数，图书馆之教育则偏于社会；学校之教育迄于毕业之年，图书馆之教育则无年数之限制；学校之教育有规定课程为之限制，而图书馆之教育则可涉及一切人类所应有之知识；学校教育常易趋于专门，而图书馆教育则为常识之源泉。夫一社会之人，在学校者少，人之一生，在学校之时少。然则图书馆教育，苟善用之，其影响于社会于人生者，且甚于学校。而学校中所培养训练之成绩，转将赖图书馆教育之维持而不坠。则图书馆在教育上之价值有时竟过于学校也"。[②] 1933 年，丘学训发表《社会教育的概念与实质》，将图书馆列为社会教育的三种"中枢机关"之一，认为图书馆是民众汲取知识、接受教育的重要场所，借助图书馆、科学馆进行学习是民众进行自我教育的方式之一。

"社会化、平民化"的近代图书馆理念，使得图书馆的社会教育功能在 20 世纪初的公共图书馆运动中被广泛地认知和发扬。中华民国成立后，在行政架构及制度保障的背景下，图书馆社会教育全方位展开，在通俗教育、平民教育、乡村教育、民众教育等各个阶段中都扮演着不可替代的角色，发展图书馆教育事业还是许多教育家、学者推行开展乡村建设及乡村教育的方式之一。在中国共产党领导的苏区、根据地和解放区政府开展的工农教育、抗日革命宣传活动中也发挥了重要作用。整体上看，我国图书馆社会教育的专业性、实践性逐步发展和加强，社会教育成为图书馆的主要服务内容和职能之一。

历史回溯的着眼点在于现实关照，通过对图书馆社会教育的发展历程进行阐释分析，有助于对图书馆社会教育职能的演化形成深层次认知，可为当前拓展社会教育提供借鉴经验。

随着社会的发展，知识的代际更新日趋加快，创建终身学习型社会已成为

---

① 沈祖荣：《中国全国图书馆调查表》，载《沈祖荣文集》，武汉大学出版社，2013 年，第 13 页。
② 刘国钧：《美国图书馆概况》，《新教育》1923 年第 1 期。

时代的要求，图书馆的公共属性和自身特征能够向人们提供学校及家庭教育之外的社会教育。国际图书馆协会联合会1975年在法国里昂召开的讨论会认为，“保存人类文化遗产、开展社会教育、传递科学情报、开发智力资源”[①] 是图书馆的四种社会职能。1994年全国县级以上公共图书馆评估也将业务辅导、读者活动培训等社教内容归入服务工作当中。进入新世纪以来，随着知识经济时代的到来和大教育思想的提出，图书馆的社会教育职能也被赋予了新的内容，各项社会教育活动蓬勃开展。2012年第五次《公共图书馆评估标准》中，“服务工作”标准下设“社会教育活动”子项目，具体包含讲座/培训、展览、阅读推广、图书馆服务宣传等内容以及量化指标，这实际对我国各类图书馆开展社会教育提出了新要求——不断探索图书馆社会教育工作的新内涵、新途径、新视野。图书馆作为重要的社会教育和文化教育机构之一，如何充分利用它帮助国人提高整体素质、进行终身教育、建设学习型社会，是新时期图书馆教育的重要课题。

① 黄宗忠：《图书馆学导论》，武汉大学出版社，2013年，第132页。

第一章　我国社会教育的产生和发展

社会教育在我国有着悠久的历史。《礼记·学记》曰：“建国君民，教学为先。”社会教育作为教育的重要组成部分，内含于大教育概念之中，其在敦风化俗、普及教育、改良社会方面的作用是显著的，在漫长的封建社会里发挥着“教化子民”的作用。1840 年之后，民族危机空前深重，开明政治家和先进的知识分子将社会教育视为“唤起民众”、旧邦新造之途径，如时论所言：“虽然彼所谓强者，非有国以来即若是也，允以教育普及，民力优越有以致之也。我之积弱亦非历史所遗传也。良以教育不兴，民智固蔽之故也。”甲午战败后维新兴学，开启了近代社会教育。民国初年，受西方教育思想的影响，社会教育从教育中独立出来，1912 年其正式在教育行政上确立地位。随后，识字所、平民学校、图书馆、民众馆、博物馆等公共教育资源相继兴办，推动了社会教育的向前发展，自此社会教育逐渐成为与学校教育和家庭教育并立的教育形式。

第一节　“社会教育”一词的来源

我国古代就有通过乡约谕俗、家规族法等方式对人民进行社会教化的传统，但随着西学扩张和社会嬗变，以儒学为中心的传统教化体系逐渐崩解。在学习借鉴西方思想的驱动下，20 世纪初，“社会教育”这一舶来品通过译介外国教育学说的方式传入中国。

一般认为，社会教育（social education）最早是1835年由德国的第斯多惠（Adolph Diesterweg）在《德国教师培养指南》（*Wegweiser zur Bildung fürdeutsche Lehrer*）一书中提出的，其基本观点是：社会教育就是经由知识达到生活的参与，目的是发展人的能力，增强人的理性。另一位德国社会教育学家诺尔（Herman Nohl）认为，社会教育就是存在于学校以外的“社会的与国家的教育的照顾”；本质在于帮助教育对象掌握道德秩序，以形成“国民的健康的生活秩序”[①]。20世纪初，我国学者通过翻译日、德等国相关教育论著将“社会教育”一词引入国内。1887年，日本邀请德国的赫尔巴特学派学者豪斯克内希特（Hausknecht）东来，并在东京举行了教育学讲座。在他的影响下，日本的“教育学与德国教育学有了紧密的联系”[②]，嗣后，社会教育学、文化教育学、民族教育学等学说纷纷流入日本。在这样的背景下，山名次郎的《社会教育论》、佐藤善治郎的《最近社会教育法》、吉田熊次的《博格曼氏社会的教育学及进化的伦理学》相继出版。这些著作中所阐述的理论观点并非作者的独创，而是他们对威尔曼（Otto Willmann）、那托普（Paul Natorp）、莱曼（L.R.Lehmann）和博格曼（P.Bergemann）等德国教育学家们教育学说的翻译和介绍。[③] 早期的社会教育观包括：社会教育是学校教育之外的教育事业；社会教育的目的是提高全体国民的智识，具有慈善与公益的色彩；社会教育是由社会各界所开展的教育，方式多样、形式灵活。[④]

1902年7月，东文学社成员沈纮（1880—1917）翻译了日本利根川与作的《家庭教育法》，刊登于我国最早的教育专业杂志《教育世界》第29期，文中第一次出现“社会教育”。其后，《教育世界》第31期又刊登沈氏译著的《社会教育法》，全面介绍了佐藤善治郎对社会教育概念的理解。那托普的《社会教育

① 詹栋梁：《社会教育学》，五南图书出版有限公司，1983年，第6页。
② 田浦武雄：《教育学》，载瞿葆奎主编《教育与教育学》，人民教育出版社，1993年，第325页。
③ 梁忠义主编《日本教育》，吉林教育出版社，2000年，第384页。
④ 王雷：《社会教育概论》，光明日报出版社，2007年，第18页。

学》、博格曼的《社会教育学》相继刊载于1904—1915年的《教育世界》，之后“社会教育”在一些刊物上陆续出现。由东京游学译编社编辑、长沙矿物总局出版发行的《游学译编》连续载文介绍社会教育思想，并试图结合中国国情探索社会教育道路，第8期《论学校对社会和家庭之关系》译自中岛半次郎之讲义，认为“处世、接物、立身、行事，曰社会教育”，“社会者，亦与家庭并立而为一种之教育场者也”；第9期佚名著《教育泛论》提出“恃学校教育而无社会教育，不足以立国，至易明之理也”；第11期的《社会教育》则是国人最早的社会教育专论。1906年“爱智会”主办的《教育》第2期发表蓝公武的《社会教育论》。由此，社会教育的观念逐渐萌芽。国人开始接受社会教育的某些思想观点，并开始用社会教育的思想观点分析国内的教育问题。

中华民国成立后，蔡元培为首任教育总长，鉴于世界各国社会教育之发达，以及我国失学人数众多之事实，他极力提倡社会教育，在拟定教育部官制时，与蒋维乔等共同促成于普通教育、专门教育二司之外，增设社会教育司，使社会教育第一次在教育行政上获得了独立的地位。“社会教育”开始进入普通民众的生活，从教育界、学术界到实业界，无不关注社会教育事业。1912年，伍达翻译了日本通俗教育研究会编著的《通俗教育事业设施法》并出版。1913年，《社会杂志》第2期发表署名“平”的文章《戏剧与社会教育》，同年，商务印书馆、中华书局、文明书局出版了谢荫昌（1876—1929）所著《社会教育》，详述了社会教育与社会物质、社会心理、社会化以及社会性等四个方面的关系。1914年，《教育杂志》第6卷连续发表侯鸿鉴《说社会教育》和《说社会教育与学校教育联络之改进》两篇文章。1916年，唐碧译述了《调查日本社会教育纪要》，由通俗教育研究会出版，目的在于“以为吾国社会教育设施之准则，进行之先导”，该书综合介绍了日本35种社会教育事业，提出“国家谋社会之善良，必自社会教育始”，“社会教育之关系于家庭、学校、个人、国家者，至钜且要”。1917年，《湖南教育杂志》刊出伏生（胡愈之）的《社会教育之关系》。1922年出版的陶孟和（1887—1960）著《社会与教育》，全面阐述了社会教育学的使命，内容方面参考了两位德国学者，即史密斯（Walter Robinson

Smith）1917年撰写的*An Introduction to Educational Sociology*[①]一书理论篇和克洛（Frederick R. Clow）于1920年所写*Principles of Sociology with Educational Applications*之相关内容。

简言之，“社会教育”是20世纪初舶来的一个新名词，中国近代社会教育观念的产生与发展受到了日本与德国社会教育的双重影响。其后，中国学者对社会教育的认识、接受与实践逐渐成熟和发展，这些认识既有国外的影响，也同时注重结合本国国情和本土化的尝试。如日本学者小林文人等指出，社会教育概念的输入“可以为形成国民意识、产生国民文化、争取民族解放服务”[②]，但中国近代社会教育之路又与日本先普及学校教育制度，而后推广社会教育不同，中国推行社会教育与学校教育并行开展，并起到了普及学校教育的作用。同样，德国早期社会教育实施中“社会帮助”“青年照顾”的观念和20世纪20年代以重视校外青年和受伤害青年的教育帮助为内容的“社会教育运动”，也与中国的社会教育实情有区别。

第二节　社会教育的概念

“社会教育”是开展该领域研究的核心词汇。自清末至当代，不同学者分别从多个视角进行了讨论，因此所述定义不尽相同。对其概念的界定，首先应自源头进行梳理。1902年沈纮翻译的《社会教育法》（教育世界出版所“教育丛书”第二集），1903年佚名译的《论学校对家庭与社会之关系》等无疑是近代中国社会教育理论的初始框架。其内容包括：

①社会教育的定义和目的：“所谓社会教育者，对学校教育而言之，目的在

① 史密斯所著*An Introduction to Educational Sociology*一书曾在1919年由刘著良译为《社会教育学导言》，相继发表于《安徽教育月刊》第10、15、20、22期。

② 小林文人、末本诚、吴遵民：《当代社区教育新视野：社区教育理论与实践的国际比较》，上海教育出版社，2003年，第159页。

高社会之智识、道德而已。”

②社会教育的对象是整个社会，社会是人们的集合体，上流社会、中流社会、学生、贫民社会等各个阶级都应该得到教育。

③社会教育的功效：“教育于社会改良上，有最大之效力。”社会教育对社会有救济作用，社会教育可补学校教育之不足。

④社会教育的机关：公园、博物馆、图书馆、谈话演说会、团体等。

⑤社会教育的范围和分类：职工教育、贫民教育、感化教育、特殊教育等。

⑥社会教育的重要性：就家庭、学校与社会三者关系而言，社会教育比家庭和学校教育更为重要。家庭接受社会之影响，学校只不过是“出入家庭、社会间这一过渡的时代耳”。

我国学界认识和接受“社会教育”的概念最初受到了日本之影响，随着清末民初留学热潮的到来，欧美社会特别是德国的“新教育”理论对人们理解“社会教育”起到了深化作用。蔡元培、余寄等人的留学经历，使他们从源头上对德国的社会教育有了更直接、更具体的认识。在德国基尔大学留学的王德宣撰文道：“德意志国民知识之高深，教育之普及，久为世界人所注目。愚细考其施教之方，并非专重学校，而学校以外之社会教育，亦异常认真，盖非他国所能及者也。”①

德国的社会教育理论，为“社会教育”在中国教育土壤上的生根作了根源上的论证。如第斯多惠认为，社会教育应与社会政策相结合，使人能获得新的生活。威尔曼的理论是：社会教育包括爱国主义的陶冶和培养社会公民，有助于达成社会的自由平等与社会政策的推展。那托普说：社会教育不仅具有“社会帮助”功能，还是一种“透过社会而实施的教育”。一战后，德国更是发起社会教育运动，倡导“新的社会教育”，该运动的发起人哥廷根大学教授诺尔强调：“新的社会教育”就是一种帮助，由国家帮助而达到自助；社会教育是一种责任，分为个人责任（即自我的责任）和社会责任（即帮助的责任），社会教

① 陈其昌、王德宣、陈国儒、戴禹久、能卿云编《各国教育谈》，商务印书馆，1924年，第83页。

育主要是建立“公共的教育照顾制度”①。德国社会教育学派的理论和推广，对我国社会教育概念和内涵的界定产生了广泛影响，学者们从教育范围、教育主客体、教育设施途径等诸多方面对社会教育的实质进行论述。20世纪前20年，中国社会已经形成了一股社会教育思潮。

余寄认为：“社会教育者，以社会之全体为教育之客体，而施教育于社会全体之谓也。”（1917年《社会教育》）晏阳初认为，“所谓‘社会教育’，是一种辅助正式学校的教育”，是“一种间接的或附带性的教育事业”。（1927年《平民教育的真义》）余家菊说：社会教育“广义指各种社会生活对于个人心身之有意或无意之影响也”，狭义指“专为已出学校或无力入学之一般民众而设”。（1928年《中国教育辞典》）俞庆棠认为，社会教育有广义和狭义的分别，“广义的社会教育就是全民教育，以社会全体民众为教育对象”，“狭义的社会教育，就是失学青年的基本补充教育”。（1931年《民众社会教育谈》）

梁漱溟则强调“社会教育，即社会式教育”，应“以社会教育为本位而建树学制系统”，这个学制系统包含社会教育与学校教育，他认为“社会教育为片面的补充的设施，非正规教育”。（1933年《社会本位的社会教育草案》）甘豫源说：“今日之所谓社会教育者就是学校以外的教育。”（1936年《县教育行政》）陈礼江认为：“社会教育是国家或私人欲使教育范围扩张，在普通正式学校以外另办的各种各样的非定式教育。”（1937年《社会教育的意义及其事业》）吴学信撰文道：“社会教育为学校教育及家庭教育以外，所施行的教育活动的泛称。其对象为社会全民，其时期为整个人生，其内容是充实人生的，其实施机关是种类多歧，其施教时间乏严密连续性，以上各项都是社会教育的特征。”（1938年《社会教育论丛》）

古楳认为：“社会教育是国家或公私团体个人为谋发展社会各界民众的资质，改进全体民众的生活，提高社会文化的水准，而设施的各级多式的教育。”（1940年《社会教育指南》）

---

① 王冬桦、王非主编《社会教育学概论》，教育科学出版社，1992年，第33页。

钟灵秀说："在正式学制系统以外，用各种不同的方式和手段主办各式各样的教育机关和设施，使全体民众不论男女老幼贤愚贫富，凡未受教育的人得补受国民应受的基础教育，已受教育的人，得有受继续教育的机会，以增进社会全体教育的程度，提高社会文化水准，俾社会改革上进步上受到较普遍的良好影响，因之，人民资质改善、生活改良、社会进步、文化提高，这种作用，就是社会教育。"（1941 年《社会教育大纲》）

傅葆琛说：社会教育"必须努力于社会各分子的健全和整个社会的改造与进步"。认为从通俗教育、识字教育、平民教育到民众教育，社会教育已经发展成为与学校教育相辅而行的一种教育。（1944 年《我国社会教育的演变及其动向》）

刘真认为："若就积极方面下一界说，凡社会上具有教育作用的任何活动和设施，都可以叫作社会教育。"（1946 年《教育行政》）

以上各观点反映了民国不同历史阶段对社会教育的理解，始终未有共同接受的确切解说，但总体说来分为三类：第一类，社会教育即教育全体。社会教育化、教育社会化是其理想。第二类，是指学校教育以外的教育活动。第三类，综合上述两种说法，认为社会教育具有广、狭二义。

新中国成立后，教育史研究者对社会教育的观点亦不尽相同，有从教育对象和教育内容角度界定者，亦有从影响个人身心充分发展角度界定者。杨才林提出，广义的社会教育包括正规教育与非正规教育；狭义的社会教育指学校和家庭教育之外的一切社会文化机构及有关的社会团体或组织对社会成员所进行的教育，是家庭教育和学校教育的补充和延续。[1] 王雷认为：近代社会教育是对失学民众和全体国民所实施的教育，事业方面突出各种设施与机构的建立，实践方面则以有计划和有组织为主要特征。[2] 周慧梅指出，民国的社会教育是"一

---

① 杨才林：《"作新民""唤起民众"——民国社会教育研究》，博士学位论文，首都师范大学，2007 年。

② 王雷：《中国近代社会教育史》，人民教育出版社，2003 年，第 11 页。

个一直处于流变中、具有多重实践内涵的概念”。[①] 李剑萍、杨旭认为：“广义的社会教育是指一切社会活动对于个体身心发展的影响，狭义的社会教育则指学校教育之外的各种教育活动，与学校教育相辅相成。”[②]

第三节　社会教育的内涵和特征

通过对社会教育概念的梳理和廓清，可以认为，中国近代史上的社会教育主要是指社会教育的狭义形态，指学制系统以外所进行的一种有目的、有计划、有组织的教育活动。[③] 其目的为：“充实人民生活，扶植社会生存，发展国民生计，延续民族生命。”最终“使人民具备近代都市及农村生活之常识，家庭经济改善之技能，公民自治必备之资格，保护公共事业及森林园地之习惯，养老，恤贫，防灾，互助之美德”。[④]

在我国，社会教育的名称几经变迁，大部分时间不是以社会教育的名称出现。初期为简易识字学塾教育；中华民国建立后称为通俗教育或扩充教育；五四运动时期，“民主、科学”的呼声高涨，社会上大力提倡扫盲识字，兴起平民教育；南京国民政府成立后，以“唤起民众”为宗旨的民众教育成为社会教育的重心；抗战胜利后，社会教育的名称又重新在社会上流行[⑤]。社会教育的形态纷繁复杂，不同名称渐次出现、交叉存在，但实质和内容均统合在社会教育之下。钮永建说：“今日之社会教育，深入民众，普及乡村，远逮荒僻，其人则男女老幼，其事则大小精粗，无不兼容并包。”[⑥] 从当时的制度设计、职能表现以

---

① 周慧梅：《民国社会教育研究》，湖南教育出版社，2018 年，第 31 页。

② 李剑萍、杨旭：《教育家康有为研究》，山东人民出版社，2016 年，第 123—124 页。

③ 王雷：《中国近代社会教育史》，人民教育出版社，2003 年，第 8 页。

④ 《卷首语》，《时代教育》1934 年第 2 卷第 3 期。

⑤ 刘晓云：《近代北京社会教育发展研究（1895—1949）》，知识产权出版社，2013 年，第 4 页。

⑥ 国立编译馆编《社会教育》，载李景文、马小泉主编《民国教育史料丛刊　1104　社会教育》，大象出版社，2015 年，第 124—125 页。

及学者的研究来看，就内容而言，通俗教育、平民教育和民众教育属于社会教育的专项活动；就时间而言，皆属于社会教育的阶段性事业。

综上，社会教育的内涵包括：

①社会教育是以全民为对象的教育。不论老幼，不问贤愚，不管职业，不拘贫富。不许排斥任何民众，不许任何阶级独占，随时随地施教，即所谓有教无类。

②社会教育是整个生涯的教育。社会教育的时间是永久的，是继续不断的，无年限制约，没有受过学校教育的人固然可以接受，即使受过学校教育的人，也随时随地接受社会教育。

③社会教育是充实生活的教育，其目的是改进国民资质，以适应进步的社会，社会教育不仅是启蒙教育、扫除文盲教育，而且是充实每个人生活的教育。

④社会教育是多式多样的教育，有各种教育机关和设施，以适应各受教者的需要。如学校式的民众学校、补习学校，社会式的民众教育馆、图书馆、科学馆、巡回教育、艺术教育等，式样各不同，方法亦有异，随时随地为民众提供受教育的机会。

其特征可概括为：

①社会教育对象的广泛性。对各个年龄阶段，各种身份人员都有重要意义，社会教育成为现代社会教育体系中不可忽略的组成部分。

②社会教育内容的丰富性。社会教育不像学校教育具有诸多限制，没有年龄、时间、地点等局限，并且渗入社会生活的方方面面，表现出同政治活动、日常生活、生产劳动、娱乐活动等紧密结合、融为一体的特征。

③社会教育形式的多样性。社会教育的开展形式具有极大的灵活性和多样性，如民众学校、市民学校、补习学校和培训学校；开展场所包括夜校、图书馆、民众馆、博物馆、展览馆、阅报栏和文化广场等；社会文化教育活动，如讲演宣讲、竞赛活动、表演等。①

---

①　胡钦太、林晓凡编著《新媒体的社会教育功能及其传播模式》，世界图书出版公司，2015年，第10—11页。

第四节　社会教育与相关教育之关系

一、社会教育与成人教育

成人教育（Adult Education）的称谓起源于欧美，英国成人教育协会认为“成人要求满足智识荒，使他们在社会国家，可以为较完善的公民，或求有自我表现（self expression）的机会，这种种努力，都是成人教育”。美国成教协会会长说：“成人教育是鼓励人们前进的方法。使各人对于现有的智识与生活更趋完善。这种教育，随时随地可以开始。除了志望消灭，不愿自学之外，这种自进心理，无时或止。成人教育的成效，达到最高点的时候，就是人们对于自身生活，较为充裕；对于生命的意义，更为欣赏；对于心身的运用，更为满意；对于人类的责任与权利，更为明了。”① 尽管看法不尽相同，但有共同之处，即成人教育是十八岁以上人们的教育；它包括一般文化事业与专为成人而设的学校教育两大部分；其基础出发点是将教育视作一个人终生的事业。

从教育对象的年龄上看，社会教育包括一切年龄阶段的人，而成人教育是专为成人办的。从这个角度来看，成人教育是社会教育之一部分，蔡元培在主张设社会教育司时称是为了“提倡成人教育与补习教育”，这表明在他的教育主张中，“成人教育”应属于社会教育范畴之内。陈礼江更明确指出：“成人教育是正式学校系统以外的教育，应当归在社会教育的范围之内。”马宗荣也认为：“成人教育，它的对象是成人，非全体的民众。然成人教育的目标，是想充实人生，实施整个生涯的教育，注重利用余暇，采多方面教化制。故成人教育为社会教育之一部。”

---

① 杜定友编译《图书馆与成人教育》，中华书局，1948 年，第 9—10 页。

从教育目的来看，二者又存在共融共通之处。成人教育的目的在于提升国民素质，如梁漱溟所云“以青年为友”，“一，是帮着他走路；二，此所云走路不单是指知识技能往前走，而实指一个人的会生活”。[①] 可见，成人教育不仅要促进个人知识能力的提升，更为注重个人精气神的形成，立足于成人自身发展的需求，最终使其学会生活。目的之二在于推进文化、改造社会：“（一）平时要在能为社会绵续文化而求其进步；（二）变时（改造时期）要在能减少暴力至可能最小限度于其前，能完成改造达可能最大限度于其后。”[②] 陶行知也认为成人教育在培养健全人格：“一、私德为立身之本，公德为服务社会国家之本。二、人生所必需之知识技能。三、强健活泼之体格。四、优美和乐之感情。”近代中国正处于新旧社会的急遽变革时期，在民族心理重构和自强自救的时代背景下，实施成人教育来改造社会的目的更为迫切。[③] 这与社会教育重视道德教育、品质培养以及“再造国民”的理念是契合的。

二、社会教育与终身教育

“终身教育”（Lifelong Education）这一术语始见于1919年英国教育文献《成人教育报告》（*Report on Adult Education*），该报告断言，成人教育是一种“永久的国民需要”，“应当是普遍的和终身的”[④]，它反映了20世纪初以来社会发展与个体尊严对终身教育的迫切要求，因而成为终身教育理论发展的转折点。1929年，英国成人教育家耶克斯利（A.B.Yeaxlee）完成其代表作《终身教育》，书中主要阐述了这样一种思想：“教育永远不会结束，它包括知识、

---

① 北京师联教育科学研究所主编《中国教育名家名作精读丛书·第五辑》，北京环境科学出版社，2006年，第70页。

② 梁漱溟：《社会本位的教育系统草案》，载《梁漱溟全集（第5卷）》（2版），山东人民出版社，2005年，第398页。

③ 吴洪成、姜柏强：《新儒家梁漱溟的教育事业》，山西人民出版社，2018年，第330页。

④ 达肯沃尔德、梅里安：《成人教育——实践的基础》，刘宪之、蔺延梓、刘海鹏译，教育科学出版社，1986年，第18页。

经验和伙伴关系。”① 美国教育家杜威（John Dewey）有相似观点，1916年他在《民主主义与教育》中写道：“一个人离开学校之后，教育不应停止。”② 综合来看，终身教育可以表述为：人们在一生中所受到的各种培养的总和。从内涵表述到20世纪各国的教育实施与实践来考察，社会教育与终身教育既相互区别又紧密联系。

第一，就其对象来看，都具有全民性。终身教育主张教育的大门应向所有社会成员敞开，因此，所有社会成员都需要不间断地接受教育。英国空想社会主义者欧文（Robert Owell）认为，人从出生到成年，应当通过当时最好的方式受到教育和培养，他在《新道德世界书》中强调，未来社会的新人，从出生到老死都应接受不同内容的教育，使每一个年龄阶段的人受到适合他们的教育。法国近代教育理论家孔多塞（Condorcet）也认为教育应该不限年龄，任何年龄的学习都是有益的而且是可能的。③ 终身教育的全民性体现了教育的民主化，它是为一切人的教育。同样，社会教育受教的也是全体国民，不论贩夫走卒，达官显贵，都是社会教育的对象。社会教育的对象没有任何的限制，不分阶级、职业和贫富。

第二，就其时间来看，都具有终身性。终身教育是指持续一生的教育过程，要实现使人的一生各个阶段（从幼儿、童年、青少年到成年及老年）都受教育，即如17世纪捷克教育家夸美纽斯（J.A.Gomenius）所说的“从母腹到坟墓”的终身教育思想，而不是局限于某一个年龄阶段的教育，它突破了正规学校教育的框架，实现了正规教育和非正规教育的融合，将教育看成是贯穿于人的整个一生的事情。社会教育也强调“是整个生涯的教育”，包括全民幼儿时代的教化，少年、青年时代及老年时代的教育，是“充实人生的教育”。④

第三，就其空间来看，都具有广延性。终身教育的实施空间“并非局限于

---

① 李甦、康耘坤：《东陆教育评论（2014）》，云南大学出版社，2015年，第208页。

② 杜威：《杜威教育论著选》，赵祥麟、王承绪编译，华东师范大学出版社，1981年，第156页。

③ 袁利平主编《国际教育改革与发展——侧重2000年以来的战略、经验与趋势》，陕西师范大学出版社，2018年，第53页。

④ 马宗荣：《社会教育纲要》，商务印书馆，1947年，第24页。

学校教育。相反，它的影响扩展到学习者的私人生活和公众生活的所有方面”①。它可以发生在家庭、社区、工作场所以及一切可能对人发挥教育的空间或地点，学校不再是唯一被认可的教育场所，大凡个人或集团可以利用的一切教育设施及资源都应被包含在内。社会教育场所是指学校之外的、具有教育功能的社会场所，包括由社会各个领域投资建设的具有纪念、培训、教育、传播知识、娱乐功能的公共场所，同样具有广博性和开放性。

第四，就其内容来看，都具有丰富性。终身教育的目的在于促进人的全面发展，实现人性的完美和人生真正的价值，因此终身教育既包括正规教育的内容，也有适应职业、素质提升等的非正规教育的内容，以实现人们知识技能、智力、品德等多方面素养的整体提升。社会教育也同样内容广泛，包括识字教育、健康教育、艺术教育、特殊教育、劳动教育、科学教育、爱国教育等，并且会根据时代和社会需求等增加新的教育内容。

两者的主要区别在于，从实施方式上讲，终身教育包括学校教育、家庭教育和社会教育，它的外延比社会教育更广，它可以包括正规教育（学校学历教育）的方式。终身教育在纵向上将学校教育与家庭教育、社会教育结合起来，且突出教育实施的“终身性”。社会教育是终身教育的保障，终身教育是社会教育发展的目标。

三、社会教育与扩充教育

扩充教育（Extension Education）亦名推广教育，它源自西方的大学扩充运动，是以大学或其他类型教育机关为主而推广出来的各种附属教育事业，欧美各大学多设有扩充教育部或推广教育部，从事通讯教授、集合教授、演讲教授等教育活动，目的是使大学周围有志于学的成人可以得到适合的教育。这种教育方式传入中国后，曾流行一时，蔡元培在考察欧美之后，便根据自身经历和

① 瞿葆奎主编《教育学文集　第十四卷　教育制度》，人民教育出版社，1990年，第553页。

调查，提出大学应兼办各种社会教育事业的主张。1927年，国民政府颁布大学区行政院组织，设有扩充教育部（后改处），主持社会教育和民众教育。随着大学区制的废止，“扩充教育”一词亦成陈迹。

我国的扩充教育内容可从1927年时任中央大学扩充教育处处长俞庆棠的讲话中得知，她说：“扩充教育的范围，从现在的事实看来，有社会教育——狭义的社会教育，如图书馆、体育场、通俗教育馆等；劳动教育分劳工与劳农；民众教育——即平民教育；职业教育；各种补习教育；特殊教育，如慈善机构、监狱、低能、盲哑等之教育实施；公民教育；艺术教育；都可以包括在扩充教育范围之内。再从社会的眼光看，扩充教育就是社会教育，广义的社会教育。因为学校教育受教者有一定的名额，一定的年龄，而扩充教育以全社会为对象，适应社会各种需要，不择人，不择地，随处可以有教育的设施。”①

从施教范围及机构考察，扩充教育与社会教育确有相通之处，民国时一度以扩充教育取代社会教育，旨在把学校教育的作用扩充到社会，使一般民众均有受教育的机会，就其目标而论，与社会教育的本质相符；但二者又不能混淆。扩充教育为“具有附属性之枝节教育——附属于大学校内”②，是由某教育机关扩充出来的教育，属于附属事业，带有额外、辅助的意思；社会教育有自己的教育机关，不一定要依赖某一个教育机关去扩充才能成立，可以独立办理。另外，扩充教育所举办的事业，有与社会教育事业相同的，也有不相同的，譬如某教育机关附设一个民众阅报室，这种扩充教育完全属于社会教育，而如果某农业教育机关开办农业新技术推广站，这种扩充教育便不是社会教育。

四、社会教育与非正规教育

非正规教育（Informal Education）亦称为“非正式教育”，指的是在正规教育体制以外的有组织的教育活动，具有实用性、针对性和灵活性等特点。非正

① 茅仲英、唐孝纯编《俞庆棠教育论著选》，人民教育出版社，1992年，第6页。
② 杨佩文编《民众教育实施法》，商务印书馆，1937年，第12页。

规教育思想的萌芽早在法国卡洛泰（Chalotais）的《论国家教育》（*Essay on National Education*）中已出现，文中道："所有必须的知识并没有全部被包括在书本之中，有许多事情可以通过交谈、应用与实践学到。"① 1916年，杜威在《民主主义与教育》一书中首先使用了"非正规教育"一词，他将教育分为非正规教育和正规教育两种，并提出不可将"学校教育"与"教育"这两个性质迥异的概念相提并论。在特定场所、有目的地把人培养成为特定的人的教育是学校教育，即正规教育；人与人在社会生活中约定俗成的规则或在道德情感方面达成一致的教育是社会教育，即非正规教育。教育应当包括家庭教育、社会教育和学校教育，家庭和社会提供的"非正规教育"和学校提供的"正规教育"一起构成了人的一生所需接受教育的总和。他还强调"学校教育只是许多教育机构之一"②，不可忽视学校以外塑造心灵与人格的强大力量。

美国历史学家贝林（B.Bailyn）指出："教育是文化逐代相传的全过程。"③在此过程中，教育对象扩大了，不再限于未成年人；教育机构也从单一走向多元，不再限于学校和学院。家庭、教堂、社区等一切承载教育功能的社会机构被统揽其中。

比较而言，非正规教育与社会教育有相似之处，它们的教育目的都指向国民智识的提高和国民性的健全，都强调教育的非正规形式，即可以在不同场合和场所内进行；二者都属于正规学制体系以外的教育，并且都是一个终身的过程。它们之间的区别在于，非正规教育是与学校教育相对而言，而社会教育强调的是由社会各界有目的、有计划实施的教育。社会教育的实施有两种，学校形式如民众学校、识字班、夜校、农民学校等，"学校式的实施，必须有学校的形式和方法——课程、教师、教材……；社会式的实施，则无一定的形式和方法，随时随处，均可施教，所谓因地制宜，因人而施者也"④。（1940年《我国

---

① 转引自布鲁柏克：《教育问题史》，吴元训主译，吴元训校，安徽教育出版社，1991年，第343页。

② 杜威：《杜威教育论著选》，赵祥麟、王承绪编译，华东师范大学出版社，1981年，第341页。

③ 杜成宪、邓明言：《教育史学》，人民教育出版社，2014年，第306页。

④ 陈侠、傅启群编《傅葆琛教育论著选》，人民教育出版社，1994年，第378页。

社会教育的演变及其动向》）也可以是社会形式的，如宣讲、展览、阅报等。

第五节 社会教育功能的历史考察

一、社会教育功能演进

“社会教育”一词最早在欧洲大陆出现，是作为个体教育的反义词被提出，意义旨在构建道德化社会，那托普认为：社会教育具有“社会帮助”功能，教育目的是在人类社会共同的意识基础上发展人有意识的积极性，使人在科学、道德、艺术诸方面得到发展。对于教育过程，他主张进行理想的教化和陶冶，促成人的社会化。在西方工业化的进程中，诺尔等教育学家又将“社会帮助”“生活救助”“青年养护”“青年照顾”等作为社会教育的目的。诺尔的学生来希怀因（Adolf Reichwein）说，社会教育的功能就在于建立理想的社会，而理想的社会就是精神的社会、生产的社会、陶冶的社会、民族的社会的综合体。二战后，德国学者莫伦豪尔（K.Mollenhauer）在《社会教育学概论》中写道：社会教育可以解决社会的冲突，促进社会结构的关联，获得有价值的知识，参与教育实践活动等。汉斯·替尔施（Hans Thiersch）则指出社会教育的目的是协助主体“自助、自主与增权”①。

日本自1871年建立社会教育行政体制之后，从政府到民间开展了一系列社会教育，关于社会教育功能的理论思考包括两类，就是社会本位目的观和个人本位目的观。其一，认为社会教育可提高技能和国民资质。如丸山良二说，社会教育“致力于教授国民道德教育、公民教育及其生活所必需的职业性知识技能、美的趣味之培养、身体健康的保持增进等”。其二，认为社会教育可改良社

① 张威：《德语世界社会教育学与社会工作概念发展脉络与相互关系——兼论社会工作的教育学取向》，《社会工作》2016年第6期。

会。岛内俊三说：“社会教育的目的主要是使人们知道社会生活的方法。即社会教育的目的是促进社会生活本身的进步发展。”江幡龟寿提出，“社会教育的目的不是以直接对个人的开发为目的，而是要提高社会一般民众的教育程度，促进社会全体的进步发展”①。

中国自戊戌变法失败，洋务强国梦受挫之后，开民智、新民德、鼓民力成为朝野的共识。在此背景下开展起来的各种社会教育活动均以强国强种、启智新民为目的，社会各界所进行的理论探讨也说明了这一点。陶孟和认为，中国传统的教育观念是以个人为本位的，但“现在教育之任务，在乎使个人成为社会化的个人”，“教育的责任就是将社会的成训、风尚、制度，有意识地传递于新的一代”。（1922 年《社会与教育》）1931 年 5 月，国民会议通过的《教育设施趋向案》规定：“社会教育应以增加生产为中心目标，就人民现有之程度与实际生活，辅助其生产智识与技能之增进。”明确了社会教育的功能——文化知识、职业技能和伦理道德行为规范教育。陈礼江则指出：社会教育的“目的在扩充教育权利享受的机会及增高社会全体的教育程度，以期社会全民生活的向上和国家社会的改进”。（1937 年《社会教育的意义及其事业》）傅葆琛说：社会教育“具有纵横两种力量。横的方面在使教育的机会均等化、普遍化，使全国人民都有享受教育的可能，全国文化得呈平衡发展的现象。纵的方面在继续不断提高一般人的知识程度，使全社会文化水准逐渐上升”，“必须努力于社会各分子的健全和整个社会的改造与进步”，“它的目标不只是为少数不识字、失学、缺乏生计、不会行使公民权利的人，解决他们的问题，而是要为全国人民谋幸福，为整个民族求解放”。（1940 年《我国社会教育的演变及其动向》）

二、中国社会教育的功效

社会教育作为近代中国教育体系的重要一翼，自民国初年以来被逐步推进，

① 吕慧：《论日本的社会教育研究——以 1868—1937 年为范围》，硕士学位论文，山西大学教育科学学院，2013 年。

社会教育从业人员和机构逐年增长，各类社会教育运动层层开展，平民学校、民众教育馆、图书馆、电教播放等教育事业相继推出，不断探索和完善符合中国国情的以教育改造社会之路，尤其在南京国民政府时期，“溯自民国十六年以来，因着国民革命的呼声，社会教育事业日益高涨”①。社会教育事业更经历国难和抗战的考验，将国家、民族意识深深植入国民的观念当中。在半个世纪的探索实践中，社会教育以其对象的广泛性、内容的丰富性、形式的多样性以及性质的公益性，承担着“改良国民性”“挽救危亡与解放民众”等多重任务，发挥并彰显了促进民众觉醒、社会改造、推动社会经济文化进步的历史功能。

（一）致力于近代意义的国民教化及民力涵养

我国的社会教育理念和事业自萌动发展以来，即遵循着以制度为核心的外在特征，但是无论从形式、内容、方法还是目的来看，仍然更多地表现了对传统社会教化的传承，这无疑与“重民”“教民”，以“教在刑先”为特点的悠久社会教化传统有关。传统文化本位主义、民族主义始终作为一条主线贯穿其中，发展社会教育是中国由传统社会向现代社会转型所不可缺少的。1934 年，马宗荣著《现代社会教育泛论》言：“社会教育事业的精神，是集中在社会全民的教化。”日本学者小林文人也认为包括中国在内的东亚“社会教育在战前的初创期就带有浓厚的精神‘教化’和伦理‘感化’倾向”②。

近代维新派干将康有为的《教学通义·敷教》将教育分为两大类，学校教育称为“学”，社会教育称为“教”，民多于士，故认为当时国家衰弱的重要原因就是社会教育的废弛，提出保国、保教、保民、保种等多种社会关切。因此，晚清以来，无论是组织学会、译书、编印报刊、开展宣讲，还是开办大书藏等，都起到了制造舆论、鼓动风气、宣传思想、培植人才的作用。中华民国成立之

---

① 周慧梅：《民国社会教育家群体职业分布状况分析——以中国社会教育社为考察中心》，《终身教育研究》2018 年第 4 期。

② 小林文人、末本诚、吴遵民：《当代社区教育新视野：社区教育理论与实践的国际比较》，上海教育出版社，2003 年，第 160 页。

后，以1912年与1922年颁布的两个学制为标志，教育以培养独立、自由的新国民为目标，摆脱了儒学教育的束缚，更重视对民众的教化，通俗教育、平民教育等体现了教化重心的下移，国家主导的社会教育体系逐渐成熟，与学校教育并举，承担了开民智、塑造新国民的使命。[①] 南京国民政府成立后，由政府、团体、知识精英共同参与的社会教育事业继续推进，不论是乡村教育中的行谊教育，还是民众教育的新国民教育，都以培养普通国民的团结力、公共心及合作精神为目标。抗战时期，社会教育以培养全体军民的爱国意识和抗击侵略者的民族意识为使命，承担了"纠正国民思想，唤起祖国观念"，"启发民族意识，国家观念，增进民力"[②] 等方面之重任，培育了中国现代民族国家的公民主体意识。

（二）有利于民智的开启、知识的普及和民德的提高

"国民智愚贤否，实关国家之强弱盛衰。"（1903年《奏定学堂章程》）故开启民智、提高民众素质始终是社会教育的重要内容和任务。社会教育行政地位确立以后，开始推广通俗教育，认为"国家之演进，胥恃人民智德之健全，而人民智德之健全，端赖一国教育之普及。考求教育普及之方法，学校以外，尤藉有社会教育，以补其不逮"。（1915年《汤化龙呈大总统拟设通俗教育研究会文》）继通俗教育之后兴起的平民教育运动即针对下层"中国二百兆民众"之教育，致力于开发平民阶层"脑矿"，从而开发民力、固植根本，如平民千字课本、平民读书处、工人夜校的推广等，当时的北京大学还组织平教讲演团，以"平民疾苦""大众文化"等为题进行讲演，来"增进平民智识，唤起平民之自觉心"。

据1931年教育部对全国社会教育设施的调查显示，社会教育的事业多达60多项，无论是扫盲教育、生计教育、卫生教育，还是特殊教育，无不以灌输常识、提高民众智识程度为纲。以文字教育为例，有识之士都认为"'识字'实为

---

① 黄书光：《变迁与转型：中国传统教化的近代命运》，上海教育出版社，2014年，第226页。

② 武汉地方志编纂委员会办公室编《武汉抗战史料》，武汉出版社，2007年，第107页。

国民之天职，完成国民资格之要件”，其教育对象主要面向年长失学民众，兼及全体国民，即以发动识字运动为先，设立半日学堂、简易识字学塾等，唤醒民众开其端；以建立补习学校、平民识字处等扫除文盲接其绪；以创设民众图书馆、编辑民众读物善其后，整体上取得了可观成就。据国民政府教育部所发行的《全国社会教育概况》介绍：民众学校的学生数量从 1928 年的 206021 人，激增到 1933 年的 1292672 人，五年之间人数增长了 6 倍①。仅国民政府首都南京市自 1930 年至抗战爆发，就先后有 7 万余人从各民众学校毕业。② 需要指出的是，当时各民众学校的教学内容除了识字教育之外，“提倡公民道德，灌输普通知识”，抗战时期“以识字教育为主，公民教育为辅，并于可能范围内，施行自卫训练”为宗旨。内容上很全面，如有关文字扫盲培训的、有关常识的以及有关职业的。

社会教育通过对民众的文化普及和民众智能训练，使教育平民化，扩大了民众的知识面，促进了国民素质的提高，从而巩固了社会基础。

（三）辅助解决社会问题

近代以来，国力衰微以及传统价值体系的崩溃等，导致诸多社会问题滋生，“下层社会因生活困难及智德程度较低，犯罪的增加，固无待言。即上层社会，亦因纵恣与贪欲之故，道德日益堕落”③。贫困、犯罪、游民、家庭等社会问题的解决除了通过制度和政策来改良社会和经济状况之外，社会教育被认为有助于帮助解决社会问题，“吾人所欲为者，将集中不断之努力于社会教育，以求解决社会问题”④。倘使人人识字读书，有了做国民的常识，自然不致做那危及生命的事业。大家勤勤恳恳谋生做事，各种乱源也就消弭于无形了。⑤ 在中国

① 凌以安：《怎样办民众学校》，生活书店，1937 年，第 258 页。

② 《市立各学校发展状况统计表》，南京市档案馆馆藏，全宗 100-1，卷 87 号。

③ 杜亚泉：《人生哲学》，吉林出版集团，2017 年，第 111 页。

④ 福岛耀三：《社会问题之本质及其解决》，杨贤江译，《晨报》1919 年 7 月 6—9 日。

⑤ 晏阳初：《中华平民教育促进会宣言》，载马秋帆、熊明安主编《晏阳初教育论著选》，人民教育出版社，1993 年，第 1 页。

“贫、愚、弱、私”的国民背景下，各类社会教育以普及常识、唤醒民众为急务，通过开展普及性国民教育来造就培育有觉悟、有良好品格和素养的新型国民，以改善民智低下、社会秩序紊乱之境况，从而减少社会矛盾、道德冲突和犯罪等社会问题。

梁漱溟曾提出，中国的一切社会问题都应归纳于教育系统之中。① 在中国推行十余年的乡村教育的核心任务，一是推进社会，二是组织乡村，就是通过教育把全乡村社会组织起来，使农民自觉而有组织地产生力量，以解决他们自身的问题，走上乡治的道路。通过知识教育和道德训练挽救民众行谊败坏、精神颓丧、理性泯灭之现状，辟造乡村文明。陈翰笙主导的惠北民众教育试验区确立的主旨就是以训练民众智能、充实农民生活、培养国民力量等方式“期达藉团体力量，解决社会问题”②。社会教育中的职业培训教育始于清末，是伴随着产业革命而产生的，其作用不仅在于“为个人谋生之准备”“为个人服务社会之准备”，同时对促进就业、消除贫困和维护稳定都有作用。同样，近代开展实施的“女子教育”也是社会教育的重要部分，女性的教育平等权受到重视，各地开展的识字扫盲班、冬学、夜校、职业补习所、民众馆等都有女性参加，女性通过以上这些形式不仅受到文字和技能的培训，还得到人格的教育和正确人生观的养成，无论对家庭抑或社会都起到了摒弃陋习、消弭矛盾的作用。

（四）继承“化民成俗”传统，改良社会风俗

以儒教为根基的中国传统社会有着许多优良民风礼俗，诸如长幼有序、相亲相敬、过失相规、礼俗相交、患难相恤等，然而在工业社会冲击下的中国，“不只是经济破产，精神方面亦同样破产。这是指社会上许多旧信仰观念风尚习惯的动摇摧毁，而新的没有产生”③。无论是城市还是广大乡村社会，都出现人

① 余永德：《梁漱溟乡村教育思想述评》，载《中国教育研究文集》，安徽师范大学出版社，2018 年，第 222 页。

② 国民政府军事委员会委员长行营、湖北地方政务研究会调查团编述《调查乡村建设纪要》，湖北地方政务研究会，1935 年，第 264 页。

③ 洪明：《现代新儒学教育流派研究》，广东教育出版社，2009 年，第 132 页。

心背离、道德沦丧、风俗习惯失调等现象，赌博、残害妇幼、吸食鸦片等不良风气泛滥。在这样的背景下，社会教育对改良风俗、提振民风起了重要作用，有时论称："欲改良风俗，不可不注意于社会教育。"

在社会教育实施初期的通俗教育活动中，改良风俗就是民众宣传的重要主题，以1913年2—6月北京通俗教育会讲演情况来看，就有刘葆初、张子庥、沙骏生、黄绍先、萧维三、罗绍云、苏少儒等人分别在广德楼、天寿堂及先农坛进行了九场题目为《改良风俗》的讲演。1918年在庙会集会进行的演讲包括刘豫泰"讲习惯""讲公德""讲公共卫生""说信实"、朱永志"讲礼教""讲国民道德""讲立信"、钟世谦"讲戒赌"等内容。① 乡村教育在实施过程中也从注重人生情谊心理倾向出发，以传统道德恢复自信，在乡学、村学里还进行禁缠足、禁鸦片、戒早婚等宣传活动，以革除乡村中不良陋习。黄质夫在栖霞新村实行的乡村教育内容有：保持农民应具的道德，孝敬，勤俭朴素；戒绝吃烟、赌博；提倡互相亲爱，不侮人，守时间；不当路小便，在日常应酬和婚丧嫁娶时废止虚礼；注重清洁；等等。②

社会教育继承我国古代社会教化"化民成俗"的传统，通过教育的手段和方式形成"良风美俗"。破除乡间迷信陋习，并有理有据地向民众讲解其中利害关系，言明取缔原因，潜移默化地改变人们的落后思想，在提升民众觉悟与德行，改善生活状况，维护城乡淳风美俗，启导敦睦自强、矫正俗陋、戒除荒怠等方面做出了许多有益尝试。

（五）提供公益教育保障

公益是指共同利益、公共利益，是对社会问题的公民回应。③ 它与慈善含义相连又不完全等同，其主要目标是群体利益和社会利益，体现"平等、公正"

---

① 刘晓云：《近代北京社会教育发展研究（1895—1949）》，知识产权出版社，2013年，第81—91页。

② 王文岭：《黄质夫乡村教育文集》，东南大学出版社，2017年，第143页。

③ 于希勇：《比较公民教育视域下的参与式公益研究》，浙江工商大学出版社，2019年，第2—3页。

的德行要求。我国近代社会教育的性质是公益教育，主要体现在：

①公共性。德国学者纽曼（F.J.Neumann）对于“公共”的理解是“开放性”，任何人都可以接近，不封闭也不专为某些个人所保留。[①] 从历史经验来看，近代出现的众多社会教育机构设施都已不是精英教育或者特权教育的场所，而是从面向“士人”走向面向“公众”，其中作为社会教育重要机关的公共图书馆的职能转变最能体现这一特性，康、梁等维新派创设的“强学书藏”第一次把藏书楼变成免费对外开放的公共教育设施，清末新政后所设“大书藏”及京师图书馆均提倡免费对公众开放，图书馆的目的“不在培养一二学者，而在教育千万国民”。“新图书馆运动”之后建立的各类图书馆都实行开架阅览、免费借阅、读者阅读指导等契合公共服务要求的规则，“已一变而为参考与开放式之图书馆，为多数人采用便利计者矣”。除了借书服务以外，图书馆附属开办的各类社会工作（读书会、展览、流动书库等）都以免费和开放为原则，取消经济、身份和年龄等方面的限制，通俗馆、博物馆、民众教育馆所开办的讲演会、卫生展览、电教放映等社会教育活动也都免费面向公众。

②平等性。它是指社会教育的主体（政府、民间或私人）以“有教无类”的原则通过教育手段辅助全体民众（包括弱势人群），提高知识道德，对社会群体实施指导与帮助。壬寅学制之后的新教育改革重视对全体国民的培养，“无论贫富贵贱，皆能淑性知礼，化良为善”，“浙江之惰民，广东之蛋（疍）户，亦皆许其入学”[②]。社会教育更积极宣传“开通下流”，教育对象为不以阶级来划分的全体民众。半日学堂、半夜学堂等业余补习学校“其宗旨以开愚氓知识”，各类社会教育机构均不设门槛，对教育对象甚至采用赠书、奖励等手段使其受教。苏区和抗日根据地开展的群众扫盲运动、农业补习学校、冬学、夜校等更是将社会教育的具体实践，与争取工农大众的受教育权利相结合，并取得了大量成功的经验。

① 陈新民：《宪法基本权利之基本理论（上）》，台湾元照出版社，1999年，第138—140页。

② 凡将：《十年以来中国政治通览·教育篇》，《东方杂志》1913年第9卷第7期。

（六）提升与拓展学校教育效能

社会教育对学校教育起到了补充作用，这是近代以来诸多教育家的共同观点，民国教育部设立社会教育司就是为了弥补学制体系之不足。毕业于美国哥伦比亚大学的郑晓沧认为："社会教育可以辅助学校教育本身之所不及。"[①] 陶行知提出：社会教育包容了学校教育的全部内容，读书、识字、做作业、游戏、数学、考试等等。[②] 梁漱溟认为当时的学校教育属于传统教育模式，而社会教育是新兴的教育模式，传统教育存在种种弊端，新兴的社会教育能够辅助补充学校教育，真正的教育是这两者的结合，"正唯传统学校教育有所不足，或且日益形见其缺短，乃有今之所谓社会教育（或民众教育或成人教育）起为补救"[③]。

从社会教育的实践历程看，因为社会教育和学校教育有着"开民智""新民德""振民气"等共同的教育使命，它与学校教育有着密切的联系，同时又能起到延展和补充的作用：①从形式上扩展了教学范围。教育不再局限于学校，如1904年袁世凯饬令驻保定各军营内试办"官话字母学堂"，使新军士兵在操练之余能受到识字教育；上海县"劝学所"出台了《上海城区公立简易识字学塾章程》，规定一切文盲，无论艺徒、负贩、苦力均可入识字学。②时间上更为灵活。民初所办的半日学校"半日就读，半日营生"，教学活动大多安排在工余时间的下午和晚间，还有宣讲所附设半夜学堂，以便贫家子弟得于营业之暇入学肄业。③丰富了教育方式，阅读办报、设学会、培训都可以作为教育的途径。④扩大了学校教育的影响。杜威"教育即生活"理论和陶行知的"生活即是教育"理论都表明，教育与生活相伴终身，应打破以书本为中心的狭隘教育观，学校教育是阶段性的，社会教育是终身的，一个人自学校毕业之后仍可接受社会教育。

---

① 郑晓沧：《学校教育与社会教育》，《浙江教育行政周刊》1931年第2期。

② 顾红亮：《实用主义的误读——杜威哲学对中国现代哲学的影响》，广西师范大学出版社，2015年，第255页。

③ 吴洪成、姜柏强：《新儒家梁漱溟的教育事业》，山西人民出版社，2018年，第162页。

第二章　我国图书馆社会教育的萌芽（1895—1911）

在整个封建社会中，各种规模和名称的藏书楼、堂、阁、斋、室遍布全国各地。但其封闭、私有的特征已无法适应中国社会变革的发展进程。20世纪初，我国图书馆开始由私人藏书楼向公共图书馆演变。一方面，近代图书馆的产生以欧美图书馆为参照系；另一方面，也是为了适应树立“新民”的现实要求。公共图书馆与古代藏书楼不仅在外在形式和藏书结构方面不相类同，而且其理念功用也有质的区别：所藏书目不再只是传统旧学的经史子集，而是包括更多的西学书籍；公共图书馆不再是知识垄断和阶级私有化的产物，而是基本面向了大众；功能上，不再是保存为主、以“藏”为先，而是突出以开启民智为己任。这与当时维新派人士因救亡图存而产生的朴素的社会教育思想不无关系。在藏书楼向近代图书馆化转变的“舟渡”过程中，我国图书馆社会教育事业在探索中发轫。

第一节　我国图书馆社会教育理念的发生

1840年前后，在西学东渐思潮影响下，有识之士从“师夷长技以制夷”的角度来介绍、研究西方的先进技术和文化，其中就包括西方的图书机构，如陈逢衡的《英吉利纪略》、马建忠的《适可斋记言记行》、姚莹的《康辅纪行》、徐继畬的《瀛环志略》等，都对欧美诸国的图书馆有所介绍，从而拓开了国人认识西方图书馆的最初视界。

以林则徐、魏源为代表的开明官僚，通过翻译书报向国人展示西方图书馆的普及程度。林则徐组织翻译的《四洲志》中将“Public Library”译为“公共书馆”。以郭嵩焘、薛福成为代表的驻外使节以自己的亲身体验，详细记录各国图书馆规模、馆藏及读者情况，向国人介绍图书馆的社会功能，将西方国民素质、识字率等与图书馆普及对接起来，把创建新式图书馆提到了“救亡图存”的高度。魏源的《海国图志》对英国、法国、奥地利、西班牙、美国等多国图书馆及藏书均有描述（称为书堂或书院）。1868 年，张德彝在《欧美环游记》中用“义书堂”来称西方的图书馆，已经点明西方图书馆不同于中国传统藏书楼的公开共享性质，即所谓“国人乐观者，任其流（浏）览”①。这些著述记载表明，欧美等国图书馆除了设置完备、收藏丰富、读者阅览便利外，更重要的是免费开放和文化普及的现代观念，这些铺垫，为清末新政时期开明官僚兴建公共藏书楼做了思想上的准备。

1892 年，郑观应在《盛世危言》中专列“藏书”一卷，描述了西方各国的图书馆、博物馆，极力批判传统藏书楼的弊病，高度评价西方图书馆的社会教育作用，并建议在中国广设公共藏书楼。1896 年，李端棻上“奏请推广学校折”，提请于京师及各省、府、州、县遍设学堂，并请设藏书楼，供人自由阅览；在繁华地域开办大报馆，使上自君后，下至妇孺，都能足不出户而于天下事了然。1899 年，《清议报》第 17 期刊登了梁启超的《论图书馆为开进文化一大机关（译太阳号第九号）》，明确把图书馆视为一种公众教育设施。以康、梁为首的维新派提出创建图书馆来启迪民智、促进改革的主张，并在“百日维新”中付诸实践。

1902 年，罗振玉在《教育世界》第 24 期发表《学制私议》，其中第十条提出设立图书馆藏“中、东、欧、美新旧图籍，任人观看”。1905 年，张之洞在“酌拟教育会章程折”中，提议朝廷筹设图书馆。1906 年，考察政治大臣端方

---

① 张德彝：《欧美环游记》，湖南人民出版社，1981 年，第 61 页。

等就图书馆开办再次上疏，终得朝廷认可，学部要求各省筹办图书馆“以裨教育，而开民智”。1907 年，学部再次电催各省“务须速为筹设”①，规定所需经费由学务公所负担。在学部主持下，设立新式图书馆从民间呼吁上升到官方层面，从地方士绅“造福桑梓”的个人行为上升到各级政府的国家行为。一些地方的开明官僚纷纷行动起来，庞鸿书（两湘巡抚，1906）、冯煦（安徽巡抚，1907）、徐世昌（奉天总督，1908）、端方（两江总督，1908）、袁树勋（山东巡抚，1909）、宝棻（山西巡抚，1909）、增韫（浙江巡抚，1909）、张鸣岐（广西巡抚，1909）等，或提供开办经费，或以准许立案的方式支持地方创办公共藏书楼。从林则徐提到的“大书馆”、张德彝提到的“义书堂”、徐树兰创立的“藏书楼”，到梁启超等使用的“书藏”“图书馆”，其中之变迁体现出了清末以降国人倡行图书馆社会教育思想之精要。

萌芽时期的图书馆社会教育还与“新民”思想密不可分，新民是维新时期社会教育内在的发展动力和追求的理想目标，“欲实行民族主义于中国，舍新民未有”，“作新民”成为一杆猎猎大纛吸引着众多开明士绅为之奔走。危局之下，社会教育成为晚清新政的重要理念，有识之士意识到西方国家的图书馆在造育人才、富国强民中的重要作用，“方今欧、美、日本各邦，图书馆之增设，与文明之进步相追逐”，维新派希图通过创设“强学书藏”并向民众开放，借此达到开启民智之目的，不少士绅也把社会改良的希望寄托于图书馆的社会教育，认为国家“强盛之原因不一，教育之办法各殊，要之于图书馆”，“教育不一途而范围莫广于社会教育，改良社会不一术而效果莫捷于图书馆”。② 梁启超总结图书馆有“研究参考、普及知识、培养人才”等八项功能。湖南图书馆创设之启事云：“图书馆者何也，所以输入文明、实验教育，坚其信心、富其能力者也。”《京师图书馆及各省图书馆通行章程》中更是明确了图书馆“保存国粹，造就通才”的教育机构地位。这一时期的图书馆教育思想多出于知识分子与政治精英，并与维新、革命的政治运动结合紧密。

---

① 《学部催设图书馆》，《天津大公报》1907 年 5 月 4 日。

② 《创设湖南图书馆兼教育博物馆募捐启》，《湖南官报》1904 年 3 月 15 日。

第二节　晚清图书馆社会教育相关法令章程及行政规划

清末政局影响下的一系列变革是清廷被形势所迫，为“挽狂澜于将倾”而不得已进行的一场应对，“晚清的几次改革高潮，客观上都是中国近代化（或称早期近代化）进程中的重要环节”①。但是在态度和政策上既有积极的一面，又具有消极的一面。特别是社会教育，涉及民风所向，因此相关法令规程以及行政规划既有开创性，又具有一定的保守性。清政府颁布了上百条有关社会教育的法令，涉及宣讲所、半日学堂、阅报社、白话报刊、简易识字学塾和图书馆等各个方面。就这些政策出台的过程看，基本上遵循着各地封疆大吏、主事长官奏请，朝廷迅速回应的路线。

一、清帝谕令与书院藏书楼职能的转型

第二次鸦片战争后，封建制度已摇摇欲坠，中国的传统书院受到很大冲击，虽欲仿效西法，而本实未变。尤其是甲午之战败于日本，朝野上下更感到教育攸关及旧体制之弊，于是变通之计丛出。有的提议整顿书院，有的提议改书院为学堂，1895 年，胡燏棻提出大小书院一律裁改，开设学堂。1896 年，山西巡抚胡聘之上“请变通书院章程折”中称：“查近日书院之弊，或空谈讲学，或溺志辞章，既皆无裨实用。”主张裁撤各书院，改为新式学堂，侍讲学士秦绶章也奏请整顿各省书院。1896 年，清政府将这些建议“一并通行各省督抚学政，参酌采取、以扩旧规而收实效”②。于是各省书院开始变更现有章程，逐步开始了近代化变革。

---

① 王晓秋：《近代中国与世界——互动与比较》，紫禁城出版社，2003 年，第 225 年。

② 《礼部议复整顿各省书院折》，载冯克诚主编《清代后期教育思想与论著选读（中）》，人民武警出版社，2010 年，第 102 页。

书院与学堂不同，书院仅为学习考试之所，而学堂则除了学舍、讲堂，还应有“藏书之楼”“仪器之院”等设施以“作育人才，端明学术”。其具体变革表现在：一是藏书结构。藏书图书种类和新学比例增加，如江西友教书院改为学堂，“由上海购得列国岁政要等项七十五种”。（1896 年“江西巡抚德寿奏酌裁童卷移设算科折”）湖南校经书院“于书院隙地建造书楼，广购经籍，并添置天文、与地、测量诸仪，光化、矿电、试验务器，俾诸生于考古之外，兼可知今。且拟添设算学、舆地、方言、学绘，兼立《湘学新报》，专述各种艺学，开人知识”。（《湖南学政江标奏推广书院章程》）光绪二十三年（1897）熊希龄、蒋德钧等人集资千缗，购办西学书籍 24 箱，每箱各 120 种，捐置岳麓、城南、求实三书院及各府厅州县书院，这些书包括数学、物理、政治、经济、工程、医学、军事等。二是功能服务。江宁惜阴书院将服务对象扩大到本地所有的读书人：“俾本籍士子之无书者得诣书院借读。”[①] 厦门博闻书院规定，厦地仕宧绅商文雅之士均可领取执照入院看书。上海格致书院将读者的范围放得更宽，凡遵约登楼观书者都在欢迎之列，几乎没有任何的限制。蔡元培于 1898 年接任绍兴中西学堂监督后即筹办“养新书藏”，并在《绍郡中西学堂借书略例》中说，“使不亘于学堂者亦得就而借焉”[②]，令藏书公开向社会开放。

1898 年，戊戌变法期间清廷颁《清帝谕各省府厅州县改书院设学校》，下令各省府厅州县书院改为中西兼学的学校。光绪二十七年（1901）八月初二下诏将各省所有书院改设大学堂，江苏巡抚聂缉椝“遵改书院为学堂折”称：将光绪二十四年（1898）设立的中西学堂设法扩充为苏州省城大学堂；将省城正谊书院改为苏州府中学堂，仍名正谊学堂；平江书院改为长洲、元和、吴县三县小学堂，仍名平江学堂。光绪二十九年（1903）云龙书院改为徐州学堂，“设图籍以为讲习”，次年设铜山县学堂，后与徐州中学堂合并，碑记有“成藏书阁、讲堂、斋房、食堂、阅报房”。南菁书院于光绪二十四年（1898）改为南菁高等学堂。我国最早的新式学堂——湖南时务学堂有专门的阅览室，购备各种

① 邓洪波主编《中国书院学规集成》，中西书局，2011 年，第 199 页。
② 高平叔撰著《蔡元培年谱长编　第一卷》，人民教育出版社，1999 年，第 148 页。

书籍，“多置看书桌几，凡外课附课生欲观者，准其入内流观，然须向馆堂领一凭单，由管堂人验过，指书送阅，惟不得污损，并携带出外”。

二、新政时期各章程与近代图书馆教育的起步

1903年，在管学大臣张百熙的主持下，张之洞、荣庆等协助共同奏拟了《奏定大学堂章程》（即《癸卯学制》）。1904年1月，清政府向全国颁发《奏定大学堂章程》，施行至辛亥革命为止。《奏定大学堂章程》制定了全国各级学堂建设和课程规划，还列“屋场图书器具章”，涉及图书馆职能体度：“大学堂当附属图书馆一所，广罗中外古今图书，以资考证。”并设“图书馆经理官”，这是官方文件第一次出现“图书馆”，《奏定大学堂章程》的颁行标志着我国近代图书馆“官制”的初步确立。1904年，张百熙在《京师大学堂藏书楼章程》的基础上续订《大学堂图书馆章程》。1906年，清学部拟定图书馆由专门司庶务科负责，将图书馆事项作为教育体制内一项官职职责纳入政府行政建制。1907年，学部进一步咨令各省筹设图书馆。1909年8月，学部“筹建京师图书馆折”讲明京师图书馆的创建“裨益于全国教育者，良非浅鲜”，并以国子监南学，内阁大库残卷，湖州姚氏咫进斋、南陵徐乃昌积学斋的部分藏书，敦煌石室写经等充实库存。学部于1909年颁行“奏报分年筹备事宜折”，相当于向各地官员下发了一道开办图书馆的行政命令，自此各地建立省立公共图书馆“自上而下”地实施。

1910年7月，随着学部奏拟定《京师及各省图书馆通行章程》，我国近代图书馆体系建设开始步入轨道，在这前后，两湖、两广、陕甘、云贵等地官办省立图书馆陆续创建。该章程共20条，首条为设立图书馆的宗旨：图书馆之社，所以保存国粹，造就通才，以备硕学专家研究学艺，学生士人检阅考证之用，以广征博采，供人浏览。《京师及各省图书馆通行章程》以立法形式明确图书馆的公共教育职能，这是对传统藏书楼藏用观的一次历史性突破。其第七、八、九条规定了收藏图籍的范围，一为保存之类，一为观览之类。鼓励私人设图书

馆，《京师及各省图书馆通行章程》第十七条规定：私家藏书繁富，欲自行筹款随在设立图书馆以惠士林者，听其设立，惟书籍目录，办理章程，应详细开载，呈由地方官报明学部立案。

《京师及各省图书馆通行章程》是我国第一个由政府颁布的图书馆法规，是图书馆事业的重大创举，也推动了图书馆社会教育的发展。在清政府的支持和倡导下，地方乡绅和官员纷继设立或开放私立图书馆，如卢木斋捐修保定直隶图书馆，张之洞创办广雅书局藏书楼，盛宣怀捐建上海图书馆，韦棣华筹办武昌文华公书，广西乡绅唐钟元、陈智伟募款筹建图书馆，等等①。

三、《简易识字学塾章程》

1909 年颁布的《简易识字学塾章程》是清末立宪运动中颁布的一个重要法令，在此之前，鉴于国民文化程度低下、文盲率高的现状和强国强智的时代需求，清政府提出废除科举制、兴办学堂等一系列教育改革，同时兴起了提高民智的简易识字运动。兴办识字学塾是颇有意义的一项内容，原因主要是教育困难以及立宪的需要。1905 年，清政府成立学部，设立宣讲所，开办简易识字学塾、简易学堂、半日学堂等，实施“年长失学成人”的补习教育。1908 年，正式颁布《简易识字学塾计划》，其中规定入学资格为年长失学及家境贫寒无力就学者，修业年限为 1~2 年；课程有国文、国民道德、算术、习字、体操等；每日授课 2~3 小时；教材有《简易识字课本》《国民必读课本》《简易珠算课本》三种。这类学塾或独立设置，或附设于正规学堂内，教员原则上是由小学教师兼任，学生不交纳学费。1909 年又颁布《简易识字学塾章程》，规定“于立宪九年预备单内，奏设简易识字塾，欲以辅小学教育之不及”。同时，在宪政筹备单内规定，到 1914 年，人民识字者须得有 10%。继简易学塾之后，还成立了正式的简易学堂，其修业年限不等，分日课和夜课。教材除《简易识字课本》外，

---

① 张喜梅：《馆里馆外：文化名人与中国近代图书馆的创建和理论探索》，中国时代经济出版社，2013 年，第 184 页。

还有《国民必读课本》和《简易算术》。随后，各地纷纷出现了简易学堂、半日学堂、官话讲习所等成人学习的机构。工厂也为工人开设了提高其文化水平的半日学堂、恤贫半夜学堂等。当时也出现了专门为妇女开设的正蒙半日女学堂、女工传习所等，对16~30岁的妇女进行识字教育，还有实施商人教育的商人补习夜馆①。

《简易识字学塾章程》是我国第一部关于社会教育的章程，虽然未直接提及图书馆的作用，但是因为识字运动开展以后，不仅识字学塾、简易学堂、半日学堂、补习学校等成为识字运动机构，实际上学堂附设图书室、通俗图书馆、阅报间等都积极参与其中。中华民国建立后，民众图书馆、平民图书馆等持续开展各类识字扫盲活动，是图书馆社会教育中“文字教育”和“补习教育”的重要内容。《简易识字学塾章程》为图书馆近代社会教育提供了“法理性”。

四、行政规划

光绪三十一年（1905）开始的新政以宣讲所、阅报社、简易识字学塾和通俗讲演等形式作为社会教育的主要内容，试图通过社会教育与学校教育的结合，造就与立宪整体、发展近代工商业相适应的现代国民。为了更好地推进社会教育，清廷对中央及地方的教育行政事宜进行了规划，形成了中央、省、县三级教育行政体系，社会教育行政规划亦相应分为三级②。

1905年10月，山西学政宝熙奏请设学部，称“窃谓此后普及之教育，日推日广，则学堂统系愈重愈繁，欲令全国学制划一整齐，断非补苴罅漏之计所能为、一手一足之力所能济”。同年11月上谕准立学部，荣庆为尚书，标志着中央教育行政机关的现代化探索起步。学部下设总务、专门、普通、实业和会计五司，每司设郎中一员，司下分科，设员外郎一名，主事两名，襄理所属事务。普通司下分师范、中学和小学三科，其中“凡通俗教育、家庭教育及教育博物

① 刘义兵主编《成人教育研究》，重庆出版社，2007年，第85页。
② 周慧梅：《民国社会教育研究》，湖南教育出版社，2018年，第55页。

馆等事务”，均隶属师范科，而图书馆、博物馆等事业归属专门司的庶务科，其建造营缮划归会计司的建筑科。

省级教育行政则经历了学务处到提学司的变革。1906 年 4 月，学部及政务处均奏请裁撤学务处，改设省提学司，设提学使一员，官秩三品，视按察使统辖全省地方事务，于省会地方置学务公所，清廷下谕令各省遵行。至此，各省统一的新式教育行政管理体系正式成立。提学司下设总务、专门、普通、实业、图书、会计六课（1908 年改称科），普通课除掌理该省师范及中学（女子中小学堂）教课规程、设备及管理员、教员、学生事务外，“又凡通俗教育、家庭教育、教育博物馆”一切事务，均归其办理①。与中央学部相对应，省级图书馆、博物馆行政事务归属图书课，建造营缮归属会计课。

劝学所作为新式州、县教育行政机关，负责统辖地方学务，其责任有“综合办法”“推广学务”“实行宣讲”等项，其中“推广学务”要求以劝学、兴学、筹款、开风气和去阻力五项成绩作为标准定其考成。由于简易识字学塾等被列入学部奏定预备立宪期内分年筹备事项中，劝学员负“讲习教育”“开风气”“去阻力”② 等职责，多与社会教育事业有直接关系，“实行宣讲”本身即社会教育事业。由此，县级虽然未专设社会教育行政机构，劝学所实际承担了职掌社会教育行政之责。

综之，从中央到各州、县的三级教育行政中，社会教育虽未单独列出，但各级教育行政机关中均有专门负责社会教育的部门。中央学部普通司、专门司及会计司的相应科别，分别在各省与提学司的普通课、图书课和会计课一一对接，而到了县级，则劝学所一力承担了社会教育行政职责。尽管没有专门的社会教育行政机关，但清政府已意识到社会教育在“国家重建”中的重要性。在不少封疆大吏的推进下，清廷迭发政令规程，传统社会教化逐渐发生转向，包

---

① 《学部奏陈各省学务官制折》，载鞠方安《中国近代中央官制改革研究》，商务印书馆，2014 年，第 95 页。

② 《学部奏定劝学所章程》，载陈学恂主编《中国近代教育史教学参考资料（上册）》，人民教育出版社，1986 年，第 596—597 页。

括图书馆在内的近代社会教育事业已经起步。

第三节 “新民”“科学”语境下的近代图书馆

一、图书馆与新民改造

百年中国近代史，救亡图存是首要问题。变革教育，开启民智、培养“新民”是挽救危亡的要略之一。“近代化首先是人的近代化，人是近代化的主体和具体承担者。”[①] 开办新式图书事业的目的，就是为“强学”“开智”和“造育新民”这些根本任务服务。

面对“三千年未有之变局”，改良与变法、制度革命和知识更新构成了这一历史时期的时代主题。开明分子改良派均意识到兴教育、造育新民以强国强种的重要性，国事沉沦的根源在于教育窳败、人才奇绌，无法跟上社会发展的浩荡大势。时势大潮的内在要求，使得能够传播新知和提供社会阅读的图书馆理所当然地成为社会教育的重要场域；兴办图书馆等文化与教育事业需才孔亟。

严复在“民力已苶，民智已卑，民德已薄”的现实状况下最早提出“新民德”“开民智”“鼓民力”思想。这个思想严格说来出自斯宾塞的《明民要论》（即《教育论》），在斯宾塞那里，这是一种典型的教育思想，即德育、智育、体育思想。维新派和资产阶级改良派也分别提出“风气同时并开，民智同时并启，人才同时并成”“新民为今日中国第一急务”“化分吾旧质而更铸吾新质”[②] 以铸造“国民新灵魂”，新民思想是晚清知识分子在民族主义感召下致力于探索中国的富强之道，他们以“新民”作为解决这一问题的现实出路，旨在培养适应时代要求，具有知识力、强健力的新国民。

① 余训培：《民国时期的图书馆与社会阅读》，清华大学出版社，2013年，第31页。
② 壮游：《国民新灵魂》，《江苏》1903年第5期。

造育人才、兴办教育是挽救危亡的途径，图书机构的时代使命和历史责任愈显突出。“当甲午丧师以后，国人敌忾心颇盛，而全瞢于世界大势。……而最初着手之事业，则欲办图书馆与报馆。”① 图书馆等不但被视为社会教育机关，而且成为文化进步的一部分，创办新式图书馆与废科举、兴学堂、创学会、立报馆等都是复兴教育、启迪民慧、提振民气，使国民通上下之情、达中外之事的手段。主要体现在以下两个方面。

一是启民智。近代图书馆是在中西文明交流碰撞的历史环境下产生的，它既是文化阵地，也是重要的教育场所，维新知识分子对图书馆教育思想的“古今之变”及其发展，无疑起到了“扳道夫”的作用。新民思想认为，国之富强，与民德、智、体三者关系甚重，强调“国之强弱兴废，全系乎国民之智识与能力”。“民智不开”是今日中国自强御侮、维新变法的“大患”，当今世界“胜败之原，由力而趋于智，故言自强于今日，以开民智为第一义”；国家乃积民而成，国民程度决定了国家的强弱。在此基础上，维新派指出，图书馆不仅“聚天下之图书器物”，更可以“广风闻而开风气”“以成国家有用之才”。他们关于图书馆的理论基础一以贯之地体现出通过宣传和传播科学文化技术来唤起国民，从而实现新民和救国的思想。从此，近代图书馆事业的发展便与新民、救国紧密地联系在一起。

在“强学—强国”语境下，开办图书馆成为教育普及的基础部分，而教育普及则是启蒙运动的重要内容。“考人群之条理而求所以富强吾国进化吾种之道者，殆不满百数十人也。以堂堂中国，而民智之程度，乃仅如此，此有心人所以喟唱而长悲也。”“国也者，积民而成”，“未有民智低下而国强者”，强国新民之道在开智、育民，推广图书馆和译书印报、开设新式学校等都是强国策略的一部分，图书馆是传播知识的总机关。

近代图书馆自万木草堂书藏、强学会书藏等萌芽形式开始，无论内容、职能还是创办理念都已打破了传统藏书楼的旧有模式，面向民众，“许人入楼观

① 丁文江、赵丰田编《梁启超年谱长编》，上海人民出版社，1983年，第41页。

书”，内容上广收西学、新学书籍，梁启超说，图书馆能使“不受学校教育者，得知识之利也”。“备置图书仪器，邀人来观，冀输入世界之智识于我国民”①正是近代维新知识分子关于开办公共图书馆的思想正鹄。

二是广见闻。广见闻就是人们见识的增加、眼界的扩大和认识的提高，这是启智于民的初步。中国的国门被西方帝国主义的枪炮打开之后，“中国人士无论于泰西之国政民情、山川风土，茫乎未有所闻，即舆图之向背，道里之远近，亦多有未明者”，而报纸图书“凡山川之形胜，物产之简番，地土之腴瘠，邦国之富强，莫不一览而了然”。通过书刊可以了解政事之得失、“验国运之兴衰”、“察风俗之厚薄”②，近代图书馆正是这样一个知识储藏和中介场所，更是人们“扩充见闻、转换脑质”的途径，这是晚清改良主义者的共同认识，“夫古典虽多，不合当今之务；旧闻莫罄，难为用世之资”③。旧藏书楼的弊端显现无疑，建立公共图书馆方能使国人了解“九州之外复有九州”，四书五经之外尚有声、光、化、电等自然科学，进而改变当时的人们“甘坐因循、罔知远大、溺心章句、迂视经猷、第拘守一隅而不屑驰观乎域外”的陋习。

吴汝纶将图书馆的传播功能概括为两个重要方面：“一供专门学之研究；二广普通学之见闻。”④ 所谓“普通学”，顾名思义，指的是平常学问，可以理解为学习、生活、工作的常识性学问，也可以指广泛普及的学科知识，图书馆在“普通学”上的作用主要是“广与闻”。这是因为在近代技术日新月异、知识谱系快速更新的背景下，个人阅历和知识面有限，不可能知晓所有“普通学”相关知识，必须通过广泛阅读，才能获得更多新知。

维新派提出的一系列变革方案中把加强社会教育、开设图书馆作为一项重要倡议，公车上书“教民之道”强调了教育的重要作用，主张变法从振兴教育、培育人才入手，建立公共图书馆，“州、县、乡、镇皆设书藏，以广见闻”，认

① 中国史学会主编《戊戌变法4》，上海书店出版社，2000年，第255页.

② 王韬：《重订法国志略》，光绪己丑弢园老民校刊本，第29页。

③ 何启、胡礼垣：《新政真诠：何启、胡礼垣集》，郑大华点校，辽宁人民出版社，1994年，第145页。

④ 吴汝纶：《东游丛录》，李长林校点，岳麓书社，2016年，第36页。

为设立图书馆是达到“令学者可一见而博物会通”的良好教育手段，是创造大同世界的条件之一。

新政前后，建造新式图书馆的呼声和举措亦以“广见闻”作为口号，“广见闻，增智慧”成了新式图书馆在维新变法当中的标签。“当此大局阽危之际，思效末途补救之谋。用是约集同志，创办书楼，多储经史，以培根本，广置图籍，以拓心胸，旁及各报，以广见闻。”（何熙年《皖省绅士开办藏书楼上王中丞公呈》）1909年河南图书馆于省垣许公祠开馆时，札示各府、厅、州、县查明本省人所著书籍限期详送到司，“所有应储古今中外图籍，必须大备，方足裨益学界恢广见闻”①。图书馆“培根本”“拓心胸”“广见闻”和“补救时弊”的作用已深入人心。

二、图书馆与科学传播

进入20世纪，西学范围进一步扩大，受科技图书出版的快速增长和“科学化”思潮影响，图书馆在科学普及和科学传播方面进入新阶段。这一时期的科学启蒙和传播特点，一是经由对“科学”概念的多层面阐释确立了科学作为理性认识权威的地位；二是经由报刊的宣传，完成了大众对“科学”认识的普及工作②。西方之所以先进，端在科学而已，“我们想增进国民的智识，挽回国家的命运，都不得不依靠科学”。（陈大齐《心灵现象论》）而“科学”远远不是具体的“格致”或“法政”知识。梁启超提出，科学作为一种事业，“非赖有种种公开研究机关——若学校若学会若报馆者，则不足以收互助之效，而光大其业也”③。要实现近代科学的本土化，必须培育像西方一样的文化环境，学会、报馆、博物馆、图书馆等公共文化机构中均力倡科学传播。近代科学社团的成

---

① 王爱功、张松道主编《河南省图书馆志》，吉林文史出版社，2009年，第370页。

② 孟昭勋、张蓉主编《丝路之光：创新思维与科技创新实践》，陕西人民出版社，2010年，第508页。

③ 梁启超：《清代学术概论》，岳麓书社，2010年，第102页。

立也纷纷将设立图书馆作为关于辅助研究及普及知识者，如中国科学社和学艺社等在成立“章程”中都有论及。图书馆面向社会大众开放，具有更为典型的公共性，被视为“科学传播公共领域”。

从过程来审视，鸦片战争后中国部分知识分子意识到科学和工业的重要性，洋务运动后期人们对科学的认识开始从感性“器物层面”转向“理”“学”的理论层面。至戊戌变法前后，科学传播与近代初期相比发生了质的飞跃，开始使用“科学”一词来代替带有传统经学色彩的“格致”或“格致学”，1905 年《万国公报》上首次出现“科学”。梳理科学教育和传播的近代历程可知，科学理念和科学技能通过新式学堂、科技著作译介、专业期刊、科学团体、科教纪录片等媒介或形式进行传播，此外，近代图书馆也参与了科学普及和科学传播这两个主要过程。

19 世纪 90 年代之前，“科学”之义是指称为“格致”的西方自然科学，具体如 1884 年郑观应在《盛世危言·考试》中所言：“遴选精通泰西之天文、地理、农政、船政、算化、格致、医学之类，及各国舆图、语言、文字、政事、律例者数人为之教习。”1889 年，孙维新的《泰西格致之学与近刻翻译诸书详略得失何者为最要论》则将西学门类概括为算学、矿学、化学等 16 类。以上所列即为西方的科学内容和学术门类。从鸦片战争到甲午战争的 50 年间，传入中国的西方自然科学的各门类，中国学者不仅已经接受，而且在兴办学堂中也努力仿照西方分科原则“移植”西方学术门类。①

近代图书馆的科学传播始自书藏等学会藏书楼。洋务运动后期，较早接触西方的社会精英觉察到，要想更有效地向民众传播新知，除了新式学堂教育外，还有更快捷的社会教育手段，就是兴办报馆和图书馆。“书藏”是古代藏书楼与近代图书馆的中介环节或过渡形态，源自万木草堂藏书，原本是康有为为讲学而设的，其藏书不但包括中国典籍，还有许多西书译本，如傅兰雅、李提摩太等传教士的译书，容闳、严复等早期留学生的译著，以及当时江南制造局出版

① 左玉河：《从四部之学到七科之学——学术分科与近代中国知识系统之创建》，上海书店出版社，2004 年，第 232 页。

的关于声、光、化、电等自然科学译述。1882 年，康有为赴京应试归来途经上海时曾购西学新书几大箱，1893 年，又曾“以千二百金大购群书”。据有关资料记载，上海制造局译印的西学新书 30 年间售出量为一万两千本，而康有为一人就购买了三千多本。从后来万木草堂被查封时共有藏书三百余箱来看，其藏书总量可能在四万册以上①，这在同时期的其他书院和教馆中是看不到的，是传播西学知识和先进理念的嚆矢。1891 年，十八岁的梁启超师从康有为，就读于广州万木草堂，也是在这里阅读了大量翻译过来的西方史、地、社会、法律等书籍，开始接受西方教育。1895 年，他在北京琉璃厂创办“强学会书藏”，目的是“群中外之图书器艺，群南北之通人志士”②。强学会书藏以西学、新学藏书为主，其中包括英美公使捐赠的“西书及图器”，还有世界地图，仿西式图书馆做法对民众开放，甚至“求人来观”，体现了传播知识、开发民智的初衷。

在 1896 年至 1898 年，全国各地共成立学会 87 个，其中有 51 个建立了具有公共图书馆性质的书藏或书楼，就其藏书来说已摆脱经史子集的格局，而更具开放眼光。武昌质学会在其章程中称：“今拟广搜图书，以飨会友。中书局外兼购西书，凡五洲史籍，格致专家，律制章程，制度政典，皆储藏赅备。”强学会上海分会“大书藏”中：“今合中国四库图书，备钞一份，而先搜集经世有用者。西人政教及各种学术图书，皆旁搜购采，以广考镜而备研求。”衡州任学会“拟设格致书室一所，以开民智，任人观看”。两粤广仁善堂圣学会“西人政学，及各种艺术之书，节旁搜购採”。这些学会藏书楼是近代图书馆的雏形，藏书以西学、新学为主，起到了助推科学传播的作用。

比学会书藏较早出现的“同文馆书阁”，是近代学堂藏书楼的雏形，在成立之初就重视新学书籍的收集，即所谓“书楼以法辅学堂以行”。1860 年，恭亲王奕䜣在“奏请创设京师同文馆疏”中有“饬广东、上海各督抚等，分派通解外国语言文字之人，携带各国书籍来京”之语，这些由各地带来的“各国书籍”就是同文馆最初的藏书。在其后的几十年中，史料中不断出现关于同文馆藏书

① 李耀彬、蔡公天：《康有为藏书考》，《图书馆学研究》1987 年第 5 期。
② 汤志钧：《康有为政论集》，中华书局，1981 年，第 172 页。

尤其是外文文献的记录。如同治七年（1868），美国大使劳文罗送来书籍若干；同治十一年（1872），法国大使热福里代表法国文学苑赠送同文馆图书 11 箱，内含“化学、医学、格物、算学、地理、农田、兵法等事以及该国字典、诗史等书”共计 188 本，“以备同文馆肄业泰西文字之用”[①]；光绪十三年（1887），《同文馆题名录》中对书阁（同文馆专用的藏书机构）有如下记载：“同文馆书阁存储洋汉书籍，用资查考，并有学生应用各种功课之书，以备分给各馆用资查考之用；汉文经籍等书三百本，洋文一千七百本。”书阁的藏书数量虽不算多，但大多数是洋文书和“功课”“算学”等新书，已摆脱了旧式“官学藏书”以儒家经典、正史为主的窠臼。

各地创办的新式学堂也大多建立了类似同文馆书阁的新型藏书楼。光绪二十一年（1895），天津北洋西学学堂（1896 年更名北洋大学堂）建立藏书室，由于是新式学堂，不再是培养封建官吏，而是培养实用人才，所以该馆的藏书完全不同于以往的藏书楼，以西方的应用技术和自然科学的书刊为主。光绪二十二年（1896），上海南洋公学建藏书处（1897 年建藏书楼），因西学课程的需要，先后购置经济、政治、法律等西学读本、译本和参考书籍。光绪二十三年（1897），通艺学堂开馆之初即言明：“欧美励学，新理日出，未知未能，取资宜博，故此学堂专讲泰西诸种实学。”学堂的机构设置中包括图书馆，其藏书情况是：“专藏中外各种有用图书”，“中国翻译西书，凡同文馆、制造局及各教会所印行者现已购备全份，其最要各种并多备数部，以供众览”。西文图籍“乃尽添购”。

由旧式书院改造而来的学堂也在原有藏书的基础上增藏了西方文献，有力地推动了西学的传播。如 1901 年四川大竹知县杨锡澍于凤鸣书院设立藏书楼，并拨白银千两专门派人到上海购书，其中包括《万国公法》《西学富强丛书》《西学军政全书》等，内容涉及西方政治、军事、经济、文化。河南大梁书院将数学、外国军政、工程等西学书籍归为“算学书部”和“时务书部”，不少是西人著作。这些学堂藏书楼是大学图书馆的前身，虽以辅助学堂教学和为师生

① 朱有瓛：《中国近代学制史料》，华东师范大学出版社，1983 年，第 155—156 页。

“广考镜而备研求”而设，但其输进文明、推广新学之举有力地促进了科学的传播。

在20世纪初清末新政中初步形成的新文化体系和教育体系中，图书馆、博物馆等反映新时代特征的文化传播形式得到确立和普及，晚清最后十年中成立的各类图书馆已不再仅仅是阽危之际启民智的处所机关，而是被赋予“传播新学、增益人才”以补救时弊的使命。端方创办湖北图书局时所奏“学堂筹建完备折”郑重提及“专贮古今中外有用书籍图画之属，以备学者浏览”。光绪三十年（1904）六月廿二日《湖南官报》载《纪鄂省图书馆》写道：“鄂垣图书馆前由端午帅派员在沪购买各种书籍并往日本购办之图书、标本、形模等件现由口员先后运鄂陈设。”

各新式学堂图书馆纷纷建成，如沪江大学图书馆、清华学堂图书室、汇文书院图书室等，还有一些专门图书馆（如东三省陆海军图书馆、武进商会图书馆）涌现出来。这些新建图书馆把搜集和传播最新的知识作为重要任务，收集东西文报纸、科学社团所办的刊物，介绍西方社会政治学说的译著等。上海格致书院从开始就注意搜集各式新学书籍，至1907年，西学书占总藏书的34.2%。河南大梁书院收藏有美国人谢卫楼著的《万国通鉴》、英国人麦丁富得力编的《列国岁计政要》、德国人瑞乃尔译的《德国武备操学》等几十部西方人的著作。厦门博闻书院购买《万国公报》《京报》《中西闻见录》《香港日报》等。书院兼收古今中外书籍报刊，便于读者掌握旧学新知。①

值得一提的是，甲午战后，随着对政体的反思，以“西政”为名的“法政诸学”逐渐进入中国人的西学知识地图。例如宋恕在对自己知识结构的总结中，除了汉唐宋词章学及古音学，其余皆是近代西方“科学”，而尤以西方“法政之学”为主②。在同时期新式教育创办的过程中，包括“法政诸学”在内的西学知识门类被确定为基本课程，从而使多门类科学知识的传播获得了确认。西学的输入和读者的需要改变了图书馆的藏书结构，图书馆成了推动科学教育和传

① 王余光、王美英：《中国阅读通史　清代卷（下）》，安徽教育出版社，2017年，第192页。
② 傅荣贤：《中国近代知识观念和知识结构的演进》，知识产权出版社，2016年，第157页。

播的媒介，以往那种以收藏儒道经典为主、以收藏孤本善本为荣的局面被打破，图书馆的藏书数量和门类都远超从前，新式图书馆一般都兼收中西书籍，并以“公共”为特征，无疑促进了西学知识在中国的传播。

第四节　清末图书馆社会教育的初步施行

19世纪后五十年，清王朝面临内腐外侮之深重境况，甲午战败更把国家之危难、社会经济的动乱以及外强对中国的觊觎压迫具化为一种社会政治及全球危机的紧迫感，援西法以变中华，开民智以启大众蒙昧，成为维新派上下两条救国方略，他们对创办图书馆教育功能的热切关注由此而引发。《湖南官报》载文：“有巴黎图书馆之三百万部，而拉丁人种屡蹶而不僵。有柏林图书馆之百余万部，而日耳曼人种崛起于大陆。有圣彼得堡图书馆之百五十万部，而斯拉夫人种雄视于五洲。”晚清各书藏及图书馆的建立正是以育才普知、励才御侮为矢的。

在这一时期，原本为知识界基于民众素质低下而反复倡议的图书馆的社会教育功能得到了普遍的认同，图书馆与社会教育的关系有了明确的表达，社会各界对图书馆的社会教育功能有了空前的认识和实践，图书馆渐而成为社会教育的一环，而这一意识也在清末政府官员中得到了一定程度的响应，并在新政的政策上有所体现。

一、公共图书馆运动中的社会教育

在晚清新政和立宪运动的倡导下，出现了一个图书馆创办的热潮，是为公共图书馆运动。这一时期图书馆创办，其举办主体并不是民间个体，而是以学部和地方官吏为代表的政府官方力量推动的一场自上而下有组织的运动。正是在公共图书馆运动中，逐步确立了图书馆管理体制和制度，也广泛传播了公共图书馆思想。

（一）公共图书馆的建立

早在戊戌变法期间，康有为就已提出教育变革。1895年他在《上清帝第二书》中论述“教民之法”，第一次正式向清廷提出“设书藏”的建议，在涉及“教民”之道时，他强调了教育的重要性，谈及由政府建立新式藏书楼“书藏”的构想，在运作制度上，应平行于各级政府，“州、县、乡、镇皆设书藏，以广民智”，这个政治纲领明确说明了图书馆的作用。黄遵宪支持康氏变法纲领，倡开书藏，在制定《湖南改定课吏馆章程》时，从培养实学人才出发，建议在馆中设立藏书场所和书室，并保证书籍的种类。在康、黄“书藏”思想影响下，各地学会仿效强学书藏创建新式藏书楼，如劝学会、湘学会、苏学会、农学会、南学会等都建有面向会员和公众开放、旨在宣传启智的藏书楼。

新政时期，国民智识愚昧的严重状况已成为社会变革的主要阻力，当时国人的素质蔽陋：“今者我国之人民，果处何等之位置乎？泯泯昏昏，蠢如鹿豕，知书识字者，千不得一，明理达时者，万不得一。”欲强国必先兴教育的理念，在国内已形成普遍共识。其一，新政需要民气新，民气新须靠教育普及；其二，在学校教育不普及的情况下，必须采取一些变通的方法，来弥补学校解决教育普及问题的不足。学部在光绪三十二年（1906）“奏酌拟教育会章程折”中，就提出筹设图书馆、陈列馆、宣讲所，及改良戏曲歌谣，利用油画影灯等民教内容。1901年创刊的《教育世界》在办刊过程中，多次宣扬图书馆与教育是密不可分的一个整体，也正面反映了这一时期图书馆教育思想的发展脉络，如《教育世界》1903年第62期刊登《拟设简便图书馆说》一文，将图书馆功用归列为五条：“一使在校肄业者，得拓闻见，以补其受自教育之功效；二即卒业于学校以后，亦能使其得教育者确实而增长；三导学校附近之人民，趋于嗜好高尚之途，且自然新拓知识，而各具匡助教育之热心；四藉图书馆之力，而学校内教授法得以改良进步；五因是之故令学校附近人民益与学校有亲密之关系，故令学校得大展其教育之力。”这种注重国民性改造的思潮倾向，有力推动了图书馆社会教育思想的深化。

清廷新政背景下建立了我国最早的一批公共藏书楼或图书馆，如 1901 年筹建的杭州藏书楼、天津都署藏书楼、福州鳌峰藏书楼、四川绵竹县公书局，1902 年浙江省藏书楼、青溪书院藏书楼、江苏扬州藏书楼等亦相继开馆。各藏书楼新旧书报兼有，以实用为原则，分类编目、组织管理方面大多借鉴了西方图书馆的经验。

1905 年，清政府派镇国公载泽等五大臣分赴东洋、西洋各国考察政治体制。1906 年 9 月，宣布“预备仿行立宪”。1909 年，学部为了积极配合预备立宪上报了“奏报分年筹备事宜折”，拟定了学部在预备立宪过程中的分年筹备进度，其中，1909 年：“颁布图书馆章程”，“京师开办图书馆（附古物保存会）”。在 1910 年：“各省一律设立存古学堂，行各省一律开办图书馆。”① 按照这奏折的意见，学部计划在 1909 年完成京师图书馆的开办和图书馆章程的颁布，在 1910 年实现各省图书馆的建立。在清政府的倡导下，一批地方官吏纷纷开始奏设图书馆，晚清历史上出现了一个创办新式图书馆的热潮。

端方是晚清具有一定开放思想和政治眼光的重臣，他积极筹划和支持湖南图书馆、江南图书馆这两座近代公共图书馆的建设，成为我国近代图书馆建设事业的开风气之先者。1905 年端方出洋考察宪政期间，也关注到西方国家的图书馆，还曾派黄嗣艾赴日实地考察日本多家图书馆，包括图书馆法令制度、图书编目分类、开放时间等。端方抚湘时对湖南图书馆的早期筹办给予了重要关注，其“创建图书馆折”提出图书馆能“强国利民莫先于教育，而图书馆实为教育之母”。1905 年夏，庞鸿书继任湘抚，在“奏建图书馆折”称：“窃勤查东西各国都会，莫不设有图书馆，所以庋藏群籍，输进文明，于劝学育才大有裨益。”

从各地奏设图书馆的情形来看，清末预备立宪时期兴起的公共图书馆运动在 6 年中仍然呈现出明显的阶段性。自 1906 年预备立宪到 1908 年是公共图书馆

① 陈学恂主编《中国近代教育史教学参考资料（上册）》，人民教育出版社，1986 年，第 743—744 页。

运动的前一个阶段。在这个阶段，各地奏设图书馆大抵是自发的，具有一定的主动性。自1909年学部制订“颁布图书馆章程”“京师开办图书馆（附古物保存会）”和“行各省一律开办图书馆”计划至1911年预备立宪结束是公共图书馆运动的后一个阶段。在这个阶段，各地奏设图书馆基本上是照章办事，具有更多的被动性。

（二）早期公共图书馆的社会教育

公共图书馆运动表明了清政府积极设立图书馆的姿态和意向，也说明了自鸦片战争尤其是戊戌维新以来，倡导设立新式图书馆的思想与活动已经从民间的呼吁上升到了官方的提倡，从地方官绅的个人行为上升到了清政府的国家行为。公共图书馆运动破除了传统藏书楼“背离群众”，为统治阶级控制和服务的封建思想，将图书馆是启民智、教化民众的重要场所的思想传播开来。据邹华享、施金炎统计，1901—1911年开办了40余个图书馆，其中国家级1个，省级17个，市级4个，①多数于1907年之后创设。从社会功用来看，公共图书馆的创设和发展始终贯穿着社会教育实践。

1. 育民启慧功能的初步实施

三个级别的图书馆都是新旧兼备，注重时事书籍、新书籍的收集；而且一些图书馆还附设了陈列所（包括金石、教育、博物等），消除了过去藏书楼“只藏不对民众开放”的弊端，不仅重收藏，更注重流通借阅。1903年7月《湖南官报》记载：“常德图书馆新近举行，图书类出。寒峻之士购阅较难，近有浏阳雷茂才光宇，在常德纠集同志，捐凑资财。开办图书馆，招人校阅。经前署常德府朱太守其懿批准，租地吕祖庙，暂行试办。闻每日至馆阅书者常数十人。将来风气渐开，亦学堂之一大助力也。”公共图书馆的社会教育功能日渐彰显。

1907年，贵州学务所附设图书纵览室，以“输入世界正当学术，扩充学人普通知识”为宗旨，“搜罗古今中外图书、报纸、标本、模型，藏储室内，分别

① 邹华享、施金炎：《中国近现代图书馆事业大事记》，湖南人民出版社，1988年，第7—18页。

部居，供众览阅”，“随时广购新籍，务臻丰富”，并特别规定，“凡来室阅览图籍者，诚意接待，不取分文”。①

直隶图书馆成立于1908年5月，附设于直隶学务公所内，以“搜集中外古今图书以保存国粹，输入文明，供学人闳览参考之，资省士子购求搜寻之力为宗旨”②，馆中书籍先后由提学使卢靖、学部侍郎严修、奉天总督徐世昌等捐赠，两广总督张鸣岐、云贵总督锡良、吉林巡抚陈昭良等也各赠其省书籍共几万卷，傅增湘继任直隶提学使后，复筹款购书12万余卷，使藏书量达到20余万卷。其中，日文书有1200余种，英文书有300余种。因其藏书量巨大，全部图书按照经史子集、科学书、教科书、挂图册幅、官报、杂志等分类。图书馆设藏书室、图书室、事务室、售券处、领书处等处并附设阅报室、游艺室、学堂成绩品陈列室。③ 该馆章程规定，“无论男宾女宾，凡阅书籍者均须领本馆领书证”。入览券需购买，分优待券和普通券两种，前者铜圆二枚，阅览不限册数，后者铜圆一枚，阅览不能超过十册，进馆后凭券换取领书证。省城保定于1909年10月开办图书馆，设在保定公园莲花池内，初定名为保定图书馆，后改为直隶省立第二图书馆，同样以“保存国粹，输入文明为宗旨”。进馆阅书，需要买票入公园后再行购票入览，每人一张，铜圆二枚。

1910年10月，顺直谘议局公布文件，要求各府厅州县筹设图书馆，“拟请饬下各府厅州县，举凡公款盈余风气开通各地，可令设法筹立，其风气闭塞经费支绌各属可令暂缓填筹，则款项不至虚糜，文明可以渐进，于节款训俗之道，庶可一举两得”④。

1909年11月，云南提学司在昆明翠湖公园龙池（原经正书院旧址）成立云南图书馆，该馆将“学务公所”图书科所存图籍暨两级师范学堂所存原经正、五华、育才三书院书籍移置其中，以为基础，成为滇省第一个公共图书馆，“以

① 李朝先、段克强：《中国图书馆史》，贵州教育出版社，1992年，第279页。

② 《直隶总督陈夔龙奏前署提学使卢靖捐建图书馆请奖折》，载李希泌、张椒华主编《中国古代藏书与近代图书馆史料（春秋至五四前后）》，中华书局，1982年，第142页。

③ 《直隶图书馆暂定章程》，《四川教育官报》1908年第7期。

④ 《顺直谘议局文件公布：议决交筹各属筹设图书馆》，《大公报》1910年10月31日。

保存国粹，输入文明为主义，凡经史子集及新出图书、报纸等广为储藏，所藏书报多择持论平正，不背公理，如有稍涉缪妄、煽惑人心者，皆屏斥不取”。之后在热心人士的捐赠及购置下，图书数量不断增多，藏书结构也不断变化，内设阅书室与阅报室。1910 年 10 月至 12 月，阅读人数达 1834 人次。

公共图书馆比古代的藏书楼更体现社会教育性。它强调让广大民众都来阅读书籍，不分贵贱等级，不论贫富差距，标志着图书不再是少数人的垄断资源，而是全社会的公共资源。

2. 延及边省地区的民众教化

近代社会教育与传统教化之间的区别在于前者将受教者延及垂髫妇孺、卖浆引车等普罗大众，“使社会之男、女、老、幼，智、愚、贤、不肖，莫不呼吸文明，涤除腐败可阻力既去，蒙昧日开”①，特别是所谓边鄙地区的民众亦成为普及教育、开化民智的教育对象。故清末以来提倡公共图书馆与建立半日学堂、宣讲所、阅报社、白话报刊、简易识字学塾等一样，对边省民众的民智启迪起到首开风气之功。

以东北黑龙江地区为例，因其地处边陲高寒之地，自古文教不盛，当地民众之受教机会少之又少，生产生活文化落后，“江省僻处边隅，罕沾文教，城市之间书坊绝少，村塾之子，论孟不知”。1906 年，巡抚周树模奏建图书馆，“所冀积轴填委，学理昌明，国粹藉之保存，人才因而辈出，似于补助教育，启发民智，不无裨益”。同时奏请就省城西关外古庙添修“藏书楼、检发室、阅览室，以期完备。一面派员广购经史子集各种，并东西各国图书，暨译印各精本，其在京各衙门及各省官书局刻印各书，拟咨由各处寄送，以诒边区”②。宣统元年（1909）十月，图书馆正式落成并开放阅览。

光绪三十四年（1908）十月，奉天省第一所图书馆奉天省城图书馆建立，

---

① 中国人民政治协商会议天津市委员会文史资料委员会：《近代天津十二大教育家》，天津人民出版社，1999 年，第 121 页。

② 李兴盛、马秀娟主编《程德全守江奏稿　外十九种　上》，黑龙江人民出版社，1999 年，第 1129 页。

地址位于省城小南门里宗人府胡同。开馆前提学使张鹤龄任命陈树藩为首任馆长，并派遣其到上海、湘鄂一带购书，历时四个月，上海广智书局、文明书局、商务印书馆等48家书业所还先后赠送该馆图书1664种，1839册。图书馆“分存储、观览各室”，有储书室、陈列室、阅览室等，另设发售室，陈列并减价出售新旧图书，方便那些贫寒读书人。藏书体系丰富，复本率低，自秦汉迄明清，凡承学之士通行浏览之书，灿然略备。西洋图书如自然科学、应用科学、法政学等均有收藏，“士林称便”。从所藏图书中，不难发现奉天地区已向科学和文明迈进。

各县依照奉天省城图书馆的办理办法也纷纷建成图书馆。宣统元年（1909）宽甸县图书馆成立，宣统二年（1910）抚顺通俗图书馆建立，宣统三年（1911）法库厅图书馆建立，此外，庄河、兴城、北镇、辽源均建立了图书馆。有些图书馆还设有巡回书库，如海城通俗图书馆，在西关和南关设有二处巡回书库①。奉天地区图书馆事业取得了一定的成果。从空间地域上来看，各县图书馆的设立实现了边省各地文化图书机构的布局和网状覆盖，为远在乡村的民众提供了学习条件，为文化贫瘠地区的教育带来生机，通过知识传播普及开晓愚蒙，以施人民教化。

二、京师图书馆的建立与图书馆社会教育

京师图书馆的创设大致经历了三个阶段：1896年，李端棻上《请推广学校折》首倡创设京师图书馆；1906年，罗振玉增广李端棻之说，提出创设京师图书馆的具体办法；1909年，学部奏筹京师图书馆，同年八月初五学部“奉旨依议”，并“派编修缪荃孙充监督，学部郎中杨熊祥充提调”②，京师图书馆遂告正式设立。在这三个阶段中，李端棻、罗振玉和学部分别就京师图书馆的创设

① 杨岩：《清末民初奉天地区社会教育研究》，硕士学位论文，东北师范大学，2017年。

② 许同莘：《张文襄公年谱》，载李希泌、张椒华主编《中国古代藏书与近代图书馆史料（春秋至五四前后）》，中华书局，1982年，第132页。

做过论述，构成了晚清京师图书馆思想，其中在预备立宪时期，学部于1909年上报的《奏报分年筹备事宜折》提出了于当年开办京师图书馆的计划。1909年7月，学部拟定《奏筹建京师图书馆折》阐释了京师图书馆思想。

第一，开办京师图书馆旨在“供天下观听”，以图实现“同文之盛治”。学部奏筹建京师图书馆同清政府在“举步维艰，外患日棘”的时刻试图通过预备立宪以自强不息、转危为安一样，也是企图挽救清王朝的一项文化措施。学部认为：“惟是图书馆为学术渊薮，京师尤系天下观听，规模必求宏远，搜罗必极精详，庶足以供多士之研求，昭同文之盛治。”由此可见，学部奏筹建京师图书馆的目的其表在“保国粹而惠士林”，“至图书馆开办以后……将见琳琅美富，蔚为大观。上以赞圣朝崇文之化，下以餍士林求学之心。窃谓裨益于全国教育者，良非浅显，似亦维持世道人心之一大端也。”京师图书馆建成以后可以起到全国性示范功能。

第二，嘉惠学林，“供多士之研求”。学部《奏筹建京师图书馆折》说：“高宗纯皇帝开四库之馆，荟萃载籍，建阁储藏，著录之数，综十六万八千册。又于热河及镇江、扬州、杭州等处，并建藏书之阁，颁给《四库全书》各一份，士子就阁读书，得以传写，所以嘉惠艺林，启牖后学者，至周至渥。”在学部看来，筹设京师图书馆具有与修建“四库七阁”“昭同文之盛治”同等重要的意义。虽然“四库七阁”确实是“乾隆盛治”的重要标志之一，但在“嘉惠艺林，启牖后学”方面，“四库七阁”并非“至周至渥”。为此，许多维新人士对“江南三阁”不事开放的保守历史均做过不同程度的批判。显然，学部筹建京师图书馆的目的与对“四库七阁”的认识已有明显差别，“供多士之研求”的认识已具备社会开放性。

第三，搜求图书“必极精详”。学部提出三种搜求图书的办法：一是调集热河避暑山庄文津阁《四库全书》及各殿座陈设典籍。学部一方面“拟恳圣恩俯准，将文津阁《四库全书》并避暑山庄各殿座陈设书籍，一并赏交臣部只领，敬谨建馆存储，庶使嗜奇好学之士，得窥石室金匮之藏，实于兴学育才，大有裨助”。另一方面“祈饬下热河督统，将臣部所请书籍检齐，赍送到馆，以备尊藏”。二是咨取各省官书局刻本。“至各省官局刻本，即由臣部行文咨取，藉供搜讨。”三是鼓励民间献书。学部说：“至图书馆开办以后，如有报效书籍及经费者，拟请援照乾隆时进书之鲍廷博、光绪时进书之广东高廉道陆心源奖励成案，由臣部视其书之等差，及款数之多寡，分别请奖，以示鼓励。”

从近代图书馆学史的角度看，颁布《京师及各省图书馆通行章程》的意义甚至大于兴建京师图书馆。蒋复璁对《京师及各省图书馆通行章程》的评价是“章程的内容精当周密，入民国后图书馆法规屡经订定修改，但其立法精神不变”①。它以官方形式支持了包括京师图书馆在内的近代图书馆建设，特别值得一提的是，它在第一条写入了“供人浏览”的图书馆宗旨，并规定了需要重视图书的收集整理和“以广征博采，供人浏览为旨”的图书资料利用要求。在第五条明确了图书馆应设“阅书室”，在第七条规定了图书馆收藏的图书有保存和阅览两大功能，在第九条中规定“凡中国官私通行图书、海外各国图书，皆为观览之类。观览图书，任人领取翻阅”。这些规定相当于用法律的形式明确图书馆对社会开放的职能。《京师及各省图书馆通行章程》的颁布通行，标志着政府官员及社会知识分子反复呼吁的图书馆的社会功能有了制度上的规定。

① 转引自蒋永福编著《图书馆学基础简明教程》，知识产权出版社，2012年，第17页。

第三章　民国初年图书馆社会教育的发展（1912—1918）

辛亥革命以后，以教育部设社教司为起点，社会教育进入了新的发展期。图书馆是社会教育的重要机构，所谓图书馆开展社会教育就是“以文字、图书等为工具，去化育人民的。并不要类似强制的方法，而人们往往乐于自动地去接受这种教育”[①]。在社会教育大背景下，“图书馆之作用，系补助学校教育所不及，养成人民乐于读书之习惯，提高人民道德和文化素质，进而有利于改良社会”[②]，图书馆通过开展文字教育、宣讲、读书推广等形式，承担起了推行社会教育的职责，它“不但是一种社会机构，而且是一种社会制度”，“使社会中每一个公民获得了自由获取知识或信息的权利”[③]，因此图书馆被赋予社会教育意义。

第一节　民国肇始与图书馆社会教育发展动因

辛亥革命后，在除旧布新的过程中人们认识到，“国民程度”问题构成了建

---

① 丁道凡搜集编注《中国图书馆界先驱沈祖荣先生文集》，杭州大学出版社，1991 年，第 216 页。

② 同上书，第 19 页。

③ 范并思：《维护公共图书馆的基础体制与核心能力——纪念曼彻斯特公共图书馆创建 150 周年》，《图书馆杂志》2002 年第 11 期。

设民国的一个严重障碍。专制制度虽然废除，但民智民力堪忧，如何改造培育“智、体、识”均健全的新国民，已成为一个突出问题。而学校教育量少速缓，难以达到普及教育、开启民智、养成新型国民的时代要求，不能适应新的政治、经济、文化发展的要求，国民受教育程度低成为建设民国的一个障碍。新教育偏重精英人才培养，对普通民众智识程度的提高重视不够，加之社会贫弱的现实之困，因而普通民众受教育程度极低。蔡元培有鉴于当时德、日等国社会教育事业的发达，多次阐明社会教育和教育普及之间的关系，“必有极广之社会教育，而后无人不可以受教育，乃可谓教育普及”。

传入我国近十年的“社会教育”一词逐渐被政府和社会接纳，民国初年的社会教育一切围绕蠲除旧弊、改新国民为中心，民国教育部总长汤化龙云：“考求教育普及之方法，学校以外，尤藉有社会教育，以补其不逮。盖社会教育范围至广，效用至宏。举凡一国普通士庶之性情、道德、智能，皆受熏育陶熔于此，而国家所以社会程度之增进，民庶智力之扩张，本固邦宁之上理者，亦即以此为机括。”①

民国初年提出多种改革理念和制度设计，涉及政治、经济、教育、社会等领域。各种新理念层出不穷，旨在实现中华民族复兴，在新的世界体系中站稳脚跟。“教育救国”思潮再次高涨，一批社会精英在晚清以来“尊西崇新”的思想潮流起伏中，将欧美成人教育理念与清末社会教育实践对接起来，启迪民众的社会教育被他们视为救国图强的主要途径和改造社会的利器。正如蔡元培应湖南省教育会邀请（与李石岑、杨端六、罗素等六人同往）在长沙的讲演《何谓文化》中强调的：“教育并不专在学校，学校以外，还有许多的机关。”②他列举了许多，有研究所、博物馆、展览会、音乐会、戏剧、印刷品（即书籍与报纸）等，而“第一是图书馆，凡有志读书而无力买书的，或是孤本、抄本、极难找到的书，都可以到图书馆研究”。蔡元培等教育家对社会教育的积极推

---

① 《汤化龙呈大总统拟设通俗教育研究会文》，载朱有瓛、戚名琇、钱曼倩、霍益萍编《教育行政机构及教育团体》，上海教育出版社，2007年，第375页。

② 蔡元培：《何谓文化》，《北京大学日刊》（第806号）1921年12月4日。

行，巩固了图书馆社会教育在教育行政的地位，坚定了教育部对之倡行的意志。社会教育的理论观念逐步由精英思想转变为国家认可，并体现在了教育制度和实践之中。至此，得到了行政、制度保障的图书馆社会教育，终于走过了多事纷杂的萌芽期，迎来了多元化的探索阶段。

第二节　民初图书馆社会教育职能的特点

一、社会教育思潮对图书馆价值认识的影响

图书馆是各种出版物的集聚与发散地，图书馆的机构功能成为传播知识、实现大众教育的有效途径。相较于清末，民初对图书馆社会教育职能有了新的认识，众多社会学家视图书馆为一种根本的、永远的教育机关①，其被列入民国政府的社会教育体系中。图书馆既是公共文化空间，也是教育空间，更多的有识之士深入认识思考以增强国民精神、提高国民素质为内容的图书馆社会教育职能观，李大钊出于对整体国民教育的关注，多次提到图书馆和教育有着密切联系，和社会教育更有关联，他在《北京高等师范图书馆二周年纪念会演说词》中说："想使教育发展，一定要使全国人民不论何时、何地都有研究学问的机会。""想达到这种完美的教育方针，不依赖图书馆不可。"② 杜定友也强调，图书馆不但是社会教育的中心点，而且为一切教育的中心。同时，图书馆建设的方向在辛亥革命后更加明确，在第二次公共图书馆运动和新教育思潮的影响下，民国教育部把图书馆作为推动社会教育的一大机关定下来，促使各地在设立公共图书馆的同时，推行流动、巡回等多种形式的图书馆教育服务，并进一步落

① 黄建铭：《图书馆文化研究》，海风出版社，2007 年，第 94 页。

② 李大钊：《北京高等师范图书馆二周年纪念会演说词》，载《李大钊文集》，人民出版社，1984 年，第 168 页。

实面向下层阶级、通俗化的教育初衷，承担了助推民初新式教育实施的时代使命，完成了近代图书馆社会教育演进过程中的一大跨越。

二、图书馆社会教育实施的多元化

图书馆事业在民国初期不断得以推广，各省公立图书馆的规定中也都提倡社会公众免费使用图书。图书馆教育也创设了许多变通形式，1913 年京师图书馆在广化寺、前青厂设分馆，“既以引起国民读书之爱感，并借副大部振兴社会教育之至意”，1916 年京师图书馆分馆搬迁至外香炉营，“增开妇女阅览室”。京师图书馆还设体育场和儿童阅览室。各地图书馆也比照京师图书馆情况开展多种社会服务，如公共阅报处、流动书车等，图书馆开始从单一性向多样化转化。为使民众更便捷地利用图书馆，业务方法上均开始向教育服务职能化转型：采取开架阅览，采购的书籍以普通书、各项杂志、新出图籍为主，面对普通读者，甚至对阅览人提出的图书要求设法速为购买；为节约读者时间，各馆将馆藏书籍分类目录，供读者随意检阅，如遇咨询必婉辞答复，对偏僻之地的居民读者采用巡回书库上门服务等，民国初期的图书馆社会教育实践也促进了图书馆事业的发展。

三、图书馆社会教育有了独立的发展环境

民国以前，学部执管教育机构，图书馆被视为学校教育的附属事项，图书馆及其他机关开展的各种社会教育活动都是在学制系统内开展；民国时期，随着社会教育在行政上独立地位的确立，图书馆也相应取得了教育行政的地位，图书馆社会教育由社会教育司负责，其专门化发展由此开始。在此期间，图书馆社会教育有了专门行政机构——社会教育司，1915 年北洋政府教育部颁定《图书馆规程》及《通俗图书馆章程》，以政府法规的形式对图书馆“诱启社会之常识”“储集图书供众阅览”的职能予以规定申明。在理论实践方面也全面开

启专业化，一批专业理论文章相继发表，以沈祖荣等留美图书馆专业学生的归国为标志，图书馆社会教育开始有图书馆专业人士主导实施，李小缘、马宗荣等都从多角度对图书馆社会教育进行阐发倡导，并为宣传图书馆社会教育奔走呼吁，图书馆社会教育初步获得了较为独立的发展空间。以上专门化和专业化的特点，促进了图书馆社会教育事业的发展。

第三节　图书馆社会教育在教育行政上的确认与倡行

面对社会形势的发展，民初教育部对于图书馆社会教育事业从确认推向了倡行。教育部所设置的社会教育司职掌了许多有关培养和促进“国民精神”的机关，并提出了众多有关推行通俗教育的方式，其中图书馆便被专列为此司的一项事务。《图书馆规程》及《通俗图书馆章程》的颁布进一步保障了图书馆创立发展的地位，也肯定了图书馆的教育功能，使得清末萌发的图书馆社会教育成为有章可循的事业。

1912 年，在蔡元培、蒋维乔的大力倡导下，教育部首设社会教育司。前礼部主事夏曾佑、前学部主事高步瀛等先后担任司长。社会教育第一次在教育部官制上有了独立地位，成为完整的教育体系中的一部分，三级社会教育行政构建逐渐成形。

1912 年 1 月，教育部通电各省都督府筹办社会教育，称国体变更“非亟课社会教育之进行不能应时势而收效速”。1912 年 5 月，《民国教育部官职令草案》[①] 规定了社会教育司所掌事务包括“关于博物馆图书馆事项”和“关于通俗图书馆巡回文库事项”。1912 年 8 月，公布的《参议院议决教育部官制》中规定了社会教育司所掌事务包括“关于博物馆图书馆事项”和“关于通俗图书

① 朱有瓛、戚名琇、钱曼倩、霍益萍编《教育行政机构及教育团体》，上海教育出版社，2007 年，第 109—111 页。

馆巡回文库事项”①。1912 年 12 月，公布“分科规程”②，社会教育司分设两科，第一科即职掌图书馆事项。民初教育部颁布的“官制”“分科规程”所规定的组织形式以及社会教育司所执掌的事务，尤其是图书馆一项，在以后的民国教育部文件中不断得到确认和强化。如 1914 年 7 月重新修正的《教育部官制》仍承普通、专门、社会教育三司设置，并规定社会教育司的职责有“关于通俗教育及讲演会事项”“关于博物馆、图书馆事项”“关于各种通俗博物馆、通俗图书馆事项”。1918 年 12 月 7 日修订的《教育部分科规程》把社会教育司设置为两科分掌各项事务，其中第一科所掌事务首列“博物馆、图书馆事项”，第二科所掌事务有“通俗教育及讲演会事项”“通俗图书馆、巡行文库事项”。

在地方，图书馆社会教育亦以法规、规程为依托广泛开展起来。1915 年各省设置教育厅，地方社会教育由省教育厅第二科掌管，图书馆社会教育也开始成为各地社会教育科的主要事项。云南省属边远省份，1911 年军都督府军政部下设学政司，管理全省学务，司下设学政公所，所内设总务、专门实业、普通、图书、会计五科。1912 年 7 月，增设通俗教育科，掌管社会教育事务，是年，学政司改为教育司。1913 年 4 月，军政分离，云南省行政公署民政长下设教育司，司下设四科，第四科职掌博物、图书及社会教育事务。1914 年 6 月，省行政公署改组为巡按使署，教育司改教育科，科内分三股，社会教育事业归第三股负责。1916 年，云南省参与护国运动，滇政发生变化，教育科从政务厅下改为民政厅下设立，次年，省长公署成立，教育科复员，重新改为政务厅下设立。总之，不管教育行政如何变更，政府对包括图书馆在内的社会教育事业管理权始终有明确划分。③

---

① 朱有瓛、戚名琇、钱曼倩、霍益萍编《教育行政机构及教育团体》，上海教育出版社，2007 年，第 109—110 页。

② 《教育部厅司职掌之沿革》，见舒新城《近代中国教育史料（第 2 册）》，上海书店出版社，1990 年（影印版），第 146—148 页。

③ 周慧梅：《民国社会教育研究》，湖南教育出版社，2018 年，第 95 页。

第四节　民初图书馆社会教育思想的承启与发展

民国成立至五四运动前这一时期，由于受社会政治的制约，社会教育的发展是曲折的，许多关于社会教育的问题仍然在探索之中。但是这个时期是我国社会教育发展的一个最重要时期，无论是理论、制度还是实践，和以往相比都具有开创性的意义，有学者提出："抑尤有进者，从事社会教育，其道有三。私人行之，一也；联合团体，二也；国家提倡，三也。此三者宜并行之，互相补助，收效乃宏。"① 随着社会教育专业化、制度化的影响，图书馆社会教育思想在这一时期也得到进一步发展。

一、图书馆通俗教育思想

通俗教育是在民国初年民智低下、民德浇薄的时代背景下应运而生的，以开通下层民众智识、普及教育和改良社会为目标。民国甫建，贫弱蒙昧的国民程度与"新国民"的要求有很大差距，与此同时，日本自上而下开展的通俗教育在"文明开化"方面给中国带来了启迪和借鉴，形成了以梁善济、张继为主的日本派通俗教育家，时人认为"惟通俗教育常与一般中下级社会相接触"，故效力最宏，改良社会非从此着手不可，各地还创办了许多通俗教育会，据统计，至1916年达到262所，目的是"一引起国民之自动力，一激发国民之爱国心是也"②。这体现了"开民风"的现实意义与"造国民"的政府利益之间的交织。

教育部颁行《教育纲要》将社会教育区分为高尚与通俗两类："一、高尚学

---

① 汪涛：《社会教育之方法》，转引自周慧梅《民国社会教育研究》，湖南教育出版社，2018年，第84页。

② 梁善济：《通俗教育研究会会长梁次长代表汤总长训词》，载朱有瓛、戚名琇、钱曼倩、霍益萍编《教育行政机构及教育团体》，上海教育出版社，2007年，第370页。

艺：如图书馆，博物馆，美术馆，文艺，音乐，演剧等项……；二、通俗教育：如通俗讲演，通俗书报，通俗图书馆，通俗教育研究会等。”并做了如下说明：“社会教育范围至广。凡学校以外之教育，无不兼包。今以程度为准，别为高尚与通俗二类，总期于一切国民，咸施陶冶；进其道德，益其知识，濬其美感，以宏教化，而作新民。”该时期颁布的社会教育法规章程对发展通俗教育的宗旨、方针和内容的规定更为明确，提出把图书馆、补习学校、剧场、活动影剧馆、美术馆、常识博物馆、共进会、公园、运动场、体育会等当作直接传布社会教育的机关。

通俗教育内容形式虽多，但基本围绕着“开风气”“输智识”开展，贯行“舍极高之理论，施以有效之实事”。教育部通俗教育研究会成立时，以“研究通俗教育事项，改良社会普及教育”为宗旨。中华通俗教育会以“研究通俗教育实施方法，为普通人民灌输常识、培养公德，并启发有关社会教育各事务”为宗旨。1912 年，伍连德规划中国通俗教育事业，以“注重卫生、谋生、公众道德、国家观念等四主义”作为中华通俗教育会实行通俗教育的方针。上海通俗宣讲社发起人顾晟认为，“人民既乏共和国民之常识，而对于风俗习惯犹未改革……欲补救现在之国民，则舍通俗教育以外无别”①。1915 年 3 月，在教育部拟定的四种章程中，兴办以“通俗”为主的社会教育意图凸显。1915 年 4 月 23 日，教育部颁发《通俗教育讲演规则》，该规则共九条，第一条规定：“通俗教育讲演以启导国民改良社会为宗旨。”

通俗教育的倡行，促进了教育界对图书馆职能和社会地位的深入思考，在通俗教育大力开展的氛围中，全国各界对在图书馆领域施行社会教育有了更高期待。1917 年，政府公报写道：“通俗教育以启发一般人民普通必需之知识为主，故通俗图书馆之设，实关紧要。”② 表明官方立场已将通俗教育与图书馆事业的关系有了新的定位，二者可相互促进、同步发展，得臻完善。

---

① 顾晟：《对于通俗教育研究会之意见》，转引自周慧梅《民国社会教育研究》，湖南教育出版社，2018 年，第 83 页。

② 中国第二历史档案馆：《政府公报（第一〇六册）》，上海书店，1988 年，第 294 页。

二、图书馆是“人民的大学”和“教育之直接机关”

图书馆是“人民的大学”和“教育之直接机关”这一认识是民国成立和公共图书馆运动之后，在以往社会教育思想的基础上产生的，同时“人民的大学”“市民大学”也是沈祖荣、杜定友等学者接触西方图书馆之后的现实反思，沈氏阐述：“欧美图书馆筹划之精密，设立之普遍，使其全国人民之学问技能，无一不受成于图书馆，故有市民大学之徽号焉。”“欲增长国民文化之程度，则图书馆之教育，较学校之设置，其效力尤能普及。”[①] 认为最具社会教育之效果的“莫如图书馆”，进而又提到，欧美国民视图书馆为继续到终身之教育机关，他在图书馆学界率先提出“终身之教育机关”的概念。杜定友留学回国后曾深入阐述过图书馆与市民教育的关系，并公开发表演讲，认为欲建文明社会，需赖图书馆，图书馆既是公共之机关，也是“市民的产物”，进而提出现代意义的图书馆还是“市民修养的中心点”和继续学习的学校。显然，他们都是从麦维尔·杜威图书馆教育启蒙思想的角度，认为图书馆是向全体社会成员提供知识服务、塑造文明国民的场所和工具，应该更多为大众服务，它通过储备文献，传播知识、技能和观念，通过介入、推广等服务承担社会教育之责。民初图书馆的开办和各项事业的进展也表明，新式公共图书馆面向大众，以公开公益为原则，确是一种区别于学校教育的特殊教育形式，公共图书馆的意义，不在于培养一二学者，而在于教育千万国民，不在于考求精深学理，而在于普及国民教育。

1919 年，李大钊又提出“人民的图书馆”这一具有进步意义的观念，认为，就图书馆所面向的读者而划分，可分为社会的图书馆和学校的图书馆，而社会图书馆的服务对象就是社会一般人民。他论述了图书馆和教育有密切的关系，社会教育作为教育中的一大组成部分，主要是面向社会的，图书馆就是一

---

① 沈祖荣:《中国全国图书馆调查表》，载《沈祖荣文集》，武汉大学出版社，2013 年，第 13 页。

个面向社会广大人民的设施，是提高人民智识的机关，图书馆与教育的密切关系，更直接地体现在与社会教育的关系上。为使图书馆真正服务于劳动者和城市平民，李大钊主张“多办市立图书馆，通俗的尤其要紧”，“图书馆一律公开不收费”①，为方便读者、服务读者，应摒弃“文库式”的借阅方式，改为“开架式”。由于李大钊在当时具有很大的号召力，图书馆这种公共设施应该面向广大人民的思想更广泛地推广出来。

三、图书馆分类社会教育思想

分类社会教育思想最早由谢荫昌提出，是指在公共、平等的现代公共图书馆理念的基础上，依据读者的文化程度及不同层次的需求来进行馆藏设施建设，更好地满足不同群体的教育需求。谢荫昌② 1913 年任省教育司副主任科员期间在奉天省大力建设通俗图书馆和巡回借阅，在省城宣传推广各类社会教育，如设立讲演所、简易识字班、图书编辑处等，主张十万人口之县（市、城镇）应当设参考图书馆、传习馆、讲习所、实验馆等。谢荫昌对图书馆功用早有考察，利用自己三次赴日的经历指出，公共图书馆不仅可以进行精英教育，也可以教育民众，是一种大众教育和通俗教育，是教育千万国民而不是培养一二学者，“图书馆为教育者职分内之任务”。在此基础上，他从公共图书馆馆藏建设方面出发，提出分类社会教育思想。他认为，图书馆分为两大类，因此在投建之时应区别办理，一为培养学者的、一为教育国民的，或者说一为参考图书馆、一为普及中等和初等教育的图书馆。前者可依照学部《京师图书馆及各省图书馆通行章程》办理，后者则需另定章程。从规模上，省级以上图书馆当为学者提供完备的科学研究资料，“凡地球上有形象之文物皆当搜备”，“以备专门高等人才之研究为原则”。基层图书馆主要针对普通国民，包括中等人才和基层民众，

---

① 李大钊：《北京市民应该要求的新生活》，《新生活》1919 年第 5 期。

② 谢荫昌，教育家，江苏武进人。译有日本户野周二郎的《图书馆教育学》。曾出任奉天省图书馆馆长。

主要职能是培养国民之常识，图书馆的书籍需要做到广泛全面、通俗易懂，应参照各国公立图书馆对现在的府、州、县图书馆进行改造，建成县中等图书馆和镇、乡初等图书馆，谢荫昌甚至还有拟定《府厅州县城镇乡中初等图书馆章程》的想法，使图书馆具有普及教育、开化民众之功。

第五节　民初图书馆社会教育实践

一、新教育运动中的图书馆社会教育

新教育运动是指1912—1930年，受欧美教育新潮的影响，以具有留学欧美背景的教育家和其他民间教育力量作为主体，以实用主义教育哲学为理论基础，利用新式教育理论及教学方法进行教育改革实验，以期在中国建立现代教育体系的教育现代化革新运动。在性质上，新教育运动完全不同于之前历次改良教育革新，被认为是“中国现代教育的基石”①。

新教育运动中诸如实利主义、职业教育、美育教育、人格教育等社会教育内容对中国图书馆事业产生了重要的推动作用，各类各级新式图书馆“为配合新教育制度”应运而生，《图书馆学季刊》发刊词中云：“比年以来，学校日辟，自动教育之主旨亦随而日昌，于是图书馆之需要乃日益迫切。”② 同时，新教育运动从理论思潮到体系实践也一直助推了民国前十年的图书馆教育。

（一）新教育运动对图书馆的要求

新教育运动发生在中西融合的“大变局”时期，表现出时代的双重性，既

① 李华兴：《民国教育史》，上海教育出版社，1997年，第3页。

② 梁启超：《〈图书馆学季刊〉发刊辞》，载《梁启超全集（九）》，北京出版社，1999年，第4885页。

是教育改革运动，又是思想启蒙运动；既是教育改革运动，也是社会改革运动；既是革故与鼎新的运动，又是移植与创新的运动。①

新教育运动最主要是对旧教育进行变革，强调“发展个性知能”，如1915年颁布的《教育纲要》中所指出的：“各学校教育宜注意学生之个性陶冶，奖掖其良知，能并养成其自动力暨共同习惯。”② 在实行各级学校教学方式改革的同时，强调使用图书馆是学习研究中的一种能力办法③，“使无伟大之图书馆，则启发式之教学法亦难实施也”④。教学方式的变革带动了各级学校的综合改革，蔡元培主持的北大和郭秉文主持的南京高师等成为开风气者，图书馆的职能地位得到新教育者的重视。1917年，蔡元培在其就职演说中说：“余到校视事仅数日，校事多未详悉，兹所计划者二事：一曰改良讲义……二曰添购书籍。本校图书馆书籍虽多，新出者甚少，苟不广为购买，必不足供学生之参考，刻拟筹集款项，多购新书，将来典籍满架，自可旁稽博采，无虞缺乏矣。”⑤ 三年后，他在筹备北大图书馆时再次强调：“各国大学之设备，无不以图书馆占重要部分，其所以增进学生知识之效能，比之尤为伟大，盖欲修精深之学业，必不可无丰富之修养，若仅恃讲堂授课，有讲义笔记数小册，所得实甚微，是以图书馆有文化宝库之喻，非无由也。”⑥

除高等学校外，在新教育运动的影响下，中小学开始注重培养学生的自修自治能力，鼓励学生利用图书馆自学，掀起了开办中小学图书馆的第一次高潮，上海万竹小学、上海潮惠小学、上海树基小学、北京师范学院二附小、北京贝满中学、天津南开中学、上海启秀女中、沪北中学、上海南洋中学、天津南开中学等学校的图书馆相继建立。尽管许多新式学校由于经费问题而使图书馆后续发展不足，但基础教育机构图书馆功用的重要性得到普遍认同。由此可以窥

① 汪楚雄：《中国新教育运动研究（1912—1930）》，博士学位论文，华中师范大学，2009年。

② 教育部中国教育年鉴编审委员会编《第一次中国教育年鉴（甲编）》，开明书店，1934年，第14页。

③ 谢欢：《新教育运动对我国近代图书馆事业的影响》，《大学图书馆学报》2014年第3期。

④ 教育杂志社编纂《庚子赔款与教育（下）》，商务印书馆，1925年，第24—25页。

⑤ 蔡元培：《国学精神》，北京理工大学出版社，2020年，第248页。

⑥ 野云：《北大筹备图书馆之计划》，《申报》1920年7月5日。

见当时新教育运动中的教学改革对各级学校图书馆发展产生的重要刺激作用。得益于学校改革建立起来的新的图书馆，不仅成为推进新图书馆运动的中心，也成为图书馆社会教育的新场所。

（二）新教育运动与各级图书馆

民国以来发展起来的新教育运动尽管取得了很大的实效，但教育成本过高导致的教育普及问题依然突出，并成为新教育进一步推进的障碍，从当时中国国情来看，无论城市还是乡村都有农工子弟因贫困无法进入正规学校接受教育。应对之举一是降低教育成本，使更多儿童能够入学，二是加大推行社会教育，其中，图书馆对社会教育的重要作用被诸多教育家重视。蔡元培通过对欧洲各国教育的考察，提出利用图书机构实施社会教育的主张，并多次在文章、演讲中呼吁各级地方重视发展各类图书馆，以发挥其在地方社会教育中的巨大功用。

陶行知是留美派新教育学家的代表人物，回国后在推行教育改革、教育实验及社会教育的活动过程中仍受杜威的实用主义思想影响，主张“社会即学校”，并站在中国教育的土壤上探索教育路径，充分认识到图书馆的特殊地位，“近今教育趋势，多利赖于图书馆，而民族文化，亦即于是觇之。……以为非力谋图书馆教育之发展，不可与列邦争数千年文化之威权，所关深钜，孰则逾是”①。并积极创办中华教育改进社、教育图书馆和发展“平民读书处”。其所领导的中华教育改进社更是对中国近代图书馆事业做出了巨大的贡献。

哥伦比亚大学教育学博士庄泽宣回国后致力于新教育的中国化，多次在演讲或论著中提出：“要多建立学校以外的非正式教育机关，使不能继续入正式学校的有求学的机会。”“广设图书馆，馆内设指导员，凡愿得某项知识，可向指导员求教，使能获得该项知识。”“在重要城市广设试验室及图书馆备各种人民自修及相当程度的人研究学术，并在乡村设图书分馆及流通处。”

① 陶行知、沈祖荣：《中华图书馆协会董事会呈文》，转引自周洪宇《陶行知大传：一位文化巨人的四个世界（下）》，人民教育出版社，2016年，第396页。

新教育运动的理念方法扩大了社会教育的影响，加深了社会各界对图书馆社会教育的认知。1919 年，教育部公布的《全国教育计划书》在社会教育方面特别指出："图书馆之启导学术，其功用等于学校，现在国立图书馆规模简陋，不能购储各国典籍，亟应大加整理扩充，并拟择国中交通便利文化兴盛之地，分别建设，以资观览。"从具体实践来看，新教育运动致力于教育普及、国民教育及重视社会教育，提倡"平民的教育、创造的教育、真实的教育"，新教育运动影响下的图书馆社会教育与办演讲传习所、平民夜校、半日校一样成为平民教育的发端。

二、通俗教育与图书馆社会教育

（一）通俗教育起源

马宗荣提出，1922 年以前的社会教育系以通俗教育研究会为中心而推进，故谓之"通俗教育中心时代"①。通俗教育最初开始于国外，尤以日本的通俗教育发展得最活跃，日本教育史学界把 1884—1919 年的社会教育发展称作通俗教育时期。欧美及日本通俗教育发展的状况通过各种途径传入我国。《教育杂志》1910 年第 10 期、第 12 期介绍"万国通俗教育会议"，1913 年第 6 期介绍"美国通俗教育之近况"和"德国通俗教育之近况"，1914 年第 9 期介绍"参观东京通俗教育馆记"，等等。国外影响以及国内失学民众教育的现实需要，使得有目的、有计划、有组织的通俗教育运动开始形成。这个时期，社会教育的诸多方面，如社会教育行政、政策、团体以及机构设施等均是以通俗教育为中心来开展的，通俗教育是最常用的一个教育术语。

在通俗教育运动不断发展壮大的环境下，图书馆作为得到社会教育行政地位的重要社会教育机构也开始以通俗教育为中心来发展自身的社会教育事业。

① 马宗荣：《社会教育纲要》，商务印书馆，1947 年，第 137 页。

1912年，通俗教育研究会将日本通俗教育研究会所著的《关于通俗教育之理论与实际》改译为《通俗教育事业设施法》予以出版，要求各地“资以参考”，对通俗教育活动产生了较大影响，其中，将图书馆作为重要通俗教育事业通过一章来详细论述。由余寄编译的《社会教育》一书，也把图书馆看成“关于智育之社会教育”。1916年，通俗教育研究会发表《调查日本社会教育纪要》，认为“图书馆足以发皇国家文明，增长社会智识，为社会教育最要机关”①，明确地突出了图书馆在社会教育中的地位。由此，我国对图书馆在通俗教育中所起的作用有了进一步的认识。

（二）以“社会”与“国民”为教育重点

民国教育部设社会教育司，最初主要就是推广通俗教育事业。纵观这一时期通俗教育的工作可以发现，通俗教育的对象是面向“社会”和“国民”，这在当时有关通俗教育的通令、章程、通俗教育团体的活动以及教育人士的讲话中可以充分地看到。

1915年7月，汤化龙呈文大总统拟设通俗教育研究会，《呈文》中讲道，通俗教育主要是面对“社会”“人民”。“吾国学校教育既远不逮各国，而一般人民之未尝学问毫无训育者。实居多数。其所需于通俗教育者自视他国尤急。又值此国基甫定，民习未纯之时，使非于此项教育积极提倡。不徒人民之德慧不开，社会将日趋于下，而蚩蚩者氓乏适宜训化，尤惧无以定志气而正趋向，其于国家前途关系甚巨。”1915年7月公布的《通俗教育研究会章程》规定：“本会以改良社会、普及教育为宗旨。”从《通俗教育研究会章程》中可知，通俗教育研究会的对象是“社会”。

1915年10月23日，教育部又公布《通俗教育讲演规则》，其中云：“通俗教育讲演，以启导国民、以改良社会为宗旨。”1915年1月27日，通俗教育研究会第三次会议上，讲演股主任祝君椿提出“提倡学术通俗讲演案”，认

① 通俗教育研究会译员唐碧译述《调查日本社会教育纪要》，1916年，第3页。

为“此案为对社会一般之人灌输知识”。此外，在这个时期教育部公布的《图书馆规程》《通俗图书馆章程》中也把“供公众之阅览”看作设置图书馆之目的。

从上面的讲话、提案、规程等方面来看，虽然所实施的对象提法较多，有“人民”“社会”“公众”“国民”“一般之人”等，但其实施对象的主体是面向“社会”及“国民”。

从各地举办的通俗教育事业来看，通俗教育向“社会”、向“国民”施教是其根本的方向。1912年5月，章太炎等发起“通俗教育研究会”，《宣言》提出：“革命未成以前，当注力于通俗教育，而期多数人民能破坏；革命成功而后，当注力于通俗教育，而期多数人民之能建设。”本会的“研究事项”为“甲、以语言艺术及娱乐事务感化社会”，“乙、以印刷出版物感化社会”①。通过通俗教育组织开展起来的各类活动多数面向市民阶层，1919年教育部《全国教育计划书》提出要求开展9项社会教育事业，如“通俗讲演”的对象是面向“一般国民”，“通俗教育用具”可以“启导社会”等。在这个时期出现的大量社会教育设施，也都是以“通俗”“简易”为标志面向“公众”“社会”与“国民”的，如“阅报社”“阅报处”“白话报”“宣讲所”“陈列所”。

通俗教育的兴起与当时国体的变更以及“改良社会”的要求相映衬，意味着从精英教育到普通国民教育的转变，从而使图书馆通俗教育进入了大众视野。

（三）通俗教育与通俗图书馆

从1912年中华民国成立至1919年五四运动，以失学民众和全体国民为教育对象，以通俗教育为中心的社会教育事业逐渐发展起来。通过官方推动和民间参与相结合，通俗教育的理论与实践使社会教育的发展在方式、方法等方面不断丰富和扩大，如设立通俗讲演所，以此方式“为导民自觉之一助”；办民众学

---

① 汤志钧：《章太炎年谱长编》，转引自李桂林、戚名琇、钱曼倩编《普通教育》，上海教育出版社，2007年，第1001页。

校补足学校教育之不逮，授以生活必备之知识、技能，并注重道德教育；以1915年北洋政府教育部的规定为标准，各省、市、县相继设通俗图书馆供众阅览，免收费用。

京师通俗图书馆是中国最早成立的大众化图书馆[①]，其设置大概如下："本部因于民国二年馆设京师通俗图书馆一所，为各省倡。委任社会科员经理于宣武门大街租房一区，计二十一间，搜集图书，撰拟规程。凡三阅月，至十月下旬成立，开馆阅览，并附设公众体育场、新闻阅览处各一所。惟因岁时国家财政困难，一切组织均极简朴。自开办迄今，已二年有余。中间因经费稍裕，添设儿童阅览室一处，续租本馆后院房屋一所，计十二间，陆续增购图书至一千四百余种。其地既当要冲，阅览者尚称繁盛，计每日平均阅览人数约六百二十余人。民国四年一月，委任主事王丕谟兼充该馆主任。"[②]

由于服务定位不同，通俗图书馆的经费支出远低于普通图书馆。"比之省立图书馆，用款不及什之一，阅书人数则多至数十倍。"在当时许多机构附设图书馆颇为常见，如直隶省图书馆、浙江省立公众运动场、北平中央公园等附设通俗图书馆。"通俗教育以启发一般人民普通必需之知识为主，故通俗图书馆之设，实关紧要。"通俗图书馆因陋就简、服务多样的特点顺应了当时民众教育的潮流，成为当时图书馆的三大类别之一，即学校（包括大学和学校）图书馆、普通图书馆和通俗图书馆。

通过通俗教育运动，全国已经开设的图书馆得到巩固和加强，没有开放的图书馆得到公开使用，正在筹备的图书馆加速了进程，各级各类的图书馆蓬勃兴起。1916年，《教育公报》第10期发布的《各省通俗图书馆调查表》显示：至1916年，全国进行统计的21个省的通俗图书馆已达237所，最多的湖北省已达44所，其次是奉天35个，山东23个，河南22个，福建、浙江均为21个。

---

① 张树华主编《北京各类型图书馆志》，北京燕山出版社，1993年，第34页。

② 《京师通俗图书馆成立之经过》，《教育公报》1916年第3卷第10期。

（四）通俗图书馆的社会教育

通俗图书馆以更接近于民众为初衷，阅读门槛低，这是它服务大众、实施底层教育的基础，通俗图书馆在各地的阅读人数很多，京师通俗图书馆全年阅览统计总数266914券，除休息日不计外，每日平均895券①。河南统计每日平均1050人，山东统计每日平均1500人，浙江统计每日平均5350人，而普通图书馆，如河南统计每日平均400人，山东统计每日平均1600人，浙江统计每日平均1603人。这些数据均反映了民众对通俗图书馆的喜爱和关注。

1. 通俗图书馆社会教育的具体实施

其一，藏书通俗化。因以启发一般人民的普通必要知识为主，故而通俗图书馆储藏采集图书均以易晓为特征，如京师通俗图书馆已摒弃传统四部的收集分类，基本馆藏中除了教科书、实业书外还有杂书、小说及杂志，且声言以小说杂志为最多，最少的是哲学书。儿童阅览室主要有习字手工、名人画册、幼年画报等。1917年，由士绅季启琳等创立的私立吉林通俗图书馆也以“广搜共和国民适用之书报杂志”为主，湖南通俗图书馆藏书与省立图书馆偏重经史类及科学图书有很大不同，更偏重普及性藏书，甚至包含传奇、弹词、挂图、各种人物模型及说明等。

其二，普设阅览室。通俗图书馆阅览室的设置是为了更好地吸引和方便民众。一般普通阅览室、阅报室，最初规定男女分开到馆，之后不少通俗图书馆专设了妇女及儿童读书室。以京师通俗图书馆为例，庄俞在其所著的《参观北京图书馆记略》中记述了京师通俗图书馆的景象：“正屋三间为公众阅览室；左右各一间为藏书处，皆用木架度置，颇节省。院之两旁为厢室，左为儿童阅览室，右为接待室。阅览者令券入场，勿庸纳资。”② “阅览室原设之男女阅书座位，范围平均，嗣因女子儿童较男子为少，时有彼满此空之势，遂于四月三十

① 《京师通俗图书馆呈报民国五、六、七年度工作概况（节录）》，《教育公报》1916年第5卷第3期。

② 庄俞：《参观北京图书馆记略》，《教育杂志》1914年第4期。

日将女阅书席范围改为三分之一，男阅书席占三分之二。”在儿童阅览室的使用中提供馆员辅导服务，同时还教导儿童阅览时必须正坐，放置书报要整齐，以达到基本的素质教育。

其三，选址大众化。交通便利、利于普通社会成员接近与到达是通俗图书馆设置的基本原则，如北京通俗图书馆一度搬迁至中央公园之内，1916 年这里另设图书阅览所，北京当时的 24 所“公众阅览处”（相当于通俗图书馆）大多位于人员密集处；湖北省立通俗图书馆的 5 个地点分别是首义公园、湖上园前门、抚院街、武胜门外等人多繁华之所；1913 年成立的天津通俗图书馆为扩大影响，还在中学、茶楼、旅馆、青年会等处增设流动点，“均期于公共游息之中，寓有提倡教育之意也”。

2. 通俗图书馆社会教育的特征

其一，平等的大众服务实践。通俗图书馆完全不同于旧式图书馆封锁主义甚至官僚式的办馆作风，不再为精英及中上阶层所垄断，而是将图书馆这种公共设施推向普通大众。它服务的对象是全体民众，免费向所有社会成员开放，为降低服务门槛，《通俗图书馆章程》第七条规定：“通俗图书馆不征收阅览费用。”有的通俗图书馆还办有识字班，使得文化程度低的妇女、儿童和失学者都能来此接受教育。为了更大程度地“服务民众”，通俗图书馆做出了许多努力，开创了多种灵活变通的办法来扩大流通，如设立流动书车、代办处、学校文库、开展巡回借书等，使通俗图书馆的服务真正贴近普通大众。

其二，突出的社会教育效果。民初涌现的通俗图书馆是为实现社会教育功能而建的，对社会而言，它能通过提供优良的读物移风易俗，树立崭新的良好的社会风气；对于个人而言，它通过提供学科齐全、实用有益的图书，使不同类型的读者不仅能获取知识技能，还可增长见闻、开阔眼界，在辅助学校教育方面，“通俗图书馆与小学辅车相依，凡县城市镇均不可少”①。通俗图书馆还采用了简化借阅手续、变革服务形式、延长开放时间等一系列措施，因而取得

① 林传甲：《呈教育部请整顿图书馆以广社会教育文》，转引自安徽省图书馆学会、安徽省中心图书馆委员会编《图书馆法规资料选编》，1982 年，第 145 页。

了比一般省市立图书馆更好的教育效果。从读者数量看远多于普通图书馆，如1916年南方边远省份的云南省共有6所通俗图书馆，全年接待读者数量65700人，而同时期的省立图书馆年接待人数为42000人。[①] 通俗图书馆扩大了国民教育的基础，并为此后的民众教育做了基奠。

三、巡回文库的社会教育

巡回文库又称“巡回图书馆”，指那些由大图书馆按时派往乡镇或其他特定社区的一种服务，常常是一部小货车或者大型车辆，其中装满书籍。它萌芽于晚清，发展于民国，是图书馆服务的延伸，也是联系公共图书馆与各流通点的纽带。1916年，唐碧译述《调查日本社会教育纪要》说：“巡回文库者，一方面代中央图书馆供给读物于所在之公众，一方面为通俗图书馆促进创立之先驱也。且补助已设图书馆地方书籍之不足，而振起小图书馆之精神，其功效有如此者。”作为中国图书业务发展史上存在的一种特殊的“流通书籍之方法”，巡回文库拉近了图书馆与读者之间的距离，对近代图书馆事业的发展产生了深远的历史影响，也是实施“通俗教育”“社会教育”的重要途径。

（一）巡回文库的起源与建立

巡回文库的历史可以追溯至1891年，上海租界工部局在讨论上海图书馆预算时有董事曾提出，让上海图书馆在各个警务署举办“免费的巡回文库”（free circulating libraries），第二年已开始实施[②]。1903年4月，《教育世界》发表《美国轮阅图书馆》，译介美国的巡回图书馆。民国之后，这种西式的图书馆服务方法开始为中国图书馆界所认识和接受。1912年，《东方杂志》上发表了谢荫昌的《巡回书库普及方法议》和章锡琛的《近代图书馆制度》，后者把配置所称

① 《政府公告446号》，载中国第二历史档案馆编《中华民国史档案资料汇编　第三辑　文化》，江苏古籍出版社，1991年，第127—128页。

② 胡道静：《上海图书馆史》，上海市通志馆，1935年，第11—12页。

为巡回图书馆："配置所者，所中向总馆配置各种图籍，应阅览之需要，以其随时之需要，以其随时交换，亦可称巡回图书馆。"

巡回文库的推行在民国初年的一系列图书馆法令法规和教育议案中都有所体现，如1912年《民国教育部官职令草案》第七条、《临时大总统令公布参议院议决修正教育部官制》第九条和《教育部分科规程》第四条都明确了"巡行文库事项"。1912年8月5日，教育部举行临时教育会议讨论蒙回藏教育计划案，提出以"宣讲及巡回文库辅之"[①]。在政府主导与民间各界的支持下，各个省份相继开展巡回文库的筹划建设，这可从1913年8月教育部派员对全国学区学务的考察来了解各省巡回文库的办理情况，已设置的是奉天省，据称辽阳县巡回文库"已设置二十四处以上，多附设于乡学校及乡自治会内"，广西、吉林等省正在拟建，湖南教育司长唐联璧提出9条扩张教育措施，"际此财政困难之前，而欲扩张教育，颇不容易，故择其不容缓者，提出九案"，第3条为"省城设立通俗图书馆及巡回文库"。[②] 1914年，武汉文华公书林设立的巡回书库是将馆藏图书装箱送到学校等机构陈列，让公众就近阅览。1918年，北京为"增进小学教员学识"设立过京师小学教员巡回文库，按自然地理区划分为4组，每组分8匭（箱子），每匭在一校停留两个月，然后交换[③]。在乡村，巡回文库也是一种组织比较正规的图书借阅机构，当时在辽宁最为盛行，据教育部1916年统计已有17所，每星期有总部分送一次图书到各支部，较好地弥补了当时我国图书馆数量难以满足社会需求的不足。

通俗图书馆、巡回文库、公众阅报所都属于公共文化系统，是为大众服务的重要设施。据1916年北洋政府教育部初步统计，全国共有巡回文库30个，总体数量不多，但在1916年之后得到快速发展。以东北地区为例，辽阳县巡回文库就设立24处以上，海城、铁岭、锦县、开原、庄河、北镇等县也纷纷建立了巡回文库，且大多是图书馆与巡回文库并设，锦县全境巡回文库

---

① 舒新城编《中国近代教育史资料（上册）》，人民教育出版社，1981年第2版，第304页。

② 李桂林、戚名琇、钱曼倩编《普通教育》，上海教育出版社，2007年，第1004—1018页。

③ 邓菊英、李诚：《北京近代小学教育史料（上）》，北京出版社，1995年，第686页。

竟达32处，附设在各校，由通俗图书馆置备社会教育书籍若干卷。巡回文库采取送书上门的方式，比公共图书馆更注重向读者开放。图书馆固定为县城居民服务，巡回文库则来回游走于乡镇之间，为乡下民众阅读书报提供方便。《铁岭县志》记载，铁岭县的巡回文库设立于1912年，宣讲所“社会讲员刘殿元、张兆芬、高拱辰三人由省讲习毕业归，乃就宣讲阅报所改建图书馆，备农林通俗各书，以刘殿元督其事，仍任宣讲。先是各乡校附设简易识学塾，其教育之责以教员兼任之。至此乃更设巡回文库五处，期收化民成俗之实效”。

（二）巡回文库的服务形式及方法

近代巡回文库立足于民众知识的增长与社会教育的普及，即“依预定路程和方法，轮流递送，巡回不已”。巡回文库在民初有不同的隶属关系：①隶属于劝学所。清末废科举倡新学之后，改儒学署为劝学所，管理教育事务。如1913年怀德县在城乡共创办七处的巡回文库，“由劝学所附设之图书馆购备书籍三百余种，分发各文库供人阅览”。②隶属于宣讲所。各州县宣讲所是清政府为宣讲新政而设，管理教育以及文化工作。③隶属于图书馆。巡回文库大多属于图书馆之范畴，由图书馆置办各类书籍若干，按处巡回，供人阅览，依次阅毕，再行更换。④隶属于县立（城立）机关。这些巡回书库由县机关自行置备各种图书供众阅览。如西丰县巡回文库“购简明图书数百种，分寄各栈店。每星期日由经管人互相移送，以期阅览周篇”①，与县立图书馆一处、分馆一处和区立图书馆十二处并存互不隶属。

具体开办方法是，“由各县设通俗文库总部一所，采集人民必需而易晓之各种图书（图如最简单之世界图、本国图及本省、本县等图，书如各种有益小说及新闻杂志、自治法令等项）输送城镇乡各支部，再由支部转送各村落阅览所，

---

① 转引自姜维公、王政铎主编《长春师范学院图书馆学术文集》，吉林大学出饭社，2012年，第142页。

限定日期阅毕，由各处送回总部收存”①。在城镇，由各馆派人定期将流动书车推至规定的巡回区域，文库每箱装若干册图书。有些巡回文库为特定群体服务，如针对教员、儿童和普通乡民的服务。有的还可以约定一处为代办所（如茶社等公共场所），在此陈列若干时间以供附近民众阅览。巡回文库不受阶级、文化程度、时间等限制，借阅手续方便，在各巡回区留置时间进行移交转换，节省了读者的时间。

巡回文库打破了图书馆物理边界的局限，拉近了读者与图书馆的距离。李小缘就对此总结说：“巡回文库更进了一步了，不单是开放而已，如果人民因朝夕工作太忙，路途太远，不能到图书馆取书，图书馆为普及这班人起见，便想出法来把书送到他们手里……我们或者以为这巡回文库是多事，可以不用的，殊不知农民乡民所得的益处是无穷的。”② 有些地区因经费等条件限制直接以巡回文库代行图书馆的业务。当时很多县立图书馆没有独立的馆舍，寄寓在民众教育馆、劝学所等机构办公，有时馆长和馆役都由劝学所的所长和所役兼任。因此，时人选择将有限的经费用来购买藏书，而放弃修建馆舍，甚至直接开办车载人挑式的巡回文库。西丰以及吉林双城等县就是在图书馆设立之前，先行开办巡回文库的业务，将图书交由各巡回点供人阅览，定期交换。有江南文胜之誉的无锡县于 1916 开办巡回文库，一为县立图书馆负责，将图书巡行各乡，传递阅读为扩大流通，还编辑了《无锡县立图书馆巡回书库书目》；一为天上市村前图书馆设立，由胡雨人、胡壹脩昆仲为提高故乡人民教育程度而捐建，设有专门的巡回文库室，分十个地区巡回流动送书给农民阅览③。

---

① 李景文、马小泉主编《民国教育史料丛刊　465　中国教育事业·中国教育史》，大象出版社，2015 年，第 247 页。

② 王恩德主编《延阁飞香：东北大学图书馆建馆九十周年纪念集》，东北大学出版社，2013 年，第 125 页。

③ 中国人民政治协商会议江苏省无锡县委员会文史资料研究委员会编《无锡县文史资料　第四辑》，1986 年，第 150 页。

（三）巡回文库参与社会教育

1. 从嘉慧士林走向服务公众

民初的政治设计者及教育家在民本思想下积极探索重塑国民性的途径，权借文字、化导群蒙是其中之一。巡回文库虽然借鉴于欧美和日本，但其接触服务于大多数底层民众的特点与实现“唤醒民众以培国脉”“国民受教育机会均等”等建国理念颇为契合，故成为其突出优势。它为民众就近借阅提供了便利，在1912年和1916年先后出现了两次设立推广巡回文库的高潮，据教育部两次所编《行政纪要》载，全国巡回文库在1916年之前有159处，至1918年达到259所，例如浙江省1917年之后共有龙游、新登、平湖等14县创办巡回文库，足见受民众喜爱之深。巡回文库设立的地点或为公园，或为邮局、街市，为民众就近借阅文献提供了便利。尤其在乡间僻壤，正式图书馆开办不易，而流动形式的书箱书车轮流定期下乡，无疑是在图书馆的效能之外，另给乡民预备了一个读书受教育的机会。这种主动接近劳苦民众的姿态与旧的图书馆理念大为迥异，巡回文库开设所到之处，使人人都有资格成为读者，普通平民成为主要服务对象，为广泛开展图书馆教育打下基础。

2. 主动和多层次服务

巡回文库的对象分为普通民众、儿童、师生等，往往根据不同特点选择适当的图书送到公共场所，专门巡回文库会在学校、工厂等处公开陈列一段时间，该组织机构内人员可以随意浏览或借阅，普通巡回书库通常选择茶楼、市场、旅馆、村公所等，有时为了吸引读者，还兼做露天讲演、挂图识字、代笔等附设的施教方式。尤其重视在农村地区开展图书流通，有针对性地精选适合农民阅读的通俗书籍，编写浅显易懂的文字，进行“扫盲”，以弥补农民阅读能力的不足。

从传播知识的角度，巡回文库打破了知识禁锢的界限，变被动接待为主动输出，促进了图书流动，沈祖荣云：“我国号称文化之邦，惜于图书方面，历患痼疾，只知保守而不能开放，惟皇室贵族与士大夫阶级始有博览群书之机会，平民无与焉。夫图书流通之限制有如是，则教育自无从普遍。”而巡回文库以箱柜装书，按期巡回，方法简单，费用简省，其“巡回区域无远弗届”，使离馆较远之人，亦有阅览机会。这种向僻远之处的流动服务“可供那些能供他们知识荒的同胞看一个饱”，使离馆较远之人亦有阅览机会。正如蒋维乔所讲：“惟前项通俗教育馆及图书馆，设立地点，多在县治；四乡偏僻之处，不免向隅；为求普及阅书之利益起见，莫如举办巡回文库。”①

① 蒋维乔：《江苏教育行政概况》，商务印书馆，1924年，第57页。

第四章　新文化运动影响下的图书馆社会教育（1919—1927）

新文化运动以陈独秀创办《新青年》为开端，至第一次国内革命战争前夕结束。新文化运动作为中国近代历史上一场声势浩大的思想启蒙和文化革新运动，在中国社会和文化转型过程中具有十分重要的意义。

在新文化运动的影响下，由民间教育团体推动的平民教育思潮成为发展社会教育的主要力量。平民教育倡导平民都有受教育的权利，许多教育家和学者对图书馆社会教育事业有了更深刻的认识。平民教育思潮使得当时的图书馆社会教育已突破了以普及数量、丰富藏书内容等来促进社会教育的表层阶段，将图书馆放入大教育的环境中，通过剖析图书馆可提供均等教育机会，在启迪民众民主、平等意识，强化道德修养等方面深化了图书馆的社会教育功能。

平民教育的重心转移到农村之后，开启了乡村教育思潮。由于乡村教育具有相对独立的实践对象，所以它是社会教育的一种阶段性的专门事业①。受其影响，图书馆社会教育事业也走进了农村，并为适应独特的乡村教育试验引入巡回文库，这不仅对乡村教育起到推波助澜的作用，也开拓了社会教育的开展方式。

---

① 衣晓冰：《近代图书馆社会教育职能的嬗变》，《图书馆研究与工作》2016年第3期。

第一节　图书馆社会教育推进期的时代背景

一、新文化运动的发起

新文化运动的兴起与辛亥革命之后的政治环境有着密切的联系。中国的近代化之路已经走过 70 余年，国家体制已经转变，但是社会依然受封建传统思想的主导，普通民众对新思想、新文化的反应比较迟钝。政治局势的动荡表现在文化领域，就是新旧价值观念的深刻矛盾与激烈冲突。当时社会现实的混乱境况激发起爱国知识分子的觉悟，他们认识到如要挽救危难中国，必须从思想文化观念上作彻底的革新。以陈独秀为首的抱有救国之志的年轻改革家们在上海发起新文化运动，怀着文化救国的坚定信念，积极从事着教育民众、启迪民智的活动。通过《新青年》杂志的广泛传播，引导民众摆脱封建传统的束缚，挣脱愚昧思想的羁绊，提倡白话文运动，大力传播民主科学思想。于是，致力于“吾人最后之觉悟”① 之国民运动成为新文化运动的主要任务。

二、新文化运动的启蒙意义

20 世纪之初的新文化运动作为一次思想启蒙运动被载入史册。启蒙价值主要体现出两方面特征：其一，以自觉和解放为主题；其二，以理性精神为标志。鲁迅在《文化偏至论》中说：“角逐列国是务，其首在立人，人立而后凡事举；若其道术，乃必尊个性而张精神。”欧美国家的强盛，看似是以物质取胜，但其根基是个人精神的独立，物质文明是外在的末梢。新文化运动时期的文化自觉

① 陈独秀：《独秀文存·论文（上）》，首都经济贸易大学出版社，2018 年，第 29 页。

是启蒙运动的一部分，它是从民族自身的历史文化传统中发现民族、国家、个体的独立性的过程。

（一）教育观念之改进转变

新文化运动人士从目的、内容等方面对中国教育现状作了深刻批判，他们力图以包含平等、自由等民主思想和重视科学技术、讲究实用等的新教育，来取代迷信权威、窒息思想、脱离实际、忽略身心的旧教育方法。在新文化运动的推动下，很多地方都进行教育改革，使教育可以适应当时社会发展的需要，1916 年 9 月，政府撤销了袁世凯所颁布的《教育纲要》和七项教育宗旨，废除读经，恢复 1912 年教育宗旨的精神。1919 年 10 月，由范源濂、陈宝泉等 19 人组成的教育部教育调查会议决定了“养成健全人格，发展共和精神”的国民教育宗旨。这一宗旨体现了平民主义和民主精神以及德智体美协调发展、个性发展与社会责任相结合的原则，被视为学制改革的先声，具有鲜明的新文化运动烙印。新文化运动时期还通过学派论争、组织教育学会、创办教育杂志等方式推进新教育改革，尤其是包括养成健全人格、重尚科学理性等内容的公民教育观念对重塑国民精神和教育现代化进程产生了深远影响。

新文化运动试图以思想启蒙、文化创新入手改造国民性，进而改造社会与国家，因而格外注重教育，注重“新青年”的养成。旧的教育理念和学制体系越来越不适应新形势，教育改革势在必行，直接推动制定“壬戌学制”（即 1922 年北京政府颁布的《学校系统改革案》）。“壬戌学制”确定了七条关于教育宗旨的标准：适应社会进化之需要，发挥平民教育精神，谋个性之发展，注意国民经济力，注重生活教育，使教育易于普及，多留各地方伸缩余地。新学制的实质是教育重心下移，强调社会适应性，重视学生的个性发展，注重平民教育和职业教育。这七条标准，是新文化运动理念在教育领域的具体体现。

（二）倡导科学理性观念

科学与人生观论战是“空前的思想界大笔战”，陈独秀在新文化运动之初就明确将科学树立为启蒙的旗帜，提倡学习科学追求真理，要求在求知态度、求知方法上有一个大的突破，而不仅仅是将科学视为自然科学、传统技艺、政治变革的依据。1915 年 9 月，陈独秀在《敬告青年》一文中指出："近代欧洲之所以优越他族者，科学之兴，其功不在人权说下，若舟车之有两轮焉。今且日新月异，举凡一事之兴，一物之细，罔不诉之科学法则，以定其得失从违；其效将使人间之思想云为，一遵理性，而迷信斩焉，而无知妄作之风息焉。国人而欲脱蒙昧时代，羞为浅化之民也则急起直追，当以科学与人权并重。"

科学不仅是指各门类的具体科学知识、近代自然科学法则和科学精神，更是指反对愚昧、盲从、迷信的理性态度、批判勇气和实证精神。新文化运动号召破除一切偶像、倡导学术新风，对于科学的弘扬，促进了人们的思想解放，唤起人们内在的理性自觉，变革了人们固有的思维方式，激发了人们对国家命运的关心。这种对科学内在价值的认同，使得科学在新文化运动时期得以迅速蔓延。

（三）建设新文化思想

新文化运动时期，文化精英有一个普遍的共识，即新文化必须扩大到社会的方方面面。对文化的不同理解，导致了新文化的千姿百态。在陈独秀看来，新文化是对旧文化而言，新文化运动就是觉得旧文化还有不足的地方，要赋予原有的科学、宗教、道德、美术、文学、音乐以新的内容，尤为强调的是"一切学问（国故也包含在内）都应该严守科学方法"，推崇"全社会友爱"的"现代道德理想"①。陈启天指出，"输入学理"还不够，新文化应该是"人生的新倾向"和"思想的新方法"的结合。所谓"人生的新倾向"包括由竞争的人生到互助的人生，由贵族主义到平民主义。所谓"思想的新方法"包括由垄断的思想到解放的思想，由迷信的思想到科学的思想，认为唯有"新倾向""新思想"，才可以而且也容易产生新教育、新学术、新文艺、新道德、新制度②。君

① 陈独秀：《新文化运动是什么?》，《新青年》1920 年第 7 卷第 5 期。
② 陈启天：《什么是新文化的新精神》，《少年中国》1920 年第 2 卷第 2 期。

实指出，新文化的内容应该包括由精神力之根本的开发，以完成物质文明；个人之正当自由，新人道主义之发达；科学的知识外，艺术的创造力尤为重要；新文化是多数民众的文化，非少数特殊阶级或少数社会的文化①。

（四）宣传平民主义思想

平民主义最早出现于1915年，李大钊曾用“平权主义”“现代民主主义”来表述，为了更通俗易懂地反映该概念的含义和更广泛地接触下层民众，遂改称为平民主义。平民主义在五四时期得到了一些知识分子和进步青年的拥护。李大钊认为，他们倡导的平民主义与资产阶级宣扬的平民主义不同，是“纯正的平民主义”，即“把政治上、经济上、社会上一切特权阶级完全打破，使人民全体，都是为社会国家作有益的工作的人”，“这样的社会，才是平民的社会，在这样的平民社会里，才有自由平等的个人”②。在新文化运动时期，平民主义的民主表达明显受到平等价值的召唤和指引，将中国古代社会中重视“民”的价值与现时代的社会平等诉求联系起来。在当时新旧思想错综交替、专制与民主激烈斗争的特殊时代，平民主义有关自由平等权利的倡导，在一定程度上促进了国人思想的解放，使广大知识分子和青年进一步坚定了改变专制制度、实现民主平等的决心，并初步指出了与下层民众相结合的正确道路，促进了早期无产阶级的成长。

三、新文化运动激荡下的社会教育思潮

（一）平民教育思想

平民教育思潮是新文化运动时期尤其是五四运动之后影响中国教育界、思想界的一种重要思潮。新文化运动对专制主义的强烈批判，对传统文化的深刻

① 赵炎秋、谢志远：《风起青萍：1895~1921》，河南人民出版社，2018年，第55页。

② 成龙：《李大钊主体间性思想探析》，载中国李大钊研究会编《纪念李大钊诞辰120周年学术论文选集》，云南教育出版社，2011年，第351页。

反思，对民主精神的热切呼唤，直接促使了这一以教育权利和机会的平等享受为基本内容，以教育内容方法的平民化、通俗化为标志的教育思潮的产生。正如任时先所言：“平民主义教育思想的产生是德谟克拉西思想盛行的结果，……中国经过数千年君主专制政体，人民思想始终在‘天下有道庶人不议’的圈套中，所以平民主义思想的出现仍在辛亥革命政体改革过以后的事。至五四运动时，欧美各种新思想尽量输入中国来，于是平民主义教育思想遂大盛。”①

新文化运动中，各种新教育思潮纷纷传入。仅 1919 年 11 月创刊的《湖南教育月刊》第 1 期就刊登了《桑戴克的教育学说》《世界教育》诸文，介绍各种新教育观点与国外新教育状况。随着新思想的传播，许多教育界人士认识到：“非改良教育，不能行人类根本解决。”教育改革的主张纷纭众多，不少学校的管理方法、教学内容、教学方法都有很大改变，多种形式的社会教育也相继推开，其中影响最大的是平民教育。

平民教育思想的主要内容，一是教育要面向广大民众和底层百姓，反对个人主义和关门主义，让平民充分享受到教育带来的实惠和功用。二是“简而易行，又不需巨款”，且能“唤起社会上的觉悟，养成社会上多数人民的能力”的平民教育，具有“救国根本”的意义。他们猛烈抨击中国的旧教育是贵族教育，目的仅为少数人博资格，对人生及社会事情都忽而不察，所以应该变贵族的教育为平民的教育，“从平民教育入手，把人民知识提高”。通过出版多种通俗读本、唱本，广泛开办平民学校，成立平民教育促进会等实施平民教育，平民教育在五四运动后迅速成为一股极有声势的潮流。

（二）乡村教育思想

广义的乡村教育是让居于乡村社会中的所有人接受教育，以适应现代乡村社会的生活，进而推动乡村事业的发展。赵质宸认为，“乡村教育所以谋乡村与城市、农业与工业之并重，乡村严密之组织，安全之保障，生活之改良，而适

---

① 任时先：《中国教育思想史（下）》，商务印书馆，1937 年，第 358 页。

应各种乡村所需之教育也"①。

知识分子对乡村教育问题的关切与新文化运动中流行的民粹主义和马克思主义思潮有关。余家菊批评呼吁新文化运动的方向应转向乡村教育，他呼吁"从事新文化运动的人，嗜爱平民精神的人，应该关心这种情形"②。在他看来，转向农村正是新文化运动深入广大平民和下层社会的契机。李大钊《青年与农村》一文（刊于《晨报》1919 年 2 月 16 日）对乡村教育运动的实际影响概括为："我们中国是一个农国，大多数的劳工阶级就是那些农民。他们若是不解放，就是我们国民全体不解放；他们的苦痛，就是我们国民全体的苦痛；他们的愚暗，就是我们国民全体的愚暗；他们生活的利病，就是我们政治全体的利病。"③ 平民教育家晏阳初和 1923 年成立的中华平民教育促进会都将乡村教育视作国民教育的组成部分，强调乡村教育培养"现代国民"的功能。

第二节　图书馆社会教育思想的发展创新

一、"开放致用"的新式图书馆教育观

民国初年以来，对于图书的使用渐加注意，书籍的阅览流通受到重视，但离"普遍利用"的要求还有不小差距，一般仅面对读书人开放，对普通民众仍高挂"虎头牌"，甚至明令"穿短衫者不得进入"。图书馆界对此展开了猛烈攻击，并宣传新式图书馆。李小缘发表重要演讲，通过美国公共图书馆和我国封建藏书楼的比较，提出图书馆的"动静说"。他认为古代藏书楼是"静的、贵族式贵保存、设在山林里、官府办的、注重学术著作文化结晶的机关"，而公共图

① 赵质宸编著《乡村教育概论》，著者书店，1933 年，第 7 页。
② 余家菊：《乡村教育的危机》，《中华教育界》1920 年第 10 卷第 1 期。
③ 李大钊：《李大钊散文》，上海科学技术文献出版社，2013 年，第 80 页。

书馆是“动的，非静的；非为落灰装饰而设，故书应可以借出图书馆，回家去用”。图书馆不但应该开放，而且为所有人开放，无任何限制，以最大程度发挥图书馆的作用。他为图书馆怎样实现向特殊群体提供服务提出了具体的组织保障措施，根据他的规划，省立图书馆要设立医院部、盲人读书部，在地方公共图书馆还要设立儿童部，以资提倡病人读书，方便盲人与儿童读书。他还倡导全国推广小型图书馆，设想使其有如旧时的土地庙之多，则教育普及的机会就大了。如果能做到“上图书馆借书”变为家庭妇孺日用口头名词，则民众文化程度提高指日可待。

“开放致用”思想还表现在图书馆的流通也要具有开放和自由性。“书籍之流通，在昔为‘积德’。而其德之所在，实惟宣扬文化或推广文化耳。是或为图书馆存在及购置藏书之最要理由。”“国民政府当予以相当之法律保障，俾各问题、各方面材料，馆中无不应有尽有，以示不偏，如此方可称学术最高机关。”①

图书馆界在对藏书楼思想的批判中，深化了图书馆思想的内涵，完成了对旧学的批判，并在“破”的基础上“立”起了平民式的、贵致用的新图书馆思想，为图书馆开展终身教育奠定了坚实的思想基础。

二、图书馆是学校教育的延伸和补充

图书馆是学校教育的延伸和补充，这一观念是通过对图书馆和学校教育的比较确立的。民初以来辍学者及不识字者仍占很大比例，面对这一社会问题，图书馆界倡导全社会人员进入图书馆继续学习，以补充学校教育和家庭教育之不足。李小缘详细论述了公共图书馆与学校正规教育的互补兼容。他认为，学生“自动按个性而为专门之研究，全赖学校及公共图书馆为之利器”。从学校教育来说，“学生之入学不过学习使用图书馆而已”；而公共图书馆则可以补“学校参考所不及，课程以外之书籍”。学校的责任在于为读者指明方向，图书馆则

① 李小缘：《全国图书馆计划书》，《图书馆学季刊》1928 年第 2 期。

可以任凭读者选择学习内容，因此“学校所学，为武断的，粗浅而有偏见，图书馆供给各方面材料，无所自擅”，美国常有学生借图书馆的书在家自修的做法，经图书馆及校教务处考试，给予此学生学分。学校教育是人生教育的一小阶段，图书馆是人生各个阶段的总教育机关，是人生的大学校。因此，图书馆是广义上的社会教育，可以辅助狭义形式教育之不及。

陶行知深受实用主义影响，1921 年中华教育改进社成立之初，他作为主任干事，就把图书馆教育列为专门调查内容，委托洪范五开展学术教育调查，委托沈祖荣开展图书馆教育调查，把图书馆看成是重要的社会教育机构。1925 年，他在《中华图书馆协会董事会呈文》中指出：“近今教育趋势，多利赖于图书馆，而民族文化，亦即于是觇之。……非力谋图书馆教育之发展，不可与列强争数千年文化之威权，所关深钜，孰则逾是。”① 认为图书馆本质上是社会改造的工具，教育是图书馆的基本功能。他还非常注重中华教育改进社图书馆建设，指出中华教育改进社附设图书馆宗旨是辅助专家对于教育学术的研究，并帮助总事务所所在地的教育。

三、图书馆本身即为社会教育的有机部分

“图书馆即是教育”这一论述，体现了当时对图书馆的总体认识。李小缘立足于社会教育角度认识到图书馆具有独立教育性质，“教育家向称公共图书馆为平民的大学，原非虚传的”，“所谓图书馆教育，不是训练图书馆馆员的教育，乃是以图书馆为中心，以图书为出发、为进行、为归宿的教育轨迹”，提出“不要把图书馆单看成学者专用之物，其实亦平民智识之唯一简便而又稳妥之泉源”。现代的图书馆本身即为社会教育体系的一部分，它常以最低限度的经费、地方和时间，收到实际最大的功效，使全国人民有平等的教育机会。为了吸引读者，他主张图书馆应充分利用电影广播等媒体介绍重要书籍；在图书馆选址

① 转引自李菊花：《中国近代著名教育家的图书馆建设思想与实践》，河北教育出版社，2014 年，第 257 页。

上，应建于人烟稠密、交通便利的地方；大力开展图书馆延伸服务，如流动图书馆以及分馆；搜集与流通普通浅易的书籍，以满足民众的图书需求；在读书指导方面，图书馆应编制成人教育用书；等等。

晏阳初认为教育是救国的“方药”，认识到图书馆事业与国民教育水平密切相关。他牢记“民为邦本，本固邦宁”的中国古训，“致力于平民教育与乡建运动，其用意就是在治本固本上着力，注意奠定基础，以图今后的富足”①。社会教育是一种辅助教育，譬如图书馆，虽不在正式的学校系统内，但对于教育事业却有间接的影响。学生到图书馆里阅读书籍，一方面能帮助校内的正课，另一方面能引起他们研究的兴趣，图书馆就是提供自读、自习、自教“自动研习的场所”②，是辅助正式学校的社会教育形式。成人到图书馆里阅读书籍，能补充或继续增长他们在实际生活上所需要的知识，能在图书馆里得到高尚的娱乐，以免浪费时间金钱于无益的消遣。这就是一种社会教育，一种间接的或附带的教育事业。

四、广设平民图书馆

英国图书馆学家爱德华兹（E.Edwards）最早提出“平民化图书馆”理念，杜威则在“平民化图书馆”理念的基础上提出了“人民的大学”的图书馆理念。“平民化图书馆”更多地强调对平民公平、自由地开放，凸显了图书馆的社会教育功能，明确地表达了近代公共图书馆的平民化这一基本特征。

20世纪20年代前，我国“平民化”图书馆理念并未被很好地阐扬，图书馆理念依旧是“保存国粹”，“以备硕学专家研究学艺，学生士人检阅考证之用”。沈祖荣在1918年3月公布“中国图书馆调查表”时就指出我国古代藏书楼思想存在的弊端就是“供一二学者研究高深之学理，与普通人民无与也”，表明了近代图书馆的性质应该是“教育千万国民”“普及国民教育”。1921年，刘

① 岳龙：《现代性境域中的中国教育传统》，华龄出版社，2006年，第206页。
② 晏阳初著、宋恩荣编《平民教育与乡村建设运动》，商务印书馆，2017年，第67页。

国钧在《近代图书馆之性质及功用》中认为图书馆的性质是“自动、社会化、平民化”，平民化图书馆应为多数人而设，而非为少数人，“故其目的在使凡有阅读之能力者，不问其年龄阶级与性别之如何，皆得有适当之读物。苟年龄太幼不能诵读者，则为之备置图画”。图书馆所关注者为图书利用之平民化，“自有图书馆以来，追求对所有民众公平和自由的图书馆服务，一直是图书馆的重要主题，以前如此，现在如此，将来也会如此”。这些论述都指出图书馆的平民化是图书馆的基本特征。

行政执行者也认识到广设平民图书馆对于国民教育的优势，1928 年豫省《十七年行政计划大纲》写道：“民主国家之教育不仅在提高，尤贵在普及，普及之道虽多有端，而图书馆之设立实为刻不容缓之举。美国教育发达为各国冠，人民不识字者仅十分之一，其所以致此之原因大半由于提倡图书馆之故。于此知图书馆为社会教育之必要工具毫无可疑，豫省值此革命时期亟应迅速唤醒民众以固根基，多数民众虽具求知之心，然无益智之方，而学校教育在势又有所不便。平民图书馆设置虽云简易而影响宣传为用滋大，当广为设置。任人阅览不加限制。”

五、图书馆教育的平等权利

新文化运动及五四精神为民众争取平等自由的图书馆权利提供了思想先导，1919 年杜威来华讲学，倡导“实用主义教育”和“平民教育”，进一步对中国教育界产生极大影响。教育的平等理念较前更上一层楼，倡导平民都享有受教育的权利，启发平民具有平等意识和公德思想，使社会教育逐渐从封建的“愚民”转化为民主的“助民”。在这一思想的引领下，我国许多学者对图书馆的社会教育事业有了更深刻的认识。

杨昭悊在《晨报》发表《人民对于公共图书馆的权利义务》一文，初步阐述了公众对于公共图书馆包括使用权在内的平等权利。李小缘在《全国图书馆计划书》中提出：“无论男女老幼，无等第，无阶级，举凡学生、工人、农夫、行政家、商人、军人等皆能识字读书，享受图书馆之利益，则方可谓图书馆之真正革命，之真正彻底改造，之真正彻底建设者也。”1924年，社会教育家马宗荣在平民教育思潮的感召下，出版了数部图书馆学著作，关于图书馆平等利用方面他在著作中作了大量阐述。他认为：“现世的图书馆，多以公立为本位，其费用概由公家设法筹出供给，对于阅者概不收费。故无论贵贱贫富，只要有阅书的能力，无不能到图书馆阅书的。”人们在图书馆享受着阅读机会均等的权利，“今日的学校教育，尚未能言机会业已均等，故富家子弟或中等人家的儿童，虽可蒙学校教育的恩惠，贫家子弟，实受不着学校教育之德泽。图书馆教育，既不征收学费，复不购备书籍，故无论任何人，苟有志于学，均可入馆读书，均可登馆求学，以遂其志”。认为图书馆可促使教育机会均等，“甚盼全国教育者与国民速起而提倡，促他改良，促他发达：幸勿只顾及学校教育一方面而谓已尽教育的责了”①。

六、图书馆终身教育思想

终身教育以“生活”“终身”“教育”三个基本术语为基础，“指对于一个人从生到死的整个一生所进行的教育”，它的最终目的是维持和改善个人社会生活的质量，以适应社会急剧变化和科学技术不断革新的要求，内容涵盖：一个自然人的教育是持续的、不断提高的；教育应该根据人的不同阶段而进行有针对性的教育，以适应社会和个人发展需求；终身教育是一种多元化、立体式的教育，包括家庭、学校、社会的各种传统的、远程的、正规的、非正规的教育。② 图书馆充分体现了终身教育的核心理论：教育与学习的终身性、公平性、公共性、广泛性、灵活性，因此教育界和图书馆界都认识到了图书馆社会教育职能与终身教育的契合性。终身教育的思想在新图书馆运动中不断得到体现与发扬，图书馆成为人们进行终身教育的理想场所。

---

① 马宗荣：《现代图书馆的研究》，《学艺杂志》1924年第5卷第10期。

② 吴稌年：《新图书馆运动中的终身教育思想》，《国家图书馆学刊》2011年第1期。

图书馆是终身教育的理想场所，这一观念最初是通过对图书馆和学校教育的比较研究确立的。沈祖荣说："欧美国民视图书馆为继续终身之教育机关，如日用之布帛菽粟，不可须臾离者。"图书馆是公众学习的场所，它具有社会学校之性质，无论是在校生还是非在校生，都可以自由地利用图书馆，这就是图书馆是"终身学校"理念的内涵。图书馆既是国民的终身学校，也是活的文化中心。刘国钧指出："公共图书馆者……所谓公共教育制度之一部也。""学校教育常易趋于专门，而图书馆教育则为常识之源泉。""图书馆教育，苟善用之，其影响于社会于人生者，且甚于学校。"① 表明图书馆在教育中占据重要地位。学校教育固然是培养各个层次人才的主战场，而图书馆凭借丰富的知识资源、平等开放的方式成为没有围墙的开放式教育场所，同样起到丰富人的知识、塑造人的品格和提升人的素质的重要作用，通过图书馆可共享人类知识，终身受教，较之学校教育和其他机构教育，图书馆教育具有无可替代的独特优越性。

第三节　图书馆社会教育推进的新阶段

1922 年，有关图书馆和社会教育的各种法规章程相继制定，并承认图书馆为教育机构，但直接推动图书馆社会教育的动力却不足。20 世纪 20 年代之后，图书馆社会教育事业受到政府更多的关注，为图书馆社会教育提供了有利的发展空间，尤其是由政府推动的新教育和平民教育时期，流动图书馆、平民图书馆的发展为图书馆社会教育事业带来飞跃，即使国家政权更迭，战乱频繁，政府也没有停止对图书馆社会教育的倡导；同时，教育部颁布的教育改制和政策、规程有力地保证了图书馆社会教育的发展，在纷乱的社会环境下，有了这些政策和制度的保障，图书馆社会教育的理论研究与实践得以推行。

---

① 刘国钧：《美国公共图书馆之精神》，载史永元、张树华编辑《刘国钧图书馆学论文选集》，书目文献出版社，1983 年，第 11 页。

一、新文化运动与图书馆社会教育

中华民国成立后的近十年间，图书馆的公共性开始展现出来，跳出了传统的知识特权和垄断，逐渐实现书籍和知识的社会化和平等化。但图书馆事业的近代化仍未完全摆脱传统体制的束缚，在理念上依然受到传统文化保守主义的影响。

首先，新文化运动的进行对社会、教育、文学等领域产生了很大影响，对当时中国近代图书馆事业的发展有着不可替代的作用。图书馆的教育功能得到了新文化运动领导者的广泛关注。陈独秀曾强调指出，图书馆和博物馆作为一种教育体系都应当向公众开放，都应该服务于社会。其次，新文化运动沉重打击了传统的文化保守主义思想，把大众文化纳入了精英文化中，打破了现有文化机制的垄断地位，提升了下层阶级的文化地位，直接影响了近代图书馆改革的走向。最后，白话文的广泛使用，成功吸引了年轻一代，激发了他们读书和学习新知识的热情，进而形成了利用图书馆的广泛社会需求，为图书馆的改革提供了新的动力。

新文化运动的深入发展使得旧有的藏书楼观念遭到严厉批判，运动的领导者陈独秀、胡适、李大钊等都非常重视图书馆的教育功能。1917 年，沈祖荣留学归国，开始在全国演说宣传西方先进的图书馆学理论与方法，着重强调图书馆的开放性。刘国钧在描述图书馆性质时提出了自动、社会化、平民化的新观点，其中“自动”即主动服务理念，较当时主张的“开放”理念又进了一步。

新文化运动以反击封建伦理道德、传播科学的世界观和方法论、树立新道德文化观念为历史使命。图书馆事业隶属于文化范畴，图籍书报与文化事业密切相关，图书馆可视为新文化运动改革的对象机关之一，而 1917 年发起的新图书馆运动也可视为新文化运动在图书馆界的延伸。更重要的是，图书馆在新文化运动中成了传播新思潮最有效的工具，发挥了不可替代的作用，正如沈绍期所言：“图书馆者，国民之大学也。该国民不能进入大学授课，而无不能入图书馆阅书。故国民智识之进步与图书馆至有关系。”①

中国近代化的过程大体经历了器物时代—制度时代—文化核心层反思时代，图书馆社会教育事业的近代化也大致遵循着这一主线，先是在西方文明冲击下的被动反应，后是在文明自身发展规律要求下的主动求变②。公共图书馆广泛建立之初，仅限于学习西方的管理方式和制度，只是形式上的近代化。新文化运动开启了由制度向思想文化转变的近代化进程，它消除了图书馆近代化道路上的文化障碍，深化了近代图书馆理念，为图书馆社会教育树立了一面精神旗帜。

新文化运动时期图书馆理念的更新。范并思将西方公共图书馆理念的变迁总结为三个阶段：19 世纪中叶爱德华兹的平民化图书馆理念，19 世纪末 20 世纪初杜威的“人民的大学”的理念以及 20 世纪中叶的“社会民主保障”的理念③。我国图书馆社会教育理念在新文化运动时期大致涵盖了前两个理念，如刘国钧在《近代图书馆之性质及功用》中明确提出了“平民化”的观点，而新文化运动的倡导者陈独秀、胡适、李大钊等也主张图书馆要承担起社会教育职能，要向社会开放，要更多地介入读者教育。

二、平民教育运动中的图书馆社会教育

（一）平民教育的兴起

自 1915 年起，新文化运动思潮、第一次世界大战的华工教育和杜威来华这一系列的大事件共同促成了平民教育的兴起与发展。新文化运动时期，在德谟克拉西的旗帜下，兴起了文化改造运动④，影响了人们的思想观念。人们反对封

① 《沈绍期君在报界俱乐部演说图书馆事业》，《东方杂志》1917 年第 14 卷第 6 期。

② 张忠年：《新文化运动何时结束？——从近代文化的嬗变谈起》，《理论学刊》2003 年第 3 期。

③ 范并思编著《20 世纪西方与中国的图书馆学——基于德尔斐测评的理论史纲》，北京图书馆出版社，2004 年，第 58 页。

④ 张蓉：《中国现代民众教育思潮研究》，中国文史出版社，2005 年，第 45 页。

建专制，要求在自由、平等、互助的基础上建立一个新社会。所有的人都是劳动者，都是平民，所有的政治、经济、教育等设施都由平民掌握，于是形成了平民主义思想，助长了整个社会意识的平民化倾向，平民教育思潮正是这种社会思潮在教育领域内的体现。

1919年杜威来华讲学，提倡“个性解放”和“平民教育”。他的思想对中国教育界产生了极大的影响，1922年的中国学制改革就以此为蓝本，明确提出了“发展平民教育精神”“谋个性之发展”“注意生活教育”等七条教育标准。五四运动中，爱国的知识分子和青年学生看到了社会大众的重要作用，但大多数民众未受教育，对于国家内政外交是无从知道的，于是各地兴起举办平民图书馆、平民学校以唤起社会上的觉悟。同时，由于当时政府的不稳定，由政府推动的社会教育逐渐萎缩，在这样的情况下，平民教育逐渐取代了由官方推动的通俗教育，成为这一时期发展社会教育的重要力量。

（二）平民教育与图书馆社会教育新主张

平民教育大致分为识字教育、公民教育和生计教育，各新式图书馆在平民教育思潮下积极参与多种内容和方式的社会教育。

首先，“除文盲、做新民”是平民教育的根本宗旨，其中“除文盲”是基础教育。平教会总会成立时曾指出，知识是生存竞争的重要条件之一，鉴于旧中国积贫积弱、民不聊生的社会现实，政府根本无暇顾及文盲扫除工作，而文字是传播知识的重要工具，平民教育必须从文字教育开始。晏阳初提到，中国没有平民的文学，为了使用书面印刷文字，平民们必须学会识字，学会阅读，这就是平民图书馆的起源①。他又说：“文字是传播知识的基本工具，也是寻求知识的钥匙。欲传播知识，须先传授文字。”因此他同陶行知一道，都极为重视平民读书处、平民图书馆等教育机构的识字教育推广。1924年，湖南省教育司训令各县提倡平民教育，随后，各地方机关和学校都附设平民夜校、补习学校、

① 宋恩荣主编《晏阳初全集（全4册）》，天津教育出版社，2013年，第291页。

图书馆、阅报处、读书室等，平民免费使用，通过授课、阅读、辅导等方式实行文字教育。

其次，图书馆积极参与公民教育和生计教育。平民教育虽然主要是由民间教育团体组织和推动的，但它较通俗教育时期的社会教育理念又更上一层楼，认为社会的各种问题都是由人发生的，解决问题的根本办法也必须从“人”身上去寻找，“做新民”是平民教育的目标。“国家的主人翁，明明就是人民；假若人民全体，或多数，具有解决问题的知识和能力，那就不怕问题之多且难。”① 培养适应中国所需要的具有知识力、生产力、公德心及健康体魄的“整个的人”，而既有科学的头脑，又有农工的身手，这才是“整个的人，才是平民运动要做的‘新民’”。公民教育就是输入国民精神，平民图书馆作为大众智识机构，利用展览、读书会、讲习会、阅读辅导等形式引导民众了解国际、国家、社会、组织和家庭，培养公德心、合作精神和爱国主义精神，还以收藏农、工、商业知识浅说一类的书籍来向民众灌输生产知识，训练生活技能，即所谓生计教育。平民教育的践行与推广在培养图书馆的群众基础方面发挥了积极作用。

三、新图书馆运动深化下的社会教育

兴起于民初的新图书馆运动在五四后进入第二个阶段，加深推动了社会教育的发展。新图书馆运动的中坚基本都是留美、接受了西方公共图书馆思想的图书馆人，他们具备图书馆服务的平等意识与普遍意识。1917 年，留美归来的沈祖荣与中国基督教青年会全国协会干事余日章一起，携带有关美国图书馆的各种影片、模型和统计表等，前往湖北、湖南、江西、江苏、浙江、河南、山西、河北等地广为宣传，他们除了宣传美国图书馆学理论和方法技术，还积极宣传图书馆是社会教育的重要机构，社会平民意识的觉醒与发展使得这一呼声成为需要。

---

① 宋恩荣编《晏阳初文集》，教育科学出版社，1989 年，第 20 页。

（一）发出了图书馆平民化的先声

新图书馆运动的宗旨与目的是要创建一个与藏书楼完全不同的图书馆体系，能够让公众不受限制地、自由地利用图书馆。新文化运动的影响下，大致从1917年至1923年进入新图书馆运动的宣传期。图书馆界不懈努力对新式图书馆的建设进行呐喊和宣传，提升了全社会对新式图书馆的认识。北大、清华等大学图书馆以及大量的公共图书馆树立起了新式图书馆的标杆，沈祖荣、李大钊、戴志骞、杨昭悊、杜定友等人将现代先进思想融入其中，演绎新型图书馆精神，彰显图书馆宗旨、性质、功能等，通过利用舆论阵地宣传新图书馆思想，呼吁建设新式图书馆，主张建立群众图书馆，使平民亦可借可阅。

图书馆不再是封建统治者专享的藏书楼，而是民众教育事业的重要组成部分，此后，图书馆日益贴近普通民众，使人们更容易地获得知识。新图书馆运动广泛宣传近现代西方图书馆的精神与办馆理念，以用书为目的，以诱导为方法，以养成社会上人人读书之习惯为主旨，突出了近代图书馆的公平、无限制的教育职能，提升了图书馆的社会形象。

（二）贯彻开放与免费的图书馆服务理念

沈祖荣说：“中国阅书人少，人民求学之心力薄弱，毋庸讳言。然各图书馆证券取资亦足阻碍来学之心。观表内凡取资之图书馆，阅书人数较少，可为明证。盖图书馆为公共求学之所，应持开放主义，不取分文以资提倡。欧美图书馆，无一取资者，日本公共图书馆亦然。故阅书人纷至沓来，倍形踊跃。中国仿而行之，洵诱导人民阅书之良法。况取有限之资财，生极大之障碍，所得亦不偿所失。”随着新文化运动以及新图书馆运动的兴起，公共、公开、共享的“平民化图书馆”的近代图书馆观念被越来越多的民众认识，社会舆论强烈呼吁公共图书馆尽快向公众免费开放。1921年1月，陈独秀在广东高师演讲《新教育是什么?》时说：“古时‘纯粹的个人主义’之教育，不但是贵族的，而且是神秘的。”他主张“自大学以至幼稚园，凡属图书馆试验场博物院都应该公开，使社会上人人都能够享用；必如此才能够将教育与社会打成一片”①。《中华图书馆协会概况》中指出：近世图书馆功在致用，其鹄的在使国族无男女老稚以逮聋瞽瘖哑，读书机会一切均等。② 中华教育改进社自1921年成立之初就设有“图书馆教育委员会”，每于年会召开期间还专设“图书馆教育组”③，极为重视图书馆教育工作，因此被称为“中华图书馆协会的孵化器”，在1921年至1926年间召开的4次年会中，有2次通过免除券费议决案：第二次年会议案呼吁全国各公立图书馆，将所藏善本及一切书籍，严加整理布置，免除收费，第三次年会议案“转达部省，凡公立图书馆应一律免除券费”④，对公共图书馆最后实现免费服务起到了关键性的作用。到20世纪30年代，全国的公共图书馆都先后实行了免费服务。

在新图书馆运动的推动下，我国图书馆数量迅速增加的同时，其整体性质职能开始发生质的转变，其中“实现图书馆读者对象普遍化，促使图书馆藏书渐趋合理化”奠定了图书馆要注重社会教育的发展理念；而“免费服务，服务形式多样化”又促进了图书馆社会教育的实践。

第四节　图书馆社会教育的稳步实践

在平民教育思潮的影响下，当时的图书馆社会教育已突破了通俗教育时期图书馆以制定章程、普及数量、丰富藏书内容等来发展的表层阶段，而是将图书馆放入大教育的环境中，通过剖析图书馆可提供均等教育机会，启迪民众民主、平等的意识，强化道德修养等方面深化了图书馆的社会教育功能。

---

① 张宝明主编《〈新青年〉百年典藏·社会教育卷》，河南文艺出版社，2019年，第308页。

② 中华图书馆协会执行委员会编《中华图书馆协会第一次年会报告》，中华图书馆协会事务所，1929年，第1—2页。

③ 《中华教育改进社年会规程》，《新教育》1922年第5卷第3期。

④ 陈源蒸等编《中国图书馆百年纪事（1840—2000）》，北京图书馆出版社，2004年，第37页。

一、平民图书馆的社会教育

在风起云涌的新文化和平民思潮带动下，平民图书馆的设立成为当时社会各界的动议。时人讲到：民主国家之教育不仅在提高，尤贵在普及，平民图书馆虽云简易而影响宣传为用滋大，当广为设置。1926年《兴华》杂志登载《平民图书馆急应设备》的社言说道："平教运动近年以来甚形发达，平民要求知识如饥如渴。"而平民不读书不但之前平教所学算不了知识，就是所识得的那几个字也将随流失去，所以平民图书馆实是不可少的。

（一）平民图书馆的建立

自平教会成立至20世纪20年代末是平民教育的高峰阶段，其间全国各地平民图书馆相继建成。关于平民图书馆的性质，陈绥荪云："为普通民众谋一般知识的谓之平民图书馆。"① 从图书馆发展史来看，平民图书馆是通俗图书馆到民众图书馆之间的过渡形式。建立平民图书馆的目的是增进劳动者的知识，广趣味，谋教养，每逢节假日或工作闲余时间给予劳动者自由读书的机会。20世纪20年代之前，河南开封文庙内即开办有平民图书馆（1920年并入省图书馆）。1920年冬，清华大学成立平民图书馆，"这'平民'两字，是包括清华园内听差、厨子、水夫、花匠、缝工、木工，以及一切无机会受教育的人而言"②。1923年8月，中华平民教育促进会在北京成立，不久，有18个省及32个市相继设立平教会分会，为了方便平民阅读，平教会总会号召各地分会，广设平民读书处、平民问字处、平民图书馆，推广连环读书法，积极推进继续教育，在该会之"进行方针与计划"中明确提出创设平民图书馆。在平民教育的影响下，各地不同主体成立的平民图书馆逐渐增多。

团体组织平民图书馆。1920年4月，湖北平民教育社在汉口成立，创办了

① 陈绥荪编纂《社会问题辞典（全一册）》（上），民智书局，1929年，第201页。
② 《平民图书室底宣言》，《清华周刊》1920年第204期。

平民学校、平民图书馆、平民阅书处等。青年会在余日章任总干事之后除了德、智、体三体教育外，积极开创平民教育，在各地办平民教育班、平民图书馆、四育养成团等，如1921年在大连办夜间补习学校就设有平民图书馆，备增高平民之常识①。1923年，南社成员在吴江县建立盛泽平民图书馆，1924年4月，北京平民中学在陈垣主导下设立平民图书馆，由本校教员共负读者自学辅导之责，以增长其自修兴趣。1924年，上海平民书局附设平民图书馆，主要收集平民教育材料与平民文学，为将来建大规模的平民图书馆做基础。1925年夏，由贵溪青年社在县城建立了平民图书馆，通过识字教育、讲座等形式传授知识，和同期举办的平民夜校一样，成为手工业者、商业学徒等学习求知的场所，也是宣传革命进步思想的阵地。

省市立平民图书馆。绥远在冯玉祥督办西北边防期间重视平民教育，1925年7月，教育厅在厅署附近（旧城学务所旧址）附设平民图书馆和阅报所。开封市在冯玉祥第二次主政河南期间筹办平民图书馆，位于中山市场西厢房，于1928年2月2日正式开馆②，归教育厅社会教育推广部管理，经费每月20元，开封市立平民图书馆建立后又在市垣东、西、南、北各区设立25个区平民图书馆，主办者有平民学校、中小学校、公安局、建设厅等③，先后建设的还有郑州平民图书馆（在平民公园西北隅）。冯氏还规定凡是有两所图书馆的县，一所是县立图书馆或中山图书馆，另一所则设为通俗图书馆或平民图书馆，如辉县1927年在“县衙谯楼建平民图书馆”（《辉县市志》）。陕西省文教事业在民国后一直处于新旧势力交错竞争的态势之下，曾成立省立通俗图书馆，1927年4月，国民联军驻陕后积极筹划教育大计，陕西召开了平民教育第一次会议，通过平民教育计划，7月将大钊图书馆更名为“省立平民图书馆”，仍属教育厅管辖，特添儿童阅书处。

---

① 辽宁省教育志编纂委员会编《辽宁教育史志资料》，辽宁大学出版社，1990年，第929页。

② 《河南教育厅十七年1—12月工作报告》，载河南教育厅编辑《河南教育特刊》，1918年，第12页。

③ 《开封市平民图书馆区分表》，《河南教育》1928年第1卷第7期。

除此之外还有私人筹建平民图书馆，如1924年广东鹤山县由旅美洲华侨捐款倡设鹤城平民图书馆，位于鹤城圣母庙后之义仓，1926年湖南湘乡由士绅罗彦谋等设连璧图书馆附设平民阅览处，以“别私为公，绌虚崇实”。

（二）平民图书馆法规章程

平教运动和平民图书馆之设经由团体创办至政府倡导的路径在全国范围开展起来，各地各类法规及章程更起到促进作用。1925年，绥远省专门制定了《发展平民教育计划书》，拟广设“平民图书馆以培养平民之常识，凡图书、标本、仪器、模型、杂志、报章等足以补助平民教育及平民常识者，择要搜采，广为陈列，以供一般公民之阅览”，计划“就归绥新旧两城设立五处，四乡各设一处，余八县二局各设五处，两盟十三旗每旗设立两处，土默特设立三处，共计八十八处。……每处开办费一千元……共需开办费八万八千元”，“各馆皆派专人妥为设备，使人皆得随时阅览。所费无多，收益不少，施行平民教育莫善于此”[①]，同时还制定了《教育厅附设平民图书馆和阅报所规则》。1928年，《河南省政府行政计划大纲》有“广设平民图书馆”，明言：“平民图书馆为社会教育之必要工具毫无可疑，豫省值此革命时期亟应迅速唤醒民众以固根基。”规定各级平民学校均须附设平民图书馆，任人阅览不加限制[②]。1924年，河北玉田县平民图书馆章程内容为：“本馆为普及平民教育而设，以提倡平民主义为宗旨”，“本馆由私人组织之”，“本馆经费由董事会担任”，不收阅书费，开馆时间是每日上午8时至12时，下午2时至5时[③]。《南京平民图书馆简章》讲明其宗旨是“继续教育平民，汇集切合平民程度，而且确于平民生活之改进上有力量的书籍，以养成平民阅读书报之习惯”，并规定“如临时有八人以上之要求，该馆主任非因不得已之事故，应即临时开馆”，体现了重视平民要求的特点。

---

① 《发展绥远平民教育计划书》，《绥远教育季刊》1925年第2期。

② 《河南省政府行政计划大纲》，河南省政府，1928年，第27—28页。

③ 赵玉生：《图书馆概说及平民图书馆的旨趣与希望》，《玉田季刊》1924年第1期。

（三）平民图书馆的社会教育方式

流动巡回服务是平民图书馆的重要特征，也是近代中国平民教育的推进剂。南京市平民图书馆章程明确规定："本馆实行流动制，每一区域内，如设立一所，应有馆址三处，以便每两月移动一次，周而复始，使各地居民均有接近之机教。"[①] 1926 年，郭象汲担任绥远平民教育总处总办后，曾经在归绥成立了一个流动图书馆，派工友担着书籍在街头，任人随便阅览书刊画报，还放映幻灯片[②]。平民教育的主导机构是平民学校，但仅仅依靠平民学校是不够的，正如李小缘所说："我们也不敢便相信在他们中一部千字课便够平民一辈子的用处，便是平民教育的止境。"他认为在平民学校以外，还当有供给平民读书的机关；除了千字课以外，还当有程度可以衔接的读物，"这第二步事业，不能不依赖公共图书馆。不要将图书馆看成学者的专用物，他是平民知识的唯一简便而又稳安的泉源"。这正是平民图书馆的意义所在，鉴于平民阶层的特点，流通或巡回服务网络的建立尤显重要。譬如失学者在民众学校短短几个月中，每日学习一两个小时，虽然认识了一千多个字，学到了一些基本知识，但是毕业之后如没有应用的机会加以巩固，则会出现学而不习的状况，又成了"依然故我"的文盲。要解决这种轮回式文盲造成的问题，使民众毕业后随时有阅读的书籍，习用文字的机会，巡回文库就是一种最经济、最便捷的方式。平民教育的深入需要巡回文库辅助。

1923 年 9 月，平教会出版的《社会式教育工作说明》提到："为使书籍流通起见，还有图书担，巡回文库的设置，这是由社会式办理的。将适合于农民的书籍，装置在图书担，巡回文库当中，分期巡回各村，到村后，用种种方法，招徕阅者。如有疑问字难句，管理员负责解答。"平教会定县试验区就经常开展平民图书担的流通服务。实际上，巡回文库这种图书流通服务形式持续到 20 世

---

① 《南京平民图书馆简章》，《广东平教月刊》1927 年第 3 期。

② 内蒙古自治区文史研究馆编《内蒙古文史资料选辑（第六辑）》，内蒙古文史研究馆，1996 年，第 126 页。

纪30年代中期，一直是开展国民教育的有力方式。巡回文库服务具有经济性、灵活性和便捷性等特点，被誉为“中国现代图书馆运动之皇后”的韦棣华在武昌文华大学筹建图书馆，宣传开放、平等、共享的图书馆理念，并开设巡回文库。巡回文库的目标是因地点、经济及其他因素限制而无法到图书馆阅读的民众（特别是劳动者和儿童）创造阅读机会。1922年至1924年，在张元济倡议下也曾举办“巡回图书馆”，委派黄警顽、张敏逊二人将整批本版图书运至苏南和浙北杭嘉湖、宁绍地区的小市镇公开展览，为社会读者提供了方便。《江西各省市立之通俗图书馆附设巡回文库规程》中规定：“巡回时配备手提风琴、留声机及活动影片等，藉以号召群众，引起其阅读之动机。”① 巡回文库在为读者提供文献借阅服务的同时，还积极开展推广宣传活动，加强阅读辅导工作，使社会公众充分了解图书馆，并学会利用图书馆，产生了良好的社会效益。

平民图书馆即为一般大众而设，目的是补充平民智能、提高平民道德，因此手续简便，馆员态度和气并常能对入馆者殷殷劝诱指导，诱导辅助阅读、设平民夜校、时事讲演、开设展览等均是平民图书馆针对国民程度而展开的教育形式。

二、省立图书馆的社会教育

在县立、市立图书馆普及之前，省立图书馆为主要的公立图书机构，并以各自方式参与社会教育。1928年6月，冯玉祥令省府拨款5万元给河南图书馆改良建筑，扩充设备，馆舍达到60间，约962平方米。二曾殿辟为二室，一为平民图书室，一为阅报室。楼西之第一列厢房作为儿童图书室，同时增设流动借书车和巡回文库，辟设普通阅览室、杂志阅览室、平民阅览室、新闻阅览室、善本书阅览室等，阅览人次从每年不足7000人增至11万人②。

陕西省立图书馆有三座，陕西图书馆建成最早，早已开展劝工、陈列、讲

① 《江西各省市立之通俗图书馆附设巡回文库规程》，《江西教育公报》1928年第16期。

② 任大山、张莉：《何日章研究》，大众文艺出版社，2003年，第90页。

演、展览等服务内容，《陕西日报》1921 年 12 月 24 日载：“图书馆附设夜校——省城近来百物昂贵，一般贫寒子弟多因学费无出不能进取，中道而弃，实与教育前途大有攸关。昨闻图书馆于馆内附设夜班学校，专为贫寒子弟及铺号中学徒而设，无论其年龄，凡有志求学者即可向该校报名，定期授课，学费概行免征云。”《陕西日报》1922 年 4 月 21 日又载：“图书馆设立夜学校招生——南院门图书馆在‘洗心所’内拟设夜学校一处，专收贫寒子弟及年长失学之人，授以相当之教育为宗旨，不拘年龄，不收学费，课程以国文、修身、笔算、珠算。学生所需书籍，概归自备，每夜由馆内各职员分别担任教授，定于本月 23 日开学矣。”在 1924 年馆舍条件改善以后，陕西早期的共产党员杨明轩、赵保华、雷晋笙等，曾利用暑假在陕西图书馆举办为时一个多月的“暑期科学讲习会”，讲授“共产主义 ABC”“社会发展史”等课程。1923 年，高树基馆长因办理社会教育突出获北洋政府四等嘉禾章。1924 年，《陕西图书馆章程》通则明确有“实行校外教育”的宗旨。1927 年，在于右任以联总名义公布开展平民教育等条例后，改为“陕西省中山图书馆”，馆内设“义务讲演团”和“平民教育委员会”，北街图书馆于 1921 年在马王庙旧址设立，除书报室、藏书楼外，还有夜校教室，聘许某当经理兼教员，晚间授课，“求学者有百余名之多，且有隔窗听讲者”，足见适合一般听讲人之程度。1927 年，省立孔庙通俗图书馆改为四三图书馆，将馆内空间重新布置，分隔出了阅书室、阅报室、藏书室、寄宿室 4 个小间，并设立了平民教育学校一所①。陕西的三家省立图书馆对陕西的平教运动起到极大的推动作用，黄统任厅长后，继承了驻陕总部教育厅制订的平民教育计划，借用各公立、私立学校和各公所机关、庙宇开设平民学校，陕西的三家省立图书馆均设有平民学校。中山图书馆平民学校为南区第一校，第一期（1927 年 9—11 月）招收学生 31 名；平民图书馆的平民学校为北区第十五校，第一期招收学生 27 名；四三图书馆的平民学校为东区第四校，第一期招收学生 37 名。此外，鉴于通俗讲演“直接为唤醒民众之方式，间接为促成

① 谢林主编《陕西省图书馆馆史（上、下）》，三秦出版社，2009 年，第 91 页。

革命之利器”，中山图书馆配合平教团体实施义务讲演，内容有政令之意义，民众之常识及时事等。教育厅还于1928年6月以“提倡艺术，唤起民众，促成国民革命”为宗旨，以“平民教育委员会，长安教育局，中山、四三、平民各图书馆”为成员，组建了“陕西省政府教育厅新剧团”，以编新剧、演新剧的形式开展社教活动。

三、私立图书馆的社会教育

（一）东方图书馆

东方图书馆是商务印书馆附设的图书馆，由张元济和商务印书馆同人共同建造，1924年落成，1926年正式开馆，是东亚闻名的公共图书馆。张元济的办馆理念在很大程度上来源于其教育思想，他在光绪二十二年（1896）四月二十七日《致汪康年》说：“今之自强之道。自以兴学为先。科举不改。转移难望。吾辈不操尺寸。惟有以身先之。逢人说法。能醒悟一人。即能救一人。”① 兴学即为教育，张元济始终“以扶助教育为己任”，而图书馆这所“没有围墙的大学”，正是启迪民智、社会教育的最佳场所，他在《东方图书馆概况·缘起》中明确指出图书馆扶助教育的重要性：“今海内学者，方倡多设图书馆补助教育之说。沪上为通商巨邑，天下行旅，皆出其途。黉舍林立，四方学子负笈而至者，无虑千万。其有需于图书馆者甚亟。是虽权舆，未始不可为土壤细流之助。”“因检取中外典籍堪供参考者，凡二十余万册，储之馆中，以供众览。”② 东方图书馆的社会教育思想在其实践活动中逐渐渗透。

东方图书馆是一所对社会公众开放的私立图书馆，提倡图书馆免费平等的服务理念。公开藏书是张元济的最高思想境界。东方图书馆每日下午2点到5点，晚上6点30分到8点30分定时向社会开放，供公众阅览。据统计，1927

① 张元济：《张元济书札》，商务印书馆，1981年，第9页。

② 张元济：《张元济全集（第5卷）·诗文》，商务印书馆，2008年，第392页。

年全年，共有2万多人来馆阅读。次年又设流通部，逐步增加服务内容，读者与日俱增，年读者人次达到3万，平均每天接待读者146人次。至1930年年底，东方图书馆藏书达26.8万余册，其中外文书8万余册。按照王云五发明的中外图书统一分类法及四角号码检字法编目，制成书名、著者、类别、译者、丛书等卡片30余万张，使利读者查阅。1928年夏，又开了图书馆学讲习所。

商务印书馆曾在江、浙两省农村试行流动图书馆，方法是携带着多种平民应用的图书到乡间去，择一个相当地点招引人来读书，多则数十日，少则三五日，又到另一个乡村。所得效果很好，各乡都是盼望他们早点来，恐怕他们速去。

（二）松坡图书馆

梁启超倡办的松坡图书馆是另一所闻名的私立图书馆，对国民的文化精神教育起到了良好作用。松坡图书馆缘起沪上“松社”，“以奉祀蔡公及护国之役先后死难之灵，政府亦拨予宜都杨氏旧藏图书二万四千余册”，1922年秋，松坡图书馆自上海迁至北京后，有两所馆舍。第一馆位于北京北海公园内的快雪堂，第二馆在西城石虎胡同七号官房，有房屋55间，据《松坡图书馆纪事》载，“以快雪堂为第一馆，专藏本国文图书；于后楹改建为蔡公祠。石虎胡同为第二馆，专藏外国人图书”①，共藏书29212册，馆长为梁启超本人。1925年8月，北海公园对游人开放，松坡图书馆也于10月1日正式接待读者阅览。开馆数日，阅览情况非常好，梁启超和图书馆的干事们决定把每周的阅览成绩做成表格，定期送《晨报》登出，以吸引更多的读者前来阅读。

梁启超之所以筹建松坡图书馆，一是为了纪念蔡锷将军，效法英雄，宣传他的教育救国主张；二是鼓励人才，教育民众。他在《创设松坡图书馆缘起》中指出：“欧美诸国虽百数十家之村落，尤必有一图书馆。……皆廓然任人借观浏览，使寒士之好学者，得以尽窥秘籍。”“今以中国之大，而私立之图书馆，

① 宗绪盛：《故都钩沉》，东方出版社，2019年，第40页。

竟无一焉。即京师及各省间有公立之馆，亦皆规模不备，不能收裨益公众之功用。”因而创办不同类型的图书馆实属必要。无论是“松社”时期还是北京的两馆，都施行了开放制度，第二馆藏书以新书为主，包括英、日、梵文及世界语图书六千余册①，为了方便读者阅览，梁启超积极借鉴西方的分类体系，分别对图书和期刊进行整理。中文图书不完全按四部分类法分类排架，基本按现代分类法分为：外文图书先按语种区分，编目采用杜威十进位法，按照十大类分编。期刊定期编辑关于读书杂志的单张周刊，介绍藏书情况和阅读方法，并对各种期刊进行排架，以节省读者检索时间，提供最好的服务。

四、其他各类图书馆的社会教育

（一）为劳工阶级服务的图书馆（室）

这一时期，中国无产阶级成长壮大起来，登上了历史舞台，他们的知识要求得到重视，“在人类进化历史上负惟一使命的劳动者，现在需要必要的知识，比什么还要紧些”，而公私图书机关“不但没有劳动者看的图书，而劳动者并在被摒之门外之列”②。刚刚成立不久的中国共产党，意识到劳工运动的重要性，着力在工人集中的地方开办补习学校或俱乐部，附设图书馆、阅览室，对工人进行普及教育。李大钊说，凡是“劳工聚集的地方，必须有适当的图书馆、报社、专供工人休息时间的阅览”，对于多设教育机关问题，李大钊强调，像中国“这教育不昌，知识贫弱的国民，劳工补助教育机关，尤是必要之必要”③。李大钊的深刻见解指出了平民教育应与图书馆相结合。

1. 天津工人图书馆

天津工人图书馆附设于天津工余补习学校内，地点在天津市河北区宇纬路

① 《松坡图书馆成立》，《教育杂志》1923 年第 15 卷第 12 期。

② 《安源路矿工会工人图书馆募书启》，《民国日报·平民》1923 年第 182 期。

③ 李大钊：《李大利》，太白文艺出版社，2013 年，第 26 页。

东兴里4段12号。天津为北方工业中心，工友十数万，1921年9月，在李大钊的指导下，先进知识分子于树德、安体诚创办了天津第一所工余补习学校，宗旨是“使工人利用工作余暇，补习学识”。转年6月，学校鉴于经费及教室有限，乃附设“天津工人图书馆”，设置书刊，供工友观览，这是中国最早以“工人”命名的图书馆之一。该馆章程规定：“本馆以增进工人知识，促进工人觉悟为目的”，“为达前目的，设备各种书籍，报纸，杂志”，“本馆因为工人而设，如坐位有空隙，虽非工人亦可阅览”。[①] 1922年，该馆在《民国日报》副刊《觉悟》上刊出“天津工人图书馆募书启”中更明确提出，该馆是为那些未能上补习学校的工人而设，为学生、工人和贫苦知识分子提供阅读便利。

2. 唐山工人图书馆

五四运动以后，京奉铁路唐山制造厂和开滦矿务局的工人又办过阅报室，对于传播文化知识，起了很好的作用。邓培和李树彝注意到这些情况，决定创办工人图书馆（包括阅报室），目的是帮助工人学习文化知识，同时灌输革命思想。唐山工人图书馆于1921年12月正式成立，地点在唐山西中新街2号。《唐山工人图书馆简章》规定：“本馆以增高工人知识，联络工人感情为宗旨组织。”《唐山工人图书馆启事》更进一步指出：“现在工业日益发达，机械日益昌明，社会愈进于文明。像我们工界朋友，如聋如哑如痴如盲，先前既缺少取得基础的知识，无法应付环境。”“设立一个图书馆，为的是凡我工人都可自由去阅览，这是我们工界最好求学的法子，也是工界的一颗夜光珠。”“这个图书馆的目的，是使凡工界朋友都能够享得这种增加知识的利益。”[②] 它对于唐山工人学习文化知识和党、团、工会团结工人群众起了非常巨大的作用。工人图书馆为唐山工人提供了读书看报的场所。图书馆中有书刊室和阅报室，陈列着《民国日报》《益世报》等几种报纸和《东方世界》《小说世界》等大量书刊。“凡属工人皆可入览”，同时也是宣传革命进步思想，团结教育工人群众的基地之一。

---

① 《天津图书馆章程》，《天津益世报》1922年6月6日。

② 田刚、刘明逵编著《中国近代工人阶级和工人运动　第四册　第一次全国工人运动的高潮》，中共中央党校出版社，2002年，第77页。

3. 长辛店工人俱乐部阅览室

随着马列主义在中国的传播和工人运动的初步发展，1919 年 2 月，李大钊在北京《晨报》上发表了“劳动教育问题”的改革，积极呼吁“劳工聚集的地方，必须有适当的图书馆、书报社”，专供工人休息时间阅览。这为工会图书馆的建立奠定了理论基础。五四运动后，1920—1921 年，李大钊、邓中夏以长辛店铁路为据点，创办劳动补习学校，成立了“长辛店工人俱乐部（工会）”，创办我国第一个工会图书馆——长辛店工人俱乐部阅览室，为工人读书识字、接受政治上的启蒙教育提供了场所和有力服务。

除此以外，还有安源路矿工人俱乐部阅报处、安源路矿工人俱乐部第一补习学校工人图书馆等，这些工人图书馆以增加知识、提高觉悟、联络工人感情为宗旨，收集益于工人的读物，“凡工人皆可阅览”，在大革命时期起到传播科学知识、培训生活技能和宣传革命理论的作用。

（二）团体组织建立的图书馆（室）

新文化运动时期是中国社会的转折期，也是各种思潮最活跃的时期，一些志同道合的知识分子和青年学生为了实现共同的理想，组成不同群体，建立各种社团，出现了近代以来社团组织的空前繁荣。许多社团出于需要建立起图书馆、图书室等，这些现代意义的图书馆组织，其服务对象是社会各阶层特别是社会底层民众，丰富和扩展了图书馆社会教育的形式。

中国留美学生团体——中国科学社，于 1920 年在南京成贤街建立图书馆，1929 年又在上海成立“明复图书馆”，为普及科学教育、进行科学研究提供服务，在我国科学图书馆发展史上占有重要地位。以留日学生为主的中华学艺社是以“研究真理、昌明学艺、交换知识、促进文化”为宗旨的综合性的学术团体。1924 年成立学艺社图书馆。1924 年 7 月，史量才、黄炎培等人在上海发起“人文社”（后改名“甲子社”）和“人文图书馆”（后改名“鸿英图书馆”），其《人文类辑启》云：“近世欧美各国大学各图书馆，多有裒辑人文，以备徵（征）询，视为社会服务之一端者。”故设图书馆以“供读者之征询焉”。

1. 启智图书室

启智图书室的前身为恽代英所创办的“智育社图书室”，1917 年在新文化运动的影响下，恽代英扩大规模并易名为启智图书室。它位于武汉中华大学校门口，陈列关于启发知识、启发思想的书报，让阅者日浸月润，自然渐次改变，因此“许多人都承认它”，“图书室是传播文化的利器”。恽代英本身具有先进的图书馆理念，他认为学识不全出于学校而更出于图书馆，“自由研究可得实学，其效果较学课百倍也”①，故应“鼓励课外参考”，“鼓励学课以外之自由研究”，“广设图书馆”；社团机构也可通过开办通俗讲演团、通俗学校、通俗图书馆等，以“进民德，益民智，强民力”。在启智图书室的推动下，武昌办起了启黄图书馆，汉口的开明商人也组织了书报阅览室。1920 年，恽代英等为实现传播新思想、新文化的目标，成立利群书社，不仅宣传行销马克思主义经典著作及《新潮》《共产党》《新青年》等进步报刊，还采用向读者借阅图书的方式，在青年学生中举办读书会，帮助其择好书、读好书，对个人自修方法予以指导。

2. 马氏通信图书馆

1922 年年底，在李大钊的指导下，天津一批进步青年为了学习研究马克思主义而成立了“马氏学会”，公开宣言“我们相信马克思主义实在是改造社会的良剂”。他们决心“本着马克思底（的）精神来解决社会问题”，提倡多读“马氏的书籍”，马氏学会还办了“马氏通信图书馆”，专门收藏马克思主义进步书籍，如《雇佣劳动与资本》《劳农会之建设》等，并提供给贫苦的知识青年借阅，不收租金和保证金。

3. 南昌平民图书馆

1923 年，由江西改造社的方志敏、袁玉冰等发起，改造社成员认为“劳工神圣是我们的良心主张”，他们在《南昌平民图书馆募捐启》里自称：“我们都是家无担石、地无立锥底（的）无产阶级者。”② 以平民图书馆来命名，是旨在

---

① 金马：《金马随笔》，贵州人民出版社，1993 年，第 179 页。

② 刘勉玉：《方志敏与马克思主义在江西的早期传播》，载苏多寿《方志敏研究文丛（1）》，上海文化出版社，2011 年，第 85 页。

为下层民众服务。办图书馆的目的是宣传新文化思想，使“荒凉的江西，没有文化种子的江西”，能够“开出群众笑眯眯的‘文化之花’”来。该馆除了供阅马克思主义书刊，还向工农读者普及马克思主义思想。

4. 上海通信图书馆

1921 年成立的上海通信图书馆是以上海同人读书会为基础发展起来的一个公共图书馆，致力于收集各种“有时代思想的学术文艺书报”，在其《创立宣言》中即提出“成为远近人们的藏书库”[①]，五卅运动后更公开提出“旨意在使得无产者有书看”的口号，认为“没有图书馆以便利群众，则书报只能流通于有产者阶级”。明确图书馆的任务是“发扬进步思想，屏斥反动潮流，灌输革新精神”。建馆初期，借阅对象仅限于图书馆成员，后来决定开放，无论何人都可“借书且不收费用，不收保证金”。该图书馆采取通信邮借方式外借图书，其目的是“不让任何地方的人们读不到任何种类的好书，不让任何种类的好书流通不到任何辽远偏僻的地方”；图书借阅不收保证金和借书押金，也没有时间和路途的限制。据《申报》报道，1924 年读者数约 3000 人，1925 年达 5000 人，遍布全国 21 个省区。

① 应修人：《上海通信图书馆与读书自由》，载楼适夷、赵兴茂主编《修人集》，浙江人民出版社，1982 年，第 177 页。

第五章　图书馆社会教育本土化探索期（1928—1937）

1924年掀起了声势浩大的国民革命运动。孙中山为了充分发挥民众的革命力量，培养他们独立的人格，格外地重视民众的教育。他认为，只有民众知道了自身地位的重要性，知道了怎样爱国，怎么样面对民族所面临的危机，才能万众一心，实现民族独立。因此，他在遗嘱中写道："必须唤起民众，及联合世界上以平等看待我之民族，共同奋斗。"在"唤起民众"这一口号的指导下，在国民革命军北伐的过程中，中国各地掀起了民众运动的浪潮，"唤起民众"成为民众教育产生的最有力的第一动力。社会教育由民间推动的平民教育时期过渡到由政府推动的民众教育时期。

1928年到1937年十年间，国民政府开始了以民众教育为中心的社会教育发展阶段。图书馆作为社会教育的重要机构，教育部对其制度和政策也有了进一步的规范化、细节化，为图书馆社会教育事业提供了保证，带动其步入新的阶段，尤其是民众图书馆的社会教育思想和实践，更为现代图书馆教育职能变革提供了借鉴经验。

第一节　民众教育思潮对近代图书馆社会教育的影响

一、民众教育的背景

1928年，南京国民政府在形式上统一全国后，就进入训政时期。所谓“训政”，就是借助教育训练民众，而孙中山“唤起民众”的政治遗嘱也便成了民众教育的宗旨。九一八事变之后，办民众教育以纾国难也成为新的教育主张。国民党第五次全国代表大会提议把民众教育建成一种正式系统之教育，俾与大中小学及专门等教育系统并立。

国民政府在制度法令、经费投入等方面为社会教育的发展提供了保障。据统计，自1927年至1935年，教育部先后颁布社会教育法令80余种，涉及民众教育、图书馆、通俗讲演、公共体育、电化教育、特种教育等各领域。使办理社会教育之人有所取法。与此同时，对社会教育经费也做出了规定，即自1929年预算年度起，中央和各省市的社会教育经费要占全部教育经费的20%~30%。标志着社会教育的经费投入有了保障。此后又要求各省新增教育经费须占30%，省属各县市则应占30%~50%。晏阳初、梁漱溟等一批社会教育家组织社会教育团体和研究机构，创办民众教育刊物，并在各地开展平民实验区、乡村建设运动等实践活动。全国范围内社会教育达到高潮，根据《第二次中国教育年鉴》统计，全国各省市社会教育职员数由1928年的13977人增至1934年的141978人，民众教育机构从10773个增至251899个，机关的种类扩展至民众学校、图书馆、体育场、民众茶园、阅报处以及教育馆、实验区、改进会等余种。

二、民众教育思潮的产生

民众教育思潮是勃兴于民国后期的一种教育思潮，它以全体国民为教育对象，以人的一生为教育历程，以人生全部活动为教育内容，并且还兼政治宣传和促进地方自治的功能，力图造就符合现代公民要求和具备基本素质的国民。

民众教育作为一个专门术语并正规使用始于1926年，广东省教育厅厅长许崇清在其拟定的《教育方针草案》中最先提出此词，第6项纲领为“民众教育事业的扩张”①。1928年5月，国民政府第一次教育会议通过了《实施民众教育及确定社会教育案》，将民众教育列为训政的主要措施之一，民众教育被正式确立。

民众教育的兴起是中国近代教育革新的重要一环，“民众教育的对象即全体民众”，以教育唤醒民众、教育启迪民众为目的，在政府行政辅力参与下，各地省立、市立、县立民众教育馆相继开办，至1936年达到1509所，江苏、湖南还成立了省立农民教育馆，无论城市还是乡村，民众教育这种以整个社会为对象、助成国民提高和国家建设的教育形式得到前所未有的发展。1928年，江苏无锡还开办了以养成民众教育专门人才、促进民众教育学术为旨的江苏省立教育学院，这是国内第一所培养民众教育人员干部储备的院校机构。

民众教育思潮所倡导的民众教育，是一种动态发展的大教育观。传统观念里，教育主要是指学校正规教育，民众教育则突破了这一观念，它从广义上去认识和解释教育的存在与功能，认为生活是整个的，教育是整个的，不能片段地分割，零碎地解决。教育包括影响人们的知识、技能、身心健康、道德品格等的形成、发展的各种活动，它涉及人生活动及社会构成的方方面面。教育已不仅是单纯传授知识，它更担负着改造社会、复兴民族的重任②。

---

① 许崇清：《关于收回教育权运动的回忆》，载广东省政协学习和文史资料委员会主编《广东文史资料存稿选编·第四卷》，广东人民出版社，2005年，第817页。

② 张蓉：《中国现代民众教育思潮研究》，中国文史出版社，2005年，第222页。

三、民众图书馆社会教育理论的涌现

民众教育思潮的产生吸纳了前期通俗教育、平民教育和乡村教育的思想精华，形成了较为系统、开放的理论，将社会教育的发展推向一个更高阶段。在这一时期，为了更好地发挥图书馆社会教育的功能和支持民众教育，许多图书馆多冠以“民众”二字，接替了通俗图书馆来发展图书馆社会教育，民众图书馆成为和民众教育馆相得益彰的社会教育机构。徐旭指出，“真正的‘民众图书馆’是因人、因地、因时、因事，以图书为出发、为进行、为归宿的教育途径，来实施以图书为中心的民众教育机关”①。图书馆社会教育在理论方面建树良多。

（一）关于图书馆社会教育的目的和意义

许多民众教育家及图书馆专家都著文进行阐释，比较一致地认为，民众教育是协助社会教育的重要教育力量，是为教育民众、满足民众生活等多方面需求而存在的。陈岭梅提出，民众图书馆应该“负起责任站在民众面前，领导他们提高他们的程度，增加他们生产的能力，丰满他们的生命，以达教育大众化的目的”②。民众教育家俞庆棠也积极主张建设民众图书馆，她说：“吾人应重言以申述者，即民众图书馆亦如民众教育馆，并不是办机关，而是着重在民众知识的供给。”图书馆学家徐旭则明确地提出，“民众图书馆的目的是培养健全公民；建立良好社会；促进世界文化”。这些论述层层递进，显示了民众图书馆存在的重要意义。

（二）民众图书馆社会教育的对象

当时民众图书馆教育的对象，一种认为是全体民众，一种则主要针对成人。这主要是受到民众教育思潮影响而产生的，因为当时的民众教育的对象分为广

① 徐旭：《民众图书馆实际问题》，中华书局印刷所，1935 年，第 5 页。

② 陈岭梅：《图书馆与民众教育》，《无锡图书馆协会会报》1935 年第 4 期。

义和狭义两种，广义的民众教育对象是指全体民众，而狭义的则是指一般失学的青年和成人。

支持教育对象是全体民众的认为，民众图书馆的教育是“使未受教育者得启发其智能之生长，使现受教育者得辅助其智能之生长，使已受教育者得继续其智能之生长者，是一个最完善，最平等，范围最广，方法最活，可以教不论男女老少，贫富贵贱，有智无智，全德缺德，大能小能的大众教育机关”[①]。而认为教育对象应主要是成人的则是看到了欧美图书馆的成功先例——美国图书馆学会在1924年设立了一个“图书馆与成人教育委员会”[②]，职能是研究图书馆事业如何可以有助于成人教育，于是就认为图书馆民众社会教育应重视成人，图书馆是教育不可缺少的助手，因为成人教育最重要的元素是自学或自修，自学或自修就离不了阅读。

（三）关于民众图书馆社会教育的方式方法

如何有效地实施民众图书馆社会教育是许多教育家开始深入探讨的问题。徐旭于1931年发表了《民众图书馆教育论略》[③]，将民众图书馆教育方法加以细化，他认为“民众图书馆教育的对象既复杂，使命又重大……其所用的方法决不能偏于一种，是应该将普通的，特殊的，心理的，论理的各种方法，或混而用之；或兼而用之；或按序用之：或溶化用之，然后方可达到教育的目的”，并且对于方法的选择还要有一定的原则性，首先，要能够适应个性，使不同的个性都能得到发展；第二，民众图书馆的教育要能将教育和生活联系在一起；第三，选择的方法要能引起人们的兴趣。依此确定了基本的教育方法：第一就是进行“个别教学”，可以运用流动教学、个别阅读指导等来适应个性的学习；第二个方法是设立“学级文库”，就是根据个人的需要和环境，图书馆代其选择一

① 林宗礼、梁容若：《民众教育论文选》，河北省教育厅编审处，1935年，第262—263页。

② 周亚：《美国图书馆成人教育运动简史（1924—1957）》，《图书馆研究与工作》2020年第11期。

③ 徐旭：《民众图书馆教育论略》，《教育与民众》1931年第3卷第4期。

套能够间接或直接有帮助的图书，循序渐进地学习；第三个方法是进行“单元设计”，即用主题展览或陈列的方法引起读者的学习兴趣。

郑一华认为图书馆有必要设立成人教育消息流通部来帮助成人教育。他说：“成年的人想着用闲暇时间而不知何从下手，成年的人不满其工作而思有以改进之，然而往往不知何从满足这种欲望，在这一方面图书馆就有帮助的地方可以做了。图书馆收集社会上种种与成人教育有关的消息，如何处有何种需要。”他总结了办成人教育消息流通部必须做的几项工作：第一，“从调查下手，知道学生是那种人，工作是怎样的，他们的书籍需要何在”。第二，要“和各机关的领袖联络，要有了解，要知道他们的教育计划是怎样”。第三，“鼓励学生常来馆参观，编辑参考事目及研究纲要，以供教者之需要”。第四，“和成人教育团体里面的学生要有个别接触，有可能时可在各机关分设图书室”。① 这四点工作事项表现了他研究的周密性。

1936 年，徐旭又出版了专著《民众图书馆学》，将社会教育确定为民众图书馆的推广事业，认为发展民众图书馆适应“时代的要求”，是“试验文字教育事业”的帮手，也是“联合民众教育机关的方法”。该书第三部分列出了 18 种推广事业的办法，分别是设立壁报、询问代笔处、固定巡回书、流动书车、代借图书处、函借筒、通信借书、阅书报处，公布民众教育机构活动事业的消息、举办初高级识字班、流动教学、开设各科辅导班，编印民众书报、印发联合书目、开展识字运动、代阅者购书、联络事业。该书是民众图书馆社会教育的一座里程碑，为我国现代图书馆事业的发展提供了可靠的经验。

可以看出，当时图书馆界和教育界对民众图书馆教育方式的研究是很关注的，在研究的方法上也较前阶段更为科学、具体和人性化，在当时社会教育理论研究当中占重要的一席之地。

（四）关于民众图书馆社会教育的功用和特点

随着对图书馆社会教育信用度的加深，教育家们从大小两个方面出发，大

① 郑一华：《杜编图书馆与成人教育》，《教育与民众》1934 年第 10 期。

到对整个社会和教育的改进，小到对个人的德智美的培养，将图书馆社会教育的功用特点分析得相当透彻。教育家李蒸认为，如果图书馆社会教育事业推广开，可以有以下功用：辅助家庭教育，辅助学校教育，可以代教员或学校因鞭长莫及而教育学生，可以使学生加入图书馆之种种学术研究会而探讨在学校所不能得到的学问，可以养成学生好自习、好思索、不依赖的良好读书习惯等。还可以普及教育，民众图书馆的教育无时间的限制、经济的阻碍和阶级的划分，是大众都可利用的、均等的教育，所以它是普及教育的一种①。

俞爽迷认为，图书馆作为社会教育的中心机关，有以下功用是值得关注的：第一，图书馆能造就贫穷自学之志士。从前贫人之子弟，其去读书机会均等与平民化主义，实觉甚远，现在要矫救其弊，只有普设图书馆一事，足以成之，并且当此吾国学校未曾普及，民智正在青黄不接的时候，图书馆的设立，实较学校教育更为重要。第二，图书馆能培养读书兴趣增益生活必需知识。以今日吾国的处境，不要说学校不发达，即或学校发达，对于这种继续修学且补助教育之不足的图书馆，哪能不积极扩充？使民众能负训政时代建设的责任，并能时时增加生活必需的知识，又非利用图书馆读书之环境，养成浓厚的读书兴趣不可。第三，图书馆能养成优美德行坚定意志。假使社会有了许多优美完备的图书馆，一般民众于工余假日，跑进去看看报，那么至少有些好处。第四，图书馆可以养成公民的爱国思想。因为图书馆中既给民众以各种应有知识的书籍复设报章阅览室，供以时事之新闻，在无形之中，公民知识，国家思想，亦因此养成了。第五，图书馆中任何书籍都宜广为收集，可以增进各自关于职业的知识。

俞爽迷总结图书馆帮助完成社会教育所具备的特点：“（1）无男女老幼贫富贵贱阶级的限制。（2）简易便宜之设施。（3）搜罗为一人力所不能齐备汗牛充栋的图书。（4）不似学校有某时某课呆板的规定，而是能随个人心意，助长潜在个性的活动。”②

---

① 李蒸：《民众教育的途程》，《教育与民众》1929 年第 1 卷第 3 期。

② 俞爽迷：《图书馆与社会教育》，《中华图书馆协会会报》1936 年第 12 卷第 5 期。

理论是实践的指导，从当时发表的有关图书馆社会教育的论文和著作的数量来看，也可充分反映当时对图书馆社会教育研究的热度。现以著名的教育杂志《教育与民众》为例：1931 年该杂志总结了当年民众教育论文之索引，第三部分为“民众图书馆”，包括《现代图书馆所负之教育使命》《民众图书馆的新使命》《目录卡片排列问题》《怎样开始分类图书》《图书之阅览指导法》《怎样吸引民众来图书馆阅览》《民众图书馆推广事业的理论与实际》《民众图书馆怎样鼓励人民来馆阅读》《怎样办理流通各分馆》等。其中除了专门介绍图书管理和分类的，大部分是有关图书馆社会教育的，足见图书馆社会教育在当时得到的广泛关注。

综上，国民政府时期，我国的社会教育得到了长足的发展，就连国际教育考察团也认为“此时中国各种教育中，社会教育、民众教育最有价值、最感兴趣，殊非偶然”①。在这样的氛围下，作为社会教育重要机构的图书馆迎来了新的成长期。

第二节　民众教育时期图书馆社会教育发展的特点

和通俗教育时期由政府推动及平民教育时期的民间教育团体主导相比，该时期的图书馆社会教育得到了政府和教育团体的双重倡导，但同时也受到了社会环境不稳定、经济落后等不良因素的影响，所以，在矛盾力量的作用下，发展时期的图书馆社会教育有如下几个特点。

一、图书馆社会教育政策、制度进一步完善

南京国民政府成立后，国民政府开展革命化和党派化教育的同时，对社会

① 《第二次中国教育年鉴（第九编）》，转引自王晓璇《社会教育：中国近代教育探索的本土之路》，辽宁人民出版社，2018 年，第 121 页。

教育进一步强化了管理。首先，社会教育的方针、政策吸收了民国以前的社会教育思想与实践的一些经验，在一定程度上，扩大了社会教育的范围、对象和内容，逐渐使社会教育具体化。其次，社会教育的行政地位得到了进一步确立，在规模、组织上更加完备和严密，省、市、县都有专门管理社会教育的机构，社会教育行政所掌管的事项比以前更加全面与充实。

在这种情形下，图书馆作为隶属于社会教育的重要机构和设施，也同样得到了国民政府的重视。1927 年 12 月，在《图书馆条例》中就明确规定各省区应设图书馆，用于图书馆的经费不得少于该地方教育经费总额的百分之五。1930 年 5 月，又颁布了《图书馆规程》，同年 9 月，教育部公布了《华侨商会倡办民众图书馆或附设民众书报阅览处办法》①。此外，在地方上还颁布了许多图书馆的法令法规：1928 年 4 月，湖北教育厅厅务会议通过《省立图书馆暂行规程》；1929 年 12 月，浙江教育厅根据省立图书馆呈请，令各县酌设乡村图书馆；1930 年 1 月，河北教育厅公布《省立通俗图书馆流动阅览办法大纲》。

从以上法令可以看出，在这一阶段，政府开始前所未有地致力于完善图书馆社会教育，从中央到地方，都通过制定相关的政策和法规来规范和完善图书馆社会教育事业，充分认可了图书馆社会教育在整个社会教育中的重要性，希望能够通过政策和法规的法令效应帮助图书馆社会教育顺利地发展。

二、图书馆社会教育理论丰富、实践多样

该阶段民众教育已成为社会教育的主要事业，许多教育家都是民众教育的倡导者，图书馆作为重要的社会教育机构，以往的功绩有目共睹，“民众图书馆是一个普通社会教育的机关，也是一个社会式民众教育机关”② 已成为共识。因此，众多致力于民众教育的专家开始重视图书馆的社会教育，如李蒸、林宗礼、

① 刘瑞兴：《连续出版物管理史料选》，中国统计出版社，1994 年，第 125 页。

② 陈侠、傅启群：《傅葆琛教育论著选》，转引自王晓璇《社会教育：中国近代教育探索的本土之路》，辽宁人民出版社，2018 年，第 162 页。

徐旭、濮秉钧等都有专论专著。1925—1936年，许多教育期刊设了民众图书馆研究专栏，为图书馆社会教育的研究搭建了研究平台。从李钟履所编《图书馆学论文索引》著录情况来看，当时民众图书馆研究形成了高潮：有关民众图书馆的“专论”86篇、“法规法令”9篇、“规程”3篇、“馆史”98篇①。与前相比，民众教育时期的图书馆社会教育事业有了较为统一的教育思想做指导，有了较为集中的教育家团体的支持，以及政府的提倡，图书馆社会教育被视作正规教育研究，其理论研究也更为细致化和系统化。

在丰富的理论支撑下，图书馆社会教育实践也较以往出现了更多新方式，不仅有民众教育家们所开办的试验图书馆，也有许多流通图书馆致力于民众教育，普通图书馆也通过各种推广服务来实施社会教育，实践方式灵活多样。在人们逐渐认可图书馆是重要的社会教育机构的同时，该阶段图书馆的数量与日俱增。据文献显示，图书馆总数1930年为1428所，1936年达5196所。其间的1935年，普通图书馆为903所，民众图书馆为575所，社会教育机关附设者为598所。尽管由于当时完备政策、法规和较低的图书馆经费投入形成了较大的反差，有些图书馆中实施社会教育的情况也并不理想，比如浙江某地民众图书馆为了民众教育开办识字班，帮该地区扫除文盲，但据调查，当年当地的文盲率下降不足0.1%。但是，这一时期图书馆社会教育的试验与开拓在许多方面都具有深远的历史意义。

第三节　民众教育时期图书馆社会教育的实施

1931年3月3日，教育部《关于全国社会教育设施概况报告》中，把图书馆作为社会教育事业作了介绍：“图书馆大约分为通俗图书馆、普通图书馆、专门图书馆三种。这种机关对于社会教育的功效非常伟大。东西各国对于图书馆

① 李钟履编《图书馆学论文索引（第一辑）》，商务印书馆，1959年，第1—8页。

事业都十分重视，他们的进步一日千里，令人惊异。国人近来对于此项事业多感兴味，故亦有长足的进步。”这一报告内容明确显示南京国民政府成立以来当时全国图书馆的类型与概况。在1927年后至全民族抗战爆发，这三类图书馆都得到全面发展，在社会教育方面也都取得长足进步。

一、公共图书馆社会教育实践

民国时的各个公共图书馆（包括省立、市立、县立）是重要的文教机构，它体现了国家意志主导下现代教育的发展理念。1915年11月，教育部颁布《图书馆规程》督饬“各省、各特别区域应设图书馆，储集各种图书，供公众之阅览”。1927年，南京国民政府大学院公布的《图书馆条例》亦明确“各省区应设图书馆”。截至1935年，全国仅省立图书馆就有33所①，包括绥远、青海、西康等省。各级公共图书馆和民教馆共同承担了社会教育职责，首先，在省立、市立图书馆中，除江苏省立国学图书馆有特别说明“惟善本书限制借阅”外，其他图书馆均公开阅览，体现了“开放性”的社会教育理念。其次，从服务设施来看，某些省立、市立图书馆中对阅览室进行了分类，有的馆设有专门儿童阅览室，服务对象的广泛能够体现“人人皆有资格成为读者”的服务精神。浙江省立图书馆有“女子阅览室”、云南省立昆华图书馆有“妇女阅览室”，从侧面反映出不分男女，均可以“平等”利用图书馆。

（一）公共图书馆社会教育宗旨

各级公共图书馆在办馆理念、安排各项馆务活动中都切实践行社会教育。董明道系统地谈到图书馆有六大任务，分别是“阐扬文化，保存四千年文化并使之于世界文化融合实现世界大同”“介绍学术、让书籍到民间去”“宣扬党义”“辅助国民教育”“增进民众道德”“供给娱乐读物”，他指出“今日之图书

① 陈训慈：《全国省立图书馆现状之鸟瞰》，《浙江省立图书馆馆刊》1935年第4卷第3期。

馆是一种社会文化事业，凡对社会民众有利益与文化有关系之事，无不应在可能范围内，为社会民众举办”。① 程天放认为，“图书馆至少有两种重大使命，一是推广社会教育，二是辅助学校教育”，“图书馆员，本负有教化并指导民众阅读之责”，“图书馆对于学校教育，不但是‘辅’助，而且是‘互’助的”。②

陈东原提出，“图书馆的需要，可以从三方面来说，文化方面、社会方面、个人方面”。于他看来，无论从哪一方面，图书馆都“是一个健全社会必不可缺乏的机构”。他在《学风》的发刊词《图书馆与学风》中将图书馆之功用概括为：“①供给所在地一般人的需要，使之利用图书馆补救其知识饥荒。②培植喜爱图书馆的感情于青年心中，养成其接近图书馆的嗜好。③涵养求学者研究学术的根苗，不至自以所居环境为干土。④推广图书馆事业，协助本省各县陆续都陆续兴办完善的图书馆。⑤受图书馆熏陶的人日益多，他们无论走到何处都能利用图书馆。”还指出，“图书馆本身之完善，是为供给社会读者之方便，而不是使图书馆成为藏书楼。通过图书馆的完善和便利的阅读服务，引导社会上更多的人到馆利用图书，从而培养良好的社会风气”③。

（二）公共图书馆社会教育的实施

1. 设立专门阅览室，提高使用效率

公共图书馆如果阅览室、藏书室分类不明，则有违近代图书馆的意义。为了更好地面对大众，指导阅读，提高使用效率，很多省立、市立图书馆设立专门的阅览室。如安徽省立图书馆将普通阅览室设在紫薇堂、日报阅览室设在江南宫、杂志阅览室设在东厢房三间、儿童阅览室设在敬义斋，后又另隔出一部分作为讨论室，用来邀请读者和专职研究者讨论儿童阅读事宜。

福建省立图书馆除有成人阅览室外，还设革命文库，在馆舍第二进西侧设

---

① 董明道：《图书馆的任务》，《学风》1930 年第 1 卷第 1 期。
② 程天放：《现代图书馆所负的教育使命》，《学风》1930 年第 1 卷第 1 期。
③ 陈东原：《图书馆与学风》，《学风》1930 年第 1 卷第 1 期。

儿童阅览室，专供15岁以下儿童阅览书报，后又增设民众阅览[①]。陕西省立图书馆设特别研究室、普通阅览室、妇女儿童阅览室、杂志报章阅览室各1处。此外古物陈列室1所，专供历史参考之用。九一八事变爆发，日本帝国主义者日益猖獗，为供社会人士之需要，提高国民抗日之情绪，于1932年3月19日，另辟1处抗日图书研究室。1937年年初又将抗日图书研究室改为抗战图书阅览室，搜求所有与抗战有关的各种图书，向民众广泛宣传抗战意识和战时知识。

1927年北伐胜利后，江苏省教育行政部门实行大学区制，新任扩充教育处处长参考国外学校以外的扩充教育实施，督导所属61县举办社会教育事业。1929年成立的南汇县立图书馆属于首先创设者，是该县第一所公共图书馆，位于文庙东首，上下二层，进门第一间为儿童阅览室，有小书架和连环画，由女职员随时辅导；中间为报章杂志室，特制挂架和插架，开架式方便取阅；第三间为成人阅览室，供馆内阅览。

2. 利用职员制度提供辅助指导

“图书馆员是图书馆的灵魂，他的重要，是远在馆里的图书和他本身的地位之上。”很多图书馆制定馆员工作及管理准则，一方面规范公共图书馆制度化建设，另一方面可以发挥专业精神，起到有益辅助阅读之效。通常的指导工作包括：①指示普通阅览者利用图书馆之方法。②利用机会至各学校讲演图书馆之效用。③聘请各科导师答复研究专门学科者之咨询。④启发青年学生研究学问之兴趣。⑤领导并集合常用图书馆者组织各种读书会。⑥其他需要指导的工作。[②] 从社会教育的角度来看，这些工作涵盖了知识拓展、技能培训、艺术熏陶等各个方面。

各省立图书馆在教育行政主导部门推动下拓展阅读指导活动，如浙江省立图书馆的阅览指导主要有：①新书提要之撰贴，即将每周到馆新书，择其重要者十数种，分别撰成简明之提要，于编目完毕送往阅览室陈列时，将提要写贴

① 郑智明主编《福建省图书馆百年纪略（1911—2011）》，鹭江出版社，2011年，第28页。

② 陈东原：《安徽省立图书馆概况》，《图书馆学季刊》1930年第4卷第3、4合期。

于入口处，俾阅览人士得知各该书内容大概。②中心陈列，亦为一年中所积极进行之事项。陈列时间，不拘一定，多则二月，少则一周，视问题之性质而定。如国防问题中心陈列、现代问题中心陈列、合作运动中心陈列、浙江问题中心陈列等，盖旨在引起阅览人士之注意某项问题①。

3. 举办读书会

“近二十年来，吾国教育之发展，固有统计足资证明。然学校教育，往往拘于课本之诵习，忽于课外之阅读研究。学生离校，则守其故常，益昧日新之义……图书馆视学校教育为富于弹性，范围既广，影响斯大，故于此种努力，犹应充其能量，供国人之需。”② 正是在这种共识之下，各级公共图书馆尝试开展读书会以促进成人学习自修。简言之，读书会即图书馆为“养成阅者研究精神，长期来馆阅书，分组研究，并举行比赛，以资鼓励，设员指导，以解决疑难”而设，目的是“养成民众自学习惯，增进图书馆之效用”，“养成为解决现实问题而读书之精神”。③

成人读书会乃成人教育之一种，通常按兴趣划分小组，分教育、社会学、史地、文学等几个读书分会，采用会员制。对会员没有年龄和职业的限制以及特别的要求，主要活动形式包括提出读后问题并讨论、撰写读书心得报告、开展专题研究、学术演讲等，各项活动全体会员参与。图书馆负责为会员免费提供活动场地，以及灯烛、茶水、文具等物品。如安徽省立图书馆读书会只要有一名会员介绍，经该分会会员讨论通过即可入会，社会各阶层人士均可加入。江西泰和县图书馆组织读书会，三个月为一期，共办了三期，每期学员达六十余人，每两周开一次会，内容分时事、社会、科学、语文等。最接近底层民众的县级图书馆也积极开展读书会活动，1931 年，山东安丘县公立图书馆建立，并设立成人读书会和儿童读书会④；1936 年，江西浮梁县图书馆建立，馆内附

---

① 王效良、苏尔启主编《陈训慈百年诞辰纪念文集》，北京图书馆出版社，2006 年，第 358 页。
② 《发刊旨趣》，《浙江省立图书馆月刊（创刊号）》1932 年第 1 期。
③ 聂光甫：《图书馆读书会之研究》，《山西省立民众教育馆月刊》1936 年第 2 卷第 9—10 期。
④ 山东省安丘县地方史志编纂委员会主编《安丘县志》，山东人民出版社，1992 年，第 565 页。

设成人读书会、儿童读书会①；江苏铜山县立图书馆成立读书会，吸收青年学生前来学习，还经常举办读书讲座。各种类型读书会的建立，开辟了大众自我教育和学习的新途径。

4. 定期举办多种形式的展览

图书馆展览举办的高峰期集中在1931—1937年，7年中图书馆共举办展览94次，平均每年举办13.4次，其中1934年达到22次。当时有学者指出，“近年来，我国图书馆业很有长足的进步……其中一种很有意义的活动，就是举办各种展览会”②。

根据展品种类的不同，可大致分为书籍、图片、文献展览三种。按主题分则包括：图书类，如新闻纸杂志展览会、历代古书版刻展览会等；艺术类，如中西美术展览、摄影展；专题文献类，如法文书版展览会、儿童读物展览会、图书馆学展览；技术类，如工业模型展览会、中国自制科学仪器展览会、电信展览会等。

其功用有二：其一，宣传国防知识，开展抗敌思想教育。图书馆是舆论宣传的一个重要阵地，1931年，上海市商会商业图书馆为揭露日本强占东北，举办“中日问题图书展览”。1934年1月28日，适逢“一·二八”事变两周年，上海市立图书馆征集各种关于“一·二八”的书籍刊物、挂画、画报、相片等，特举行书画展览会一天，以唤起上海市民誓雪国耻之志③。1934年，福建省立图书馆举办“九一八中心陈列展览并提前通知各学校组织学生课余时间到馆参观”④。1936年，日本侵占察哈尔、绥远，中国图书馆界纷纷举行展览会进行抗战宣传，并为绥远抗战募捐，浙江省立图书馆与浙江大学史地系协议举办展览，内容“除各种地质、地文、物产、军事图籍、政府机关报告、珍贵照片等原会在浙大陈列者外，该馆并出所藏有关绥境之图籍，参加展览”⑤，推动了民众对

---

① 《江西省文化艺术志》编纂委员会编《江西省文化艺术志》，新华出版社，1999年，第388页。
② 衡之：《图书馆与展览会》，《图书展望》1936年第2卷第2期。
③ 《沪市馆易人及一二八书画展览》，《中华图书馆协会会报》1934年第10卷第1期。
④ 郑智明主编《福建省图书馆百年纪略（1911—2011）》，鹭江出版社，2011年，第42页。
⑤ 《浙省图书馆赓续举行绥远图籍展览》，《中华图书馆协会会报》1936年第12卷第3期。

绥远局势的了解。其二，教育大众，传播文化知识。《国际展览会公约》第一条提到："展览会是一种展示，无论名称如何，其宗旨均在于教育大众。"图书馆展览可以使民众获得相关知识，使参观过程成为一次学习的过程。如北平图书馆与中德协会共同举办"现代德国印刷展览会"，介绍德国的印刷技术，展出"德国近十年来的现代印刷品五百余件，包括图书、杂志、单印本，这次展览在中国是史无前例的"。1934 年 8 月，陕西省立第一图书馆举行第一届展览会，分甲、乙、丙、丁四室，其中丁室陈列李俨所藏中外算学书 160 余种，每书皆详加说明。李氏并为展会编《中国算学略说》一文，俾便参观者之阅读。其他各室所陈列者还包括汉唐金石古物，以及新搜集之西安各公私家金石名画等①。

豪楚撰文云："图书馆之出其所藏，或更由馆广征藏家之珍品以时举行展览。一面可增进社会之见闻，一面可作指示阅读之助，养成社会人士嗜书之风。"② 图书馆的展览活动就宗旨而言，或为引起民众对时局的关注，或为吸引民众对知识技术的兴趣，或为提倡和传播学术；就类型和主题而言，类型丰富、主题多元；就效果而言，观众云集、影响深远。

5. 发行刊物，倡导学风

图书馆作为教育机构的一种，绝不限于储书，更应当"努力于学术风气之提倡，以期养成良好学风，以为作育人材（才）之助"。因此在 20 世纪 30 年代图书馆及社会教育快速发展时期，许多公共图书馆出版发行馆刊，以起到辅助教育、倡导学风之作用。陕西省立第一图书馆发行《学库旬刊》（1933 年 11 月更名为《图书馆》），《新秦日报》1931 年 7 月 15 日曾为此报道："为发展社会教育、宣传陕西文化起见，特发行《学库旬刊》，内容分论文、记事及介绍该馆新旧图书，及碑林碑帖等项，材料极为丰富。"

陈东原说："图书馆的真正效用，并不是要养成几个书呆子，也不是要有人能利用他作一点纸上谈兵的研究，而是要使人感觉到生活的实质，在行为上发生变化，养成一种向上进取的良好风气……图书馆的目的，若不能矫正风气，

---

① 谢林主编《陕西省图书馆馆史（上、下）》，三秦出版社，2009 年，第 146 页。

② 豪楚：《图书馆与展览会》，《浙江省立图书馆馆刊》1934 年第 3 卷第 1 期。

则只一死的藏书之所而已，又安能担当社会教育的大任？”① 一批学术水准较高的国立、省立、大学图书馆馆刊如《国立北平图书馆馆刊》《浙江省立图书馆馆刊》《国立中山大学图书馆周刊》等相继问世，刊物内容一方面在理论和宣传上引导民众充分利用图书馆，另一方面在“读书救国”理念下指导读书方法，联系实际问题、促进本馆藏书活用、加强图书馆界交流等，例如《厦大图书馆馆报》《浙江省立图书馆月刊》等常利用馆刊发挥图书馆辅助教育功能，“鼓舞各界读书之兴趣，造成业余读书之风气，更进而利导读有益之书，以至多读现时切需之书，……所谓学术救国，固可成于积累之共力，而决（绝）非空远之侈言”②。公共图书馆馆刊作为一种特殊出版物担负着“提倡读书以期成学术救国之大愿”的使命，具有强烈的现实指向，引导图书馆社会教育事业推向新的历史发展阶段。

6. 开展识字教育

文字教育在民初以来一直为社会工作者所重视，识字处、平教馆等机构均通过一系列教育形式增加识字以辅教化，1934 年河南省立图书馆在馆内附设义务小学，进行识字等方面的教育。教员主要由图书馆工作人员担任，每届招收 50 名学生，一般为附近的贫寒人家子弟。课本由公家提供，为免费教育，学期 1 年，毕业后可写信、看报读帖。1936 年又在鼓楼开义务小学夜班，人数为 70 人，免试入学，每晚 7 点至 9 点上课，教学用简易课本，学期 1 年，仍由本馆馆员王鼎三等担任教学，同时井俊起馆长亦多次到学校讲话，“学生学习踊跃”③。1935 年左右，北平市立图书馆设“文字处”，浙江省立图书馆、江苏省立镇江图书馆也将识字教育与读书指导等工作并立。

---

① 陈东原:《图书馆与学风》,《学风》1930 年第 1 卷第 1 期。

② 《发刊旨趣》,《浙江省立图书馆月刊》1932 年第 1 期。

③ 王爱功、张松道主编《河南省图书馆志》，吉林文史出版社，2009 年，第 240—241 页。

二、民众图书馆的社会教育

（一）民众图书馆的推行

1. 政府部门对民众图书馆的强力推行

以“唤起民众，复兴民族”为鹄的民众教育运动在第一次国内革命战争后得到大的发展，图书馆作为社会教育的重要机构受到各级政府的重视。1928 年，上海市教育局分别颁布了《上海特别市市立民众图书馆暂行条例》《上海特别市市立民众图书馆办事通则》《上海特别市民众图书馆阅览规程》，是最早的民众图书馆章程，南京市政府和广西、江苏等省政府也相继颁布了相关运行管理方面的规则，推动了民众图书馆在地方的发展。1930 年，吉林省教育厅颁布《吉林省民众图书馆办法大纲》，规定“市县及区乡镇均须筹设民众图书馆”，明确要求吉林省各地都要设立民众图书馆；除了提倡开架阅览，指出民众图书馆有责任进行阅读推广外，还规定必须设立巡回文库制度，专门设立一名指导员管理书籍的流通并进行阅读指导。大纲颁布之后，吉林省各地都相继建立了民众图书馆。该大纲叙述详细，实践性很强，后来相继制定颁布的其他各民众图书馆相关文件很多都对其有所借鉴。

2. 社会团体对民众图书馆运动的大力支持

中华图书馆协会作为该领域影响力最大的团体机构，1928 年以协会报告的形式向南京国民政府发出呼吁：“此后全国底定，训政开始，政府自当努力于建设，而图书馆既为文化事业之根本措施，尤为社会民众教育之利器，端赖政府及社会之提携。”① 并在每界年会后都向南京国民政府提交议决案以引起充分重视，第一次年会后向教育部呈报的 12 件议决事项包括建立公共图书馆及民众图书馆，有助于养成民众健全之知识。1933 年 8 月，中华图书馆协会第二次年会

① 《中华图书馆协会第三周年报告》，《中华图书馆协会会报》1928 年第 4 卷第 2 期。

在神州大陆几致沦胥之时在北平召开，提出“以知识之明灯，出有众于幽暗”的文化救国论，讨论范围以图书馆经费和民众教育为中心，指出“至于蒙昧之启发，则民众图书馆之责也”，会上特别设立“民众教育组”，共提出民众图书馆发展相关议案 10 条，会后议决案包括：呈请教育部通令更省市县在乡村区域从速广设民众图书馆，建议通令各省于各宗祠内附设民众图书馆、县市图书馆与民众图书馆应并行设立分工合作诸案①。1936 年第三次年会的各项议案中仍以推广民众图书馆最多。国民政府总体上对这些议决案以支持的态度予以甄别回复，促进了民众图书馆的推行。

（二）民众图书馆的建设

民众教育在国民政府《民众学校办法大纲》（1929）和《民众教育馆暂行规定》（1932）等一系列法规的制定实施下逐步推进，在 1920 年代末至 1930 年代中期形成高潮。民众教育事业的蓬勃发展推动了民众图书馆的建设。图书馆由“硕学士子”及于“民众”之身，成为“化育人民”的永久性和独立性社会教育事业，这是民众图书馆教育思想形成的张本，民众图书馆在此基础上有了突飞猛进的发展。民众图书馆事业之进步，较任何其他类的图书馆为发达。从 1928 年、1929 年、1931 年的全国图书馆调查统计报告以及徐旭编制的《民国时期民众图书馆建设逐年进度表》可以看出民众图书馆数量增速之快。

这一时期的民众图书馆实际由几部分组成：一是由之前通俗图书馆冠以“民众”之名改成，二是新建的单纯民众图书馆，包括实验教育区内的实验民众图书馆，三是民众教育馆附设的图书馆。如 1932 年教育部颁 758 号令公布《民众教育馆暂行规定》之条款：“各省市及县市应分别设立民众教育馆，为实施社会教育之中心机关。”据《申报年鉴》统计，1936 年全国民众教育图书馆已达 990 所。陈训慈《中国之图书馆事业：民国二十五年申报年鉴教育文化篇》明确提到：“近数年图书馆之增设，就数量言之，要以县立、区立者为多。而由江

① 刘劲松：《抗战时期中国图书馆界研究》，商务印书馆，2018 年，第 30 页。

浙各省之倡导，各地陆续增设民众教育馆，图书馆辄为其中一部分。通俗之单纯图书馆或书报处，亦时闻创设。此类民众图书馆之增加，较之大图书馆常数倍之……最近教部公布统计，合学校机关图书馆为三千一百七十六所，此中增加，殆以民教馆及通俗图书馆之扩充为主因；而近年民众图书馆之渐见普及于内地可知矣。”①

（三）民众图书馆社会教育思想

民众图书馆以博民智、强国家为中心，是除民众教育馆之外的重要社会教育机关，强调处处要把民众作本位，达到“读书民众化，民众读书化”的目的，因此民众图书馆的设立和推动被称为“图书馆大众化的新兴革命运动”②，与之伴随的是民众图书馆社会教育思想的深化。

社会学家卢绍稷较早提出宜单设民众图书馆的思想，“各省各县对于民众图书馆宜单独设立，不能因已有民众教育馆则缺之。盖通都大市设一大规模之民众教育馆虽非一难事，但在彼穷乡僻壤之小地方，想设一组织稍完备之民众教育馆，则绝非易事，今欲谋全体民众能沾教育之恩泽，则民众图书馆实有单独设立之必要。以其所需经费较少，设立易于普遍也”③。民众图书馆，每镇至少须设立一所（顶好每一城镇每一乡村，无论地方大小，皆有民众图书馆之设立，如因经济困难，可仿照美国纽约“流通图书馆”或“巡回图书馆”之办法，出发各处，使不易得书的地方，亦有读书之机会）。

杜定友明确了民众图书馆的发展方向是要实现“三化”（生活化、消遣化、家庭化），认为在建制上民众图书馆应将深入基层放于首位。这一思想集中体现于他在1936年撰写的《图书馆》一书中。他认为，民众图书馆的普遍建设是当时社会之所急、社会之所需，应当是和学校教育所配套的，既然当时保有国民学校，乡镇有中心小学，那么至少应当在乡镇设立阅览室，在每保设立民众阅

① 陈训慈：《中国之图书馆事业》，《图书馆学季刊》1936年第10卷第4期。

② 徐旭：《图书馆与民众教育》，商务印书馆，1941年，第4—5页。

③ 卢绍稷：《教育社会学》，福建教育出版社，2011年，第120页。

报处。在馆舍建设方面提倡因陋就简，秉持简便原则。若因客观原因无法自行设立，可以在当地学校的图书馆内与其合作办理，但依旧要以单独设立为原则，这一提议在当时教育经费紧缺的情况下有很强的现实意义。他还提出民众图书馆要便于民众利用，在分类编目上以普通民众的知识程度为基准，还要注重阅读指导，根据读者的不同层次开设识字班等。

徐旭指出，凡是服务于民众的图书馆均可属于广义的“民众图书馆”，与是否冠以“民众”两字没有必然联系①，他说，“民众”乃是指全国之“全民众”，并非全国除了党、政、教三种人其余的才是“民众”，也并非仅仅指贫贱或程度低下之人，而是包括了所有年龄层次的。“因此说来，‘民众图书馆’乃是全体人民的图书馆。”他还结合自己在江阴巷实验民众图书馆的实际将民众图书馆的特征概括为：①要收藏图书还要教民众利用图书；②要注意不区分等级、平等地实施教育；③要注意保存民族文化，更要注重国家文化的发扬；④要注意对不同读者提供不同服务，采取不同方法；⑤不局限于在馆内开展服务，更要尽力用各种方法寻找读者，吸引更多人阅读，要把全部人作为对象，发展民众教育事业。②

李钟履、孔繁根、李靖宇、龙发甲和赵建勋等则发展了乡村民众图书馆的理论。当时的乡村教育已形成了“无锡民众教育实验区、定县实验区、邹县实验区三大中心”③ 以及江苏昆山的徐公桥乡村改进区等。图书馆界在 20 世纪 20 年代末开始的“民众图书馆”的建设中，结合乡村教育背景，形成了乡村“民众图书馆”的思想和实践。

孔繁根于 1936 年撰写的《乡村民众图书馆设施之研究》涉及乡村民众图书馆的概念、目的、内外建设、阅览推广等问题，形成了较为丰富的乡村民众图书馆理论。他认为，乡村民众图书馆是指能给以农为职业的人们自由获得农业常识及生活上所需要知识的场所。在进行实体建设时，需注意秉持“馆舍建设

① 徐旭：《民众图书馆实际问题》，中华书局印刷所，1935 年，第 5 页。

② 徐旭：《民众图书馆学》，世界书局，1935 年，第 8 页。

③ 马秋帆：《师表担当：马秋帆纪念文集》，辽宁人民出版社，2017 年，第 110 页。

简便、人事组织简化、文献资源建设适用、阅览推广工作重视”的原则，一切服务要以“为农民而设”为旨归，“他的一切都从农民身上着想，他是活动的，不是静止的；是平民的，不是富贵的；是通俗的，不是专门的；是经济的，不是浪费的，这是他的特质，因为他有这些特质，所以他能提高学术，改良社会”①。

李靖宇是山东邹平县实验区乡村民众图书馆的代表人物，曾充任邹平县立图书馆主任兼山东邹村建设研究院调查干事，以往县级图书馆都用县立图书馆称之，以“县民众图书馆”称之就是李靖宇的创新。他认为，在民众教育的热潮中，如果民众图书馆不与农民发生关系，则是一种失败，在当时的图书馆，“而尤公开的图书馆，在事实上还是不能够直接同农民有何关系”。这些通常设在城市的图书馆，在管理方法上对农工读者都有许多限制，居住在穷乡僻壤的农民，更是无力利用。一般通俗的民众图书馆，应该说是有大量机会接近劳苦大众的，“然而就实际情形来说，一般的现象，仍然是农民自农民，图书馆自图书馆，能够打破这边界，让农民同图书馆带有来往的尚属罕见”。民众中农民是“劳苦大众”读者中最缺乏知识的庞大群体，也是文盲率最高的群体，如果不启发、诱导，争取农民利用图书馆，则愧对于图书馆的重要使命。②

（四）民众图书馆社会教育内容

1. 阅读推广工作

在内忧外患之际，民众图书馆的使命是助力民族复兴。要达成如此愿景，需要民众图书馆与社会发生甚为密切的关系，其效能才能日益深入社会的内层。民众图书馆只有提供图书的利用，才能发挥其教化民众、启发蒙昧的作用。因此民众图书馆的真正进步，不在于表面数量的增加，而在于求知阅众的增加。

民众图书馆的本质不是静的储书之所，而是动的流通图书的中心；不是被动的应人之需，而是自动的实施教育；不是一部分知识较高者的消闲之所，而

① 孔繁根：《乡村民众图书馆设施之研究》，《民众教育通讯》1936 年第 6 卷第 1 期。

② 李靖宇：《县单位民众图书馆的经营与管理》，《图书馆学季刊》1937 年第 11 卷第 2 期。

是广大的社会全民的受教育场所。基于这样的理念，民众图书馆开展了一系列有针对性的变革，务使图书馆时时处在动的状态之中，使之活跃而有生气，“为社会所接近亲爱而且需要”。民众图书馆开展阅览推广意义重大，不仅是民众图书馆扩充效能的动向，更是改进服务的基础。

民众图书馆还分设各处阅览所与流动书车，其活动地点主要在街市公共场所，“着重于苦力集中之地，俾其利用短少时间，随意取阅”，民众图书馆职员会随流动书车出发，随时予以指导，让民众知晓读书的好处，“因此吸引民众来馆阅读者又复不少”。考虑到读者文化水平较低，故其所带书籍大多是小说及报纸，因为“民众程度幼稚，稍有意义文字，不生兴趣”。

如南京民众图书馆的巡回书库每周三、周六各出巡一次，派指导员一人，工友二人推到公园或公共集合场等人多之处，指导员指导读书同时，还要散发传单，讲演读书好处，并招募妇女读书会会员等。自 1931 年 5 月 4 日至 6 月 6 日，巡回书库共出巡 28 次，地点涉及小门口、公园、大中桥一带、通济门、马路街等地，每周六固定在市第一公园，除因天气恶劣（如狂风大雨）有 6 次无民众前来阅览外，流动书车共招徕 971 位民众①。

1931 年成立的江苏省立徐州民众教育馆内的民众图书馆，是徐州设备较好的图书馆。馆址在坝子街，馆内配备的全是新书，新书数目比铜山公共图书馆还多。据民国年间《教育新话》介绍，徐州民众教育馆有藏书室 2 间，阅览室 3 间，杂志阅览室 1 间。至 1937 年统计，共购置图书 14233 册（包括《万有文库》2020 册、《小学生文库》1498 册、普通图书 10715 册），期刊 205 种，日报 20 种。凡每月新到图书均陈列上架，图书馆每周公布新书、杂志的内容及简介，以引起读者注意。图书馆还经常组织“巡回文库”活动，让远郊的公民增加阅读意识，共设点七处：石桥、杨庄、蟠桃、王庄、八里屯、孟家沟、东琵琶山，每两月巡回阅览一次②。

---

① 周延洛：《报告：本馆流动书车实施概况》，《民众教育》1931 年第 3 卷第 8 期。

② 田秉锷、张瑾：《书香徐州》，南京出版社，2015 年，第 156 页。

2. 设立读书会指导民众阅读

在大众的认知里，读书是“读书人”才会做的事情，其他社会群体则没有读书的习惯，读书在许多人看来并不是一种获取知识的手段而是一种职业。因此向民众宣传读书的益处，正确指导他们进行阅读成为民众图书馆的首要任务，而设立读书会、招募会员则成为当时许多民众图书馆指导阅读的一个重要途径。“所谓阅览指导，即是协助指示阅览人借书和读书的方法，不必即是专门高深的教导，而是不拘一端，相机制宜，以使读者达到以经济的时间而获得图书多量利益之目的”，“为适应时代的需要，对于足以唤起民族精神之史地社会科学书，与有益国防知识生产常识的科学工艺书，尤有引导指示之必要”。①

民众图书馆为了更好地指导民众阅读，常根据读者特点分别成立儿童读书会、成人读书会、妇女读书会等不同的读书会或研究会。读书会程度较浅，会员多为普通工人、学生、家庭妇女和儿童等一般民众；研究会程度较深，会员多为一些知识分子。

读书会设立的目的是培养会员读写能力，同时还兼有团体训练的作用，培养会员团体能力和意识。民众图书馆成立的读书会定期集会，每次集会前都会确立一个与会员生活息息相关的中心议题展开讨论。如妇女读书会在当时就大多讨论类似于“女子教育之重要”“妇女对于家庭应负之责任”“读书之方法”等一些既与“妇女生活有关”又“合乎时代需求”的问题。

南京市立民众图书馆设立的三种类型的读书会中，儿童读书会有200余人，成人和妇女读书会会员则在60人左右。成人读书会会员由于受到时间的限制，有时会缺席集会，南京市立民众图书馆便采取由部门派指导员分送“流动千字课”给各会员的办法，将书送到会员的手中。分送的图书一般分为四级，根据会员的阅读和知识水平分别分派不同等级的图书②。

3. 举办展览灌输民族意识

“展览”是当时图书馆所采取的较热门的社会教育方式，当时的展览主要有

① 陈训慈：《民众图书馆改进的管见》，《浙江图书馆协会会刊》1936年第1期。
② 《本馆三年来工作概况》，《民众教育月刊》1929年第2卷第11—12期。

两类："或物产、文物"，或"图籍"。所谓"物产展览"是指"物产之公开征集展览，直接表现人类之文明"，"文物展览"是"故并行之精神文明的文物展览，亦极重要"，"图籍"包括书册、图片等。"莫不与民众生活有关；使民众生活得着一种兴奋，形成人生向上的企图。因之而影响于民族文化者实匪浅易。蕴提倡、改进、观摩、鼓励、竞进、整理、检束等美意于展览之中。"1934年10月和11月，南京民众图书馆、燕大清河试验区图书馆分别举办了农事展览。1936年宁夏省立国货陈列馆兼民众图书馆因"本省工业、文化俱形落后"而筹办图书国货展览会，目的是"发展文化，提倡国货"①。

民众图书馆通过举办图书展览进行宣传，一是能够让民众了解图书馆，二是使民众了解社会状况，向其灌输国民意识和国家观念。日军侵华时，许多民众图书馆搜集许多报刊资料举办展览，同时还通过制作壁报等方式，及时向社会传达信息，激励民众爱国精神。每当遇到各种纪念日或是专门性集会时，也都会将相关的图书资料"悉数捡出陈列，俾观众随意取阅"。如1931年江淮地区患特大水灾时，南京市立民众图书馆搜集了各类资料、报刊、统计表等1000余种，公开进行展览，提升了当时民众对灾情的关注与应对。

（五）民众图书馆的特点

1. 服务主动性

民众图书馆改变了以往公立图书馆向心式的教育，主动将书籍送至民众手中，通过各种方式"去寻找民众，感化民众，启发民众，使不需要的感到需要，使不发生兴味的感到兴味，使需要的获得满足，使疑难的获得解决，使愚昧的变成智慧的，使无能的变成有能"②。其服务主动性主要体现在以下几个方面。

一是设立流动书车。利用这种形式增加民众接触书籍的机会，并借此宣传民众图书馆，招揽民众到馆阅读。如江阴巷实验民众图书馆就曾设立流动书车，

① 宁夏政协文史和学习委员会编《宁夏文史资料　第30辑》，宁夏人民出版社，2017年，第345页。

② 梦圃：《民众图书馆的中心民众教育》，《更生（上海1937）》1937年创刊号。

“每星期两次，以巡回书车装书若干册，当多数民众消闲之时，推至热闹所在，以便流动之民众借阅，阅后随时取回”①。

二是推行巡回文库制度。巡回文库作为清末民初以来兴起的一种图书服务方式，因其贴近民众的特点已被各类图书馆施用，民众图书馆将文库设立于学校、茶园或其他公共处，令其流通至各阶级。如山东民众图书馆巡回文库“划分全县为十区共装巡回书箱十个，周转巡回，而以各区小学为中心”②。

三是设置图书代理处。民众图书馆本身是为了民众“用最经济的时间，得以自由使用”，对于距离较远的读者来说，通常采用设代理处的方式，然后委任当地人代为管理。如浙江省民众图书馆设于杭县，馆舍较偏，不便于杭州市民前往，“故该馆拟抽出一部分图书分配为若干组，制定若干人办理，就市中适当地点，设立 5 个特约流通处，便利民众阅读”③。

2. *以民众为核心*

民众图书馆担负增进民众求智进业之责，“中国人民知识程度稍低，促进教育之责任，恐非学校所能单独负起的，其不能入校读书或无力购书者，此后均可到图书馆阅览”④，民众图书馆根据当时广大民众文化程度普遍较低的实际情况，专注于搜集通俗易懂的书籍。利用报纸宣传，分送馆藏书目，编印刊物，张贴印送劝人读书的壁报标语等方式吸引民众乐而来馆，“用种种可能的方法，使各界民众来馆应用者日见增加。这是我们神圣的基本的责任。学校各有其确定的学生，我们有无限多的学生，只要我们向大社会中去吸引过来”⑤。对于那些不能到馆看书的人，设法“挑着书担送上门”，用“小先生”制度普及教育担、教育车来促进流通，同时还开识字班，开设阅报室，与普通民众进行联动，如江阴巷实验民众图书馆除图书服务外，先后开展文字、生计、家事、休闲四

---

① 姜和、胡耐秋、朱秉国：《本院江阴巷实验民众图书馆半年实习计划（附表）》，《教育与民众》1931 年第 1 期。

② 《历城民众图书馆巡回文库定期出发》，《中华图书馆协会会报》1937 年第 12 卷第 4 期。

③ 《浙江省立民众教育馆改进民众图书馆》，《中华图书馆协会会报》1935 年第 10 卷第 5 期。

④ 李文裿：《国立北平图书馆新筑落成开幕记》，《中华图书馆协会会报》1931 年第 6 卷第 6 期。

⑤ 王效良、苏尔启主编《陈训慈百年诞辰纪念文集》，北京图书馆出版社，2006 年，第 344 页。

类教育活动，如作文阅览竞赛、栽树运动、问字、组织少年团、巡回讲演[①]，以民众为中心还包括活动措施廉便、注重实际调查、馆员态度诚恳等。服务底层民众的理念始终贯穿于民众图书馆的各个事项。

（六）民众图书馆社会教育的成就和意义

20年代末开始日臻兴盛的民众图书馆在社会教育方面取得了相当大的成效。民众图书馆在各种图书馆及教育机关中最为接近民众，故“真正的整个社会的实际教育，是有赖于民众图书馆负担起来”。在当时社会进步濡滞、文化落后的情势下，能够充分利用普及之效力辅翼学校教育、增进民众知识，成为助力民族复兴的重要力量。

1. 关注底层民众的社会教育

民众图书馆的出现和发展为当时的底层民众提供了接受教育的机会，使得教育“民众化”成为可能。南京市立民众图书馆初创于1927年6月，1932年与民众科学馆合并之后发展迅速。至1937年，该馆“每日阅览人数，在八百人以上，为便利市民阅览报章图书起见，除在本市置阅报牌八十余方外，并就各区区公所设立图书阅览分处”[②]。

江阴巷实验民众图书馆是1930年4月由徐旭提议筹划创建的。该馆推行开架式服务，以“以图书馆教育为中心，以图书为出发、为进行、为依归的轨辙，因人因事、因地因时的需求”为宗旨[③]，为附近的800多户7000余人提供阅读服务，在开馆之初，“每日到馆阅览人数计平均为一百二三十人”。江阴巷靠近北塘，北塘是无锡米市集中的地区。米行林立，店员和工人相当多，其中不少是缺少文化的青年，正是实施民众教育的对象，馆内有图书、杂志、报纸数万册，采用开架式，由读者自行选取阅读，并办有流动文库，送书到附近居民集

---

① 河北省立民众教育人员养成所：《江浙民众教育参观报告》，河北省立民众教育人员养成所印，1931年，第25页。

② 孟国祥：《抗战时期的中国文化教育与博物馆事业损失窥略》，中共党史出版社，2017年，第209页。

③ 孙燕京、张研主编《民国史料丛刊续编 1130 文教·文博》，大象出版社，2012年，第359页。

居处以供阅读。又组织读书会，由读者交流评比读书心得，还举办文化补习班、时事讲座，吸引不少民众，形成了一个文化中心，该馆还领导居民和商店分别进行评比，改进居民住区落后面貌，做了不少卓有成效的工作①。沪江大学开办的沪东公社民众图书馆于1933年落成开放，为宣传目的与增进读者兴趣，特置1架扩音机于中午和午后4时播音，还特地进行农工书籍征募活动，入馆者以工人居多，商人次之，至1936年每日阅览民众达100人以上②。金陵大学民众阅览室的读者也以附近居民和工人为主。

民众图书馆把民众作为一切活动的中心和基础，“能给以适当的读物，指导阅读的方法，使能按部就班跟着去学习”，也起到了辅导国民教育的作用，徐芳田在论述民众图书馆的实际功用时指出，民众“读了革命主义书籍，可以唤醒革命意识，树立革命人生观。看了古人选著或今人著作，可以振发精神，坚定意志”③。民众图书馆在文化方面可以提高人民的思想觉悟，同时也是民众培养德行的中心，促进了国民教育的发展。

2. 普及抗战知识，宣传救国思想

在东北沦陷、国难方殷之时，民众图书馆利用社会教育向民众普及抗日知识，以谋民族自救，如胡耐秋所言：“我们应该利用这个机会，灌输政治常识，指示国民责任，造成民族意识，我们应该根据这个刺激去领导他们，使他们能创造出政党的思想和行为，我们应该捉牢这个动机，充分地供给他们学习的材料。”④

1931年，《中华图书馆协会会报》登载《宜兴民众图书馆之救国声》，详细介绍了该馆在抗战时期将关于中日问题的书报单独选出，开架供民众随意阅览，以期激发民众抗日救国之精神，“该馆阅报室中，因东北风云日益加紧，阅报人

① 宋廷栋、茅仲英：《城市民众教育事业的实验》，载中国人民政治协商会议江苏省无锡市委员会文史资料委员会主编《无锡文史资料　第25辑》，1991年，第71页。

② 孙秀玲：《近代中国基督教大学社会服务研究》，山东人民出版社，2013年，第171页。

③ 徐芳田：《图书馆在民众教育上之价值》，《民众教育》1929年第1卷第12期。

④ 胡耐秋：《抗日中心单元运动中的四大活动事业——江阴巷实验民众图书馆研究事业之一》，《教育与民众》1932年第3卷第9—10期。

对于京、沪、津、平各出报纸莫不异常注意”。广西各地的民众图书馆也在战时通过编写战时消息壁报，搜集各种与战事相关的书籍报刊，编辑各种战时防护救生知识等方式，来向民众宣传抗战，增强他们的抗日救亡意识。江阴巷实验民众图书馆曾在馆内开展有关中日问题图书的陈列活动，据统计，在这一活动举行后，该馆“政治、革命等数类图书的出借量增加了不少，翻阅地图者也较之前有所增加，每小时平均有五六个人”。

民众图书馆为了宣传国货，使广大民众在战时增强对于国货的信心，抵制日货，常举办国货商标展览会。江阴巷实验民众图书馆就曾广泛搜集各种国货商标，进行展览，帮助广大国人准确识别采购国货，一定程度上支持了当时的抗战事业。还有的民众图书馆在战时组织“抗日救国会”“励志救国会”等，并制定会章，通过为抗战组织募捐、出版救国刊物、张贴壁报为战争提供支持，向普通民众及时宣传抗战最新情况。以上种种表明，各地民众图书馆除了开展日常的工作，还担负起了救国使命，积极致力于对广大民众爱国思想的激发，促使各方民众团结一致，共同抵抗外来侵略。

3. 为地方经济建设提供了文献支持

乡村民众图书馆建设的代表人物李靖宇曾给民众图书馆下过一个定义，即“在一个区域内，以本区域之全体民众为对象，使此区域内的民众利用此图书馆，使民众在知识上有所增高，在生活上的问题能够得到解决，在思想有所改造”。其实，除了上述所说民众图书馆的两大主要作用，由于民众图书馆自身具有馆藏丰富、服务积极主动等特点，某种程度上也为地方经济建设提供了文献支持，这可以通过重庆北碚区实验民众图书馆的实践活动窥见一斑。

重庆北碚区实验民众图书馆由著名实业家卢作孚于1928年创办，始称峡区图书馆，馆址设于嘉陵江畔的北碚关庙。1933年5月并入中国西部科学院管理，且逐渐趋于专门化；1934年，该馆为了更加深入社会与民众，增加其在民众中的知晓度，又由中国西部科学院交由实验区署管理，并改名为北碚区实验民众图书馆，其在存续期间除了积极向民众普及知识，宣传阅读，更是专门设置了参考室，努力为当地的经济建设尽微薄之力，开创了民众图书馆为本地经济建设提供文献支持之先河。张惠生在其文章中曾提到，北碚区实验民众图书馆为了适应当时乡村建设工作的需求，在馆内特别设置“乡村参考室”一间。除此之外，1936年重庆北碚地区遭遇大旱，在民众人心恐慌、饥肠辘辘之际，该馆紧急“于杂志刊物报纸中尽量汇集关于救济旱灾问题的参考资料”，又适时筹备创建了一间旱灾问题参考室①，可以看出，重庆北碚区实验民众图书馆设置参考室一举针对性很强，为相关人员查阅资料提供了便利，同时也为推动当地的经济建设做了较大贡献。

三、私立图书馆的社会教育

（一）私立图书馆的建设和成因

私立图书馆是由个人或团体根据民间需求而成立的，并大多秉持公开的原则，创办主体包括开明士绅、实业家、华侨和组织机构等。民国以来随着教育兴学之风的推进，私立图书馆取得了长足的发展。根据许晚成《全国图书馆调查录》中的统计，1935年全国共有公私图书馆2520个，其中私立图书馆515个，占比20.44%，1930年代是我国私立图书馆发展的活跃期。

在很长一段时期内，私立图书馆与公共图书馆共同发挥社会教育职能，鼓励和扶持私立图书馆成为民国时期图书馆建设事业的重要内容。从中华民国成立到抗战爆发共有4部图书馆法规涉及私立图书馆，涵盖了诸多方面：①界定私立图书馆。1915年颁布的《图书馆规程》第3条规定私人设立的图书馆称私立图书馆；第4条规定，私立图书馆设置时应比照公立图书馆，将名称、位置、经费、书籍卷数、建筑图式、章程规则以及开馆时间禀请地方长官核明立案。1930年5月颁布的《图书馆规程》规定私法人或私人所设者称私立图书馆。②确立管理和褒奖原则。4部图书馆法规都规定私人以资财设立或捐助图书馆者，

① 张惠生：《一年来的民众图书馆》，《北碚月刊》1937年第1卷第9—10期。

由地方长官依照捐资兴学褒奖条例，咨陈教育部（或大学院）核明给奖。政府同等对待私立图书馆与公立图书馆，私立图书馆的设置及内部组织、职员资格等比照公立图书馆执行。③图书馆董事会制度。1927年颁布的《图书馆条例》规定董事会为私立图书馆法律之代表，董事会第一任董事由创办人延聘，以后历任董事由该会自行推选。私立图书馆董事会具有经营图书馆之责，包括财产管理、馆长选任、用人监督、行政以及经费决算等，以上条款变更时，须及时呈报主管机关。

中央政府以法规的形式鼓励和扶持私立图书馆，也推动了地方政府对私立图书馆的重视。1931年上海市教育局遵照教育部颁布《图书馆规程》，并制定了《私立图书馆立案规则》，详细规定上海地区私立图书馆的董事会制度、图书馆馆长的任命条件、私立图书馆的管理。再以经济欠发达地区为例，黑龙江等地出台了私立图书馆发展政策，支持和褒奖兴办私立图书馆。

由此，私立图书馆成为图书馆服务体系的重要组成部分，数量和比重大幅上升。在部分城市，私立图书馆数量甚至超过公立图书馆。比如，1934年上海有图书馆148家，其中私立图书馆占77%；北平有图书馆79家，其中私立图书馆占54%。上海市的少年宣讲团儿童图书馆、中华职教社业余图书馆、友声旅行团图书馆、绿秧村图书馆、申报流通图书馆、蚂蚁图书馆等均属私立性质。成都市在抗战前开办的私人图书馆亦有张幼荃创办的成都中区图书馆、穆耀枢创办的成都草堂图书馆、陈福洪创办的四川中山图书馆、徐子修创办的霁园先生图书馆和陈国栋创办的成都国益图书馆等5座。①

（二）私立图书馆社会教育形式

私立图书馆在业务和服务职能方面大都比照公立图书馆，根据民众的需要开展多种形式的业务建设，如举办展览、设立识字班、创办社会教育期刊。福建省福清私立韶溪图书馆创建《福建省社会教育旬刊》②，呼吁民众重视社会教

① 成都市文化局：《成都新文化文史论稿　第1辑》，成都市文化局，1993年，第155页。
② 《组织全省社会教育刊物以促进社会教育并互通消息案》，《福建教育》1935年第1期。

育。私立浙江流通图书馆创办人陈独醒在《图书馆为什么要劝人读书》中认为，“目下中国社会教育的状况和普及教育的急切”需要图书馆来“劝人读书”，不应该等人来读书。图书馆劝人读书有三个好处：一是“能使图书馆事业发达”，二是“实行劝学，能使教育普及”，三是“图书馆尤其应该实行劝学”。在他的组织下，浙江流通图书馆总结了一系列“劝学的方法”：张贴标语、发劝学文、登报劝学、露天讲演、灯彩宣传、开图书展览会、组织各种读书会①。

1. 开展公共阅读

吸引社会阅读、鼓舞民众求知是图书馆开展社会教育的基础，由于私立图书馆更具有灵活自主性，因此，除了比照公立图书馆开放借阅外，还努力打造为提升民众智识的公共空间，主动开展本埠及外埠邮借、读书指导等业务。

以上海市商业图书馆为例，创建之初即致力于办一个公开的普通图书馆，对公众免费开放阅览室，其阅览规程中明确写明“本馆所藏图书任人阅览，各界贲临，无任欢迎”②。开放后其阅览量一直很高，1931 年高达 57319 人次。还通过修订借书章程为非会员提供图书外借、改善阅览室环境、扩充书库、重新编订目录等方式改进服务，吸引更多读者。另外，考虑到商店职员等白天没有时间到馆借阅，该馆于 1931 年 11 月起实行递送服务，将书逐日用脚踏车送出，平均每日派送 30 处③，真正实现送书上门服务。

申报流通图书馆之建立是使之成为一个学校化的图书馆④，所有青年必读之书必尽量搜罗，定期采购新书，阅览室还陈列在沪发行的外文报纸 20 余种，国内外省市杂志报章 170 余种，还有南洋等海外印刷品，服务对象多为职员、学生、店员等，因此开展外借服务，据《借书简章》规定，来馆只需保证金 2 元即可发借书证，借期一周，1933 年后又专辟阅览室，无须任何手续即可入馆阅览，这些举措深受民众认可，至 1934 年每日到馆人数达到 700 余人，全年外借

---

① 《私立江苏流通图书馆附设无线电收音民众识字班章程》，《播音教育月刊》1937 年第 6 期。

② 上海总商会商业图书馆编《上海总商会商业图书馆图书目录》，1925 年，第 1 页。

③ 《市商会商业图书馆廿年份概况》，《申报》1931 年 12 月 27 日。

④ 顾树棨：《江苏文史资料第 94 辑　伟大的民主战士李公朴》，江苏文史资料编辑部，1996 年，第 24 页。

量 19 万余册①，真正做到了发扬民智、熏沐文化、灌输常识的目的。

蚂蚁图书馆建立时的宗旨是“使得无产者有得书看”，根据蚁社文化运动的目的，宣称“以人类互助的精神及绝对信任的态度，用通信借还的方法，供给有益书报于全国有志读书的朋友们，不受任何物质的报酬，为大众服务”。它告诉公众，不仅不要报酬，也不收手续费、保证金，没有身份、资格、地域的限制，以使“各地有志读书，而困于地域、时间、经济者，都能不离住所，不妨职务，得自由借读”。蚂蚁图书馆的读者增加很快，很多偏僻的地方都有蚂蚁图书馆的读者。1934 年 6 月，经常借书的人只有 461 人，1935 年增至 1500 人。1936 年 5 月，借书超过 1 万人次，借出图书 2 万册次。在上海市区，为了避免邮寄费钱费时，他们常常组织送书上门，还为一些单位办理团体借书。

冯平山在广东新会创办景堂图书馆的目的是扩展教育事业之范围，普及于民众，使民众能自学自习，由无智而进为有智，由知识浅陋而进为知识高深②。设有参考阅览、儿童阅览室图书出纳处，到馆人数和开馆天数逐年增加，到 1938 年达到全年日日开放，阅览人数和图书借出次数更是爆发式增长。景堂图书馆在新会邑城被称为“智识府库”，馆藏 6 万余册，包括科学书籍、中西杂志和儿童读物等，景堂图书馆主要服务区域的常住人口约 15 万人③，面对当时“社会教育尚未振作，当地民众绝鲜又求学之机的现状”，图书馆成了该县之民众文化园地。

2. 延伸性借阅服务

随着图书馆普及和平民教育运动的推进，私立图书馆通过多种服务形式将图书馆的服务空间向馆外延伸，开展一系列诸如邮借、设置流通处、建立分馆、送书上门等服务。

邮借服务最早由上海通信图书馆创设，不设门槛、不收押金，任何人均可通过通信方式借书，并由邮借逐步发展到上门借阅，开创了我国图书馆邮借服

① 上海图书馆编《近代中文第一报〈申报〉》，上海科学技术文献出版社，2013 年，第 201 页。
② 景堂图书馆编《景堂图书馆概况》，1926 年，第 44 页。
③ 景堂图书馆编《景堂图书馆指南》，1933 年，第 10 页。

务的先河。此后相继被申报流通图书馆、蚂蚁图书馆、蚁蜂戏剧图书馆、中国科学社明复图书馆、东方图书馆等完全复制或借鉴。利用邮寄服务扩大了图书馆服务范围，体现图书馆公共文化服务的普及性和公平性特点。

流动服务是为最普通最庞大的底层群体开展服务的最有效方式。“使工作很忙碌的人，能获得图书的赐与（予）、知识的供给，就要将内容切实的，文字浅鲜（显）的，富有兴趣的，用流动书车推动出去，轮流停置在一般劳苦大众所休息的场所，使他们能自由的很方便的取阅；为了与图书馆路途过远的人阅读便利起见，也用活动书车或设一巡回文库，使他们得到阅览的便利；为了受教育程度很浅的人们着想，更有赖于活动书车，将很浅的，能引起诱导大众阅读兴趣的书籍推到他们的跟前，使他们浅薄的知识能继续的增进。”① 京沪沪杭甬铁路管理局图书馆为了职工能普遍享受阅读图书的权利，特将铁路沿线各站分成8段，用8箱图书文库轮流巡回借阅。民生实业公司图书馆为便利各分部及轮船职工旅客的阅览，特别在其轮船上设置巡回文库。

类似服务还有图书馆的分馆、流通处及图书递送服务。蚂蚁图书馆于1936年设置第一家沪东分馆，并计划“在人力物力可能的话，想筹设一沪西分馆，进一步，再组织图书馆网”②。1937年成立沪西分馆并积极筹备周家桥分馆。蚂蚁图书馆的分馆因借书手续简便，受到读者的普遍欢迎。其中，沪东分馆开放20天登记借书的读者达千余人，每日借出书籍近200本。私立图书馆还利用人员调配方便的优势开展图书递送服务，私立浙江流通图书馆创立了脚踏车送阅图书的方式，还制定了严密的《私立浙江流通图书馆脚踏车送阅图书章程》来监督和指导送书活动。

3. 读书指导部和读书会

申报流通图书馆在发展中认识到广大店员、工友及失学青年读者的阅读水平不高，因此在图书馆与读者“谈话会”的基础上创设了“读书指导部”，并作为图书馆的核心工作，聘请李崇基、柳湜、伍康成等知名学者为指导老

① 洪邦权：《巡回文库的意义》，《民教辅导》1935年第1卷第3期。

② 蚁社播音室：《图书馆》，《蚂蚁》1936年第3卷第2期。

师，对读书方法、读书目的等进行专门解答。利用办报出版优势在《申报》上开辟《读书问答》栏目、办《读书生活》半月刊，为读者作出各学科“书目”“研究方法”“重要书籍提要”，使他们能有目的、有系统地依照需要而开展自己的读书生活，找到了解决生活或学习中感到苦闷的问题的途径①，读书指导部推动了私立图书馆社会教育职能的发挥。1936 年又创办读书互助会，借助社会力量辅助图书馆帮助指导贫困青年阅读。读书会一方面可以给读者提供阅读研究的机会，另一方面使参与读者能够互相鼓励，提高图书馆利用效率。四川女子图书馆成立读书会，每人每年只需交费五角就可入会，半年多的时间里，有 400 多人参加，第二年发展到 5000 人②；景堂图书馆组织“读书会”，公开招募“读书会”会员，每月举办一次活动并提交读书录，将优秀作品付之油印，文字极有可观者给予奖励，以引人人向学之心。“读书会”活动能培养读者良好的阅读习惯，为读者研究读书方法、探讨书籍内容、训练写作能力提供平台，对民众获得知识、实现文化启蒙和形成良好读书风气也具有积极意义。

四、乡村图书馆的社会教育

（一）乡村图书馆的建设

“乡村是中国社会的基础，一切问题的重心。”③ 20 世纪二三十年代，农村经济凋敝不堪。以晏阳初、黄炎培、梁漱溟、陶行知为代表的教育家深刻认识到农村教育的战略地位，他们提出中国社会实质上是一个乡村社会，中国教育的主要问题在农村，必须开展农民教育才能恢复农村经济发展，进而实现教育救国。黄炎培在《〈农村教育〉弁言》中提出：没有乡村教育就不可能实现普

① 李公朴：《读书问答集》，申报流通图书馆读书指导部，1934 年，“前言”第 3—4 页。
② 朱晓剑：《书香漫成都》，成都时代出版社，2018 年，第 136 页。
③ 傅葆琛：《乡村运动中之乡村教育》，《中华教育界》1934 年第 4 期。

及教育[①]。陶行知在《中国乡村教育之基本改造》中指出："教育没有农业，便成为空洞的教育"，提倡"建设适合乡村实际生活的活教育"。高阳将"农民没有得到普遍的教育权利"作为中国贫弱的重要原因。在他们行动起来后，"教育下乡"由口号演变成思潮，汹涌澎湃，大有不可遏止之势，农村教育开始由边缘走向中心。乡村图书馆就是在乡村教育思潮和乡村建设运动中发展起来的。

在乡村建设运动前，乡村图书馆已经存在，它们多由民间力量创办，著名的有贵州和顺图书馆、云南腾冲县绮罗图书馆、无锡荣巷古镇大公图书馆、广东梅县松口图书馆、湖南青树镇图书馆、上海晨光乡村图书馆。这些私立乡村图书馆为培养人才、发展地方传统文化、传播新思想和促进社会进步发挥了相当大的作用。乡村教育思潮影响下，河北定县实验区乡村图书馆及巡回文库、山东乡村建设研究院图书馆、无锡民众教育实验区的乡村图书馆、山东邹平实验区的乡民图书馆等先后建成。

随着乡村教育和乡村建设实验的逐渐深入和扩大，由政府主导的乡村图书馆体系逐渐形成，这个网络体系由乡村图书馆、县民众教育馆附设图书馆（阅览室）及乡村学校中的图书馆三个主要部分组成。需要说明的是，第一，由于民国地方政府的行政规定，大部分农村地域都设有县级图书馆，以学者陶善耕对河南地区的考论，至1936年全省111个县均已建成县级图书馆[②]，东南部文化深厚地区还分别建立了乡级、村级图书馆，如余杭县在1927—1935年间共建有塘溪、祥符桥、丁桥、临平、七贤桥等5个乡村图书馆[③]，无锡县在1930年已建立乡村图书馆10余处[④]，安徽旌德等地则建成面向村邑聚落的江村图书馆。第二，1931年之后，县民众教育馆附设图书部（馆）成为乡村图书馆的主体，许多县立图书馆或县立通俗图书馆直接更名为民教馆。民众教育馆图书部与各不同级别和规模的乡村图书馆相互配合，共同承担乡村地区的民众教育。第三，

---

① 王炳华、董宝良主编《中国教育思想通史·第七卷》，湖南教育出版社，1994年，第71页。

② 陶善耕：《旧时河南县级图书馆寻踪："五陋居"札记》，吉林文史出版社，2009年。

③ 杭州市余杭区地方志编纂委员会：《余杭通志（第三卷）》，浙江人民出版社，2013年，第534页。

④ 朱邦华：《无锡民国史话》，江苏文史资料编辑部，2000年，第137页。

民国时期的教育法规有“乡村图书馆得附设于小学”“乡村地区学校建立的图书馆得向公众开放”等具体规定，使得乡村地区的中学和小学普遍建立校图书馆，这些深入民间的乡、保学校图书机构是国民教育体系的一部分，也常与各“公共馆”“实验馆”合作维系，积极开展社教活动。

（二）乡村图书馆社会教育职能的实施保障

1. 设施保障

乡村图书馆普遍来说规模不大，因经济文化基础各异，有的馆舍设施充裕完善，如无锡村前图书馆有房三大幢，均为西式楼房，条件不好的则仅有房屋两间，有的县级图书馆亦颇为狭促，如黑龙江密山县立图书馆只有阅报室一间（系旧草房），占地 28 方丈①。尽管如此，在政府与民间乡村民众教育思想的响应与实施中，大多数乡村图书馆为促进乡民利用，划分了不同功能的阅览室，并尽力采办适于提高教育程度的书籍报刊，杞县中山图书馆“阅书室之空气光线均佳”，馆址便利整洁，各科常识应用书籍规模具备，每年还有 300 元专款购书。从馆址来看，或建于集市，或利用庙宇旧屋，或附设于其他机构，如河南新安县立伯英图书馆位于教育局前院，信阳县图书馆位于节孝祠。《杭县乡村图书馆组织规程》规定，乡村图书馆址得借用祠庙寺观，或附设于小学内②。《无棣县乡村儿童图书馆简章》第二条规定，按划分区域择地点适中及校舍比较宽阔之学校，定为图书馆所在地。薛家岛简易图书馆则是先拟在薛家岛借用观音庙旧址之一部，创设简易图书馆一所，并附设阅报所讲演所，此外还设有书橱等设备③。张径镇的无锡县立径滨民众图书馆由学校迁移至一民宅，设有阅览室和藏书室④。

2. 制度保障

国家力量的积极介入是指各级政府相关部门通过制订工作计划或指令的方

① 夏洪川：《黑龙江公共图书馆》，黑龙江省文管会史志办公室，1989 年，第 197 页。
② 《杭县乡村图书馆组织规程》，《浙江教育行政周刊》1930 年第 45 期。
③ 《无棣县乡村儿童图书馆简章》，《山东教育行政周报》1935 年第 330 期。
④ 《薛家岛筹设简易图书馆》，《乡村建设月刊》1933 年第 1 卷第 3 期。

式来保障乡村图书馆的正常运营和社会教育职能。浙江省教育厅于1929年12月12日通告各县实行筹设乡村图书馆，并且呼吁县立图书馆将《万有文库》一书分布巡回陈列至穷乡僻壤之地。浙江省教育厅于1930年2月19日颁布指令，令杭县政府，呈请量移经费，筹设乡村图书馆。《杭县乡村图书馆组织规程》规定：职员管理方面，“乡村图书馆设主任一人，负指导民众读书，掌管图书之责任”；书籍购置规则即“乡村图书馆图书报章之购置，以通俗为主”，“本规程呈请浙江省教育厅核准施行”；乡村图书馆其他相关事项规则；等等①。王人驹在《怎样办理乡村图书馆》一文中列举了几种乡村图书馆章程供乡村事业者参考，其中提到，永强区政协进会附设流通图书馆《图书馆章程》内容有：“第二条，本馆以购募图书馆供给区内民众阅览研究为宗旨，并注意搜集保存乡土艺文”，“本馆为区民阅览便利起见，分设流通处，图书渐次扩充流通处次增设，所有图书，依次巡回之”②。

3. 人员保障

人员是乡村图书馆社会教育职能发展不可或缺的要素之一，是读者的指导老师。关于乡村图书馆的人员保障标准，孔繁根在《乡村民众图书馆设施之研究》中详细介绍了馆长和馆员的资格、职责，如对馆长的要求是“须有图书馆专门知识者或对农民教育有研究者”“富有图书馆经验者”“身体强健乐为乡村服务者”“品性高尚态度和谐者”，职员的要求是“以乡村图书馆为终身事业者”“有以我就人的精神”等。有的乡村图书馆的相关资料中也对其人员素质等各项指标进行了规定。如《湘湖生活》中对本地乡村图书馆规程有相关记录，本馆设馆长一人，由教育局委任，掌理选购编目、流通保管及其他事项。③ 无棣县乡村儿童图书馆设图书馆初级教员学董和初小教员学董，管理相关事务④。山东建设研究院图书馆设有主任、事务员、练习员，并且为增进本馆推行效率起

---

① 《杭县乡村图书馆组织规程》，《浙江教育行政周刊》1930年第45期。

② 王人驹：《怎样办理乡村图书馆》，《社会教育月刊》1934年第1卷第7期。

③ 《乡村图书馆规程》，《湘湖生活》1930年第10期。

④ 《无棣县乡村儿童图书馆简章》，《山东教育行政周报》1935年第330期。

见设置图书委员会。

（三）乡村图书馆社会教育形式

乡村图书馆社会教育与农民生活和乡村建设是紧密相连的，表现出对乡村教育体系的依附性，梁漱溟就曾经有“社会教育与乡村建设汇合为一流”“很多教育界的代表人物实际上做的也是乡村建设的活动”等观点，从宏观角度分析，乡村图书馆的社会教育致力于农民基础程度的提高，并且服务于乡村建设的一切活动。

1. 提供阅览室、阅书处

阅览室是乡村图书馆最主要的也是最基本的服务阵地，乡村图书馆阅览室的设立为各类型的民众提供阅书看报的场地和自在的阅读空间，乡民通过阅览书籍报章，增长见闻和知识，主动接受社会教育。例如薛家岛乡区建设办事处呈请筹设简易图书馆，附设阅报所，以启迪民众知识。福建同安县阳翟村由陈延香个人创办的乡村图书馆，馆内设有图书库、图片库、图书借出处、报刊阅览室、儿童阅览室，晋江圳山村阅报社除了建有阅览室、图书室外，还有康乐室和小医室①，山东乡村建设研究院图书馆设有普通阅览室、杂志阅览室②。河北省立实验乡村民众教育馆图书部之书报阅览室及书库，完全开放，采取开架式③。另外，除了普通图书馆之外，各地乡村社会也比较重视儿童阅览室和儿童图书馆的设立，有的乡村图书馆专门设立儿童阅览室，也有的收藏了很多儿童读物，重视发挥乡村图书馆对儿童的社会教育职能，如和顺图书馆在该馆左厢特设一儿童阅览室④，收藏儿童书籍，满足儿童的教育需求。香山乡村服务委员会设通俗图书馆，附有儿童组。⑤ 儿童阅览室的设置表明乡村图书馆迎合儿童本

① 刘德城、刘煦赞、福建省文史研究馆：《福建图书馆事业志》，方志出版社，2006年，第23页。

② 濮秉钧、刘俊卿：《山东乡村建设研究院图书馆概况》，《乡村建设半月刊》1935年第5卷第4期。

③ 《冀乡村民教馆图书部之改善》，《中华图书馆协会会报》1932年第8卷第1—2期。

④ 《本馆概况（附表）》，《和顺图书馆十周年纪念刊》1939年第6期。

⑤ 《香山乡村服务委员会通俗图书馆开幕》，《中华图书馆协会会报》1937年第12卷第6期。

位教育的发展潮流，是乡村图书馆社会教育职能顺应时代发展的体现。

2. 设立分馆

乡村社会相对城市来说地广人稀，散住各处，有的乡村图书馆为了让偏远地区的民众享受到社会教育，常根据乡村民众分布情形，设置分馆。如云南腾冲县的和顺图书馆设置了若干分馆，第一个分馆在蕉溪，1933 年设有蕉溪书报社，该馆提供部分书报，第二个分馆是尹家坡，1937 年由公共休息场所改造而成，第三个分馆在大石巷，1936 年成立，还有天宝乡（明光）分馆，1935 年成立。重庆北碚峡区图书馆作为规模较大的乡村图书馆，设置有土沱场图书支馆、黄葛场图书支馆、澄江口镇图书馆、蔡家场第四分馆等，提供各种书报供乡民阅览。乡村图书馆通过设置分馆，扩大了服务范围，让更多的乡村民众享受到社会教育机会，同时提高了图书馆知名度，吸引更多热心人士捐赠图书，从而使村民可以阅读更多的书籍报章，提高民众见闻，也有利于图书馆社会教育职能取得更好的效果。

3. 建立利用图书担、巡回书车

巡回书车主要设置在没有图书馆的地区或者比较偏远的乡村，选择一个相对固定的图书流通处，定期或者不定期地按照规定的路线巡回至各图书流通处更换书籍报章，主动送上教育，充分发挥乡村图书馆社会教育职能。民国时期乡村社会衰落，大部分乡村巡回书车都是由县立图书馆或民教馆设置，在功能上等同于乡村图书馆，由乡村图书馆直接设置管理的巡回文库相对较少，不过不乏一些相对出众的案例。山东乡村建设研究院图书馆定制儿童巡回书箱十个，供十一个乡各村学试用。福建阳翟乡村图书馆不仅开展巡回流通服务，还与集美、马巷等地的图书馆及社会团体图书馆进行书刊交换①，嘉陵江三峡乡村建设实验区为了方便民众阅读，1936 年实行巡回图书担，辐射范围以北碚场周边五里为限，图书标准规定为“在文字上只要读过千字课的民众便能看得懂”“分量上最好三十分钟能读完”“形式上章回小说、连环图书、弹词、戏曲”“内容上

① 刘德城、刘煦赞、福建省文史研究馆：《福建图书馆事业志》，方志出版社，2006 年，第 23 页。

社会常识、自然常识”等[1]；张惠生在《一年来的民众图书馆》中也提及巡回图书担和巡回文库的使用，且巡回文库由之前六个变成二十五个，[2] 说明巡回文库能够让民众有更多接触书籍和接受图书馆社会教育的机会，很受乡村民众的青睐和欢迎。

4. 开展讲演活动

讲演也属于社会教育的内容，讲演活动可以打破民众接受社会教育的识字障碍。长期以来，乡村民众知识能力有限，不识字者甚多，要使民众经常到乡村图书馆看书阅报，对教育未普及的中国广大农村地区来说，显得比较困难。在这种情形下，乡村图书馆定期或不定期举办讲演，可以让村民通过听觉的方式接受社会教育。如薛家岛借用观音庙旧址之一部，筹设简易图书馆，附设讲演所，使民众获聆专家讲演，得启聩而振聋。为广播时事消息，传达新兴知识，1937 年重庆黄葛镇图书馆“为广播时事消息，传达新兴知识起见”，由公安队书记梁拱北，每日选择重要新闻五条至十条，由该馆管理李万鹏到十九保义务做报告，于 6 月 6 日起已开始，闻听众极为踊跃，每日可达八十人[3]。江苏无锡张泾图书馆定期举办通俗讲座，一周两次[4]。用口头讲演的方式向乡村民众传播信息和知识，让这些文化知识欠缺的民众也可以接受一定的社会教育，旨在改变乡村地区落后的习俗，破除封建迷信思想，传播科学的社会文化知识，更好地推进了乡村图书馆的社会教育职能。

（四）乡村图书馆社会教育内容

1. 识字教育

识字教育是社会教育的中心内容之一，在政府行政部门的倡导下，省县各

---

① 张惠生：《巡回图书担的实验》，《工作月刊》1936 年第 1 卷第 4 期。

② 张惠生：《一年来的民众图书馆》，《北碚月刊》1937 年第 1 卷第 9—10 期。

③ 任家乐：《民国时期乡村图书馆总分馆理论与实践评述：以重庆北碚峡区图书馆个案分析为据》，《图书馆建设》2020 年第 6 期。

④ 陶宝庆：《无锡近代图书馆史存》，载中国人民政治协商会议江苏省无锡市委员会文史资料研究委员会主编《无锡文史资料　第 7 辑》，1984 年，第 106 页。

社会教育机构积极参与识字教育，1929 年 2 月，国民政府教育部公布了《识字运动宣传计划大纲》，要求各省成立识字运动宣传委员会。王拱璧等教育家也多次指出，通过识字教育来提高农民的识字率是进一步开展知识技能和其他教育的基础。乡村图书馆是实施农民教育的重要阵地，与县民众馆、民校等一起积极参与乡村地区识字教育和文化普及。和顺图书馆曾提出，本馆的使命是推进社会教育和民众认字运动，负起社会教育和民众识字运动的责任，尤其是对农工阶级，要大力宣传，让他们在工作闲暇时候来图书馆阅览书报，使他们得到增加识字的机会；不识字的，由馆员指导也可以增加识字机会，减少本乡的文盲，逐渐达到普及教育的目的。乡村图书馆、巡回文库、流通处等提供的书籍报章大多内容简单、浅显易懂，并且有指导员指导，有的还通过讲演的方式来弥补乡民不识字的缺陷，这些服务项目基本体现了乡村图书馆注重识字教育，乡村民众只有接受过识字教育，才能有接受其他社会教育的可能，这也是乡村图书馆社会教育职能最基本的体现。

2. 卫生教育

卫生教育也是社会教育的内容之一。1932 年之后，政府将卫生训练列为“公民训练”的一项内容，由于城市农村卫生资源的巨大差异，卫生问题在乡村地域更加严重，因此乡村卫生教育是乡村社会教育乃至其他一切事业的基础。民国时期，乡村一般民众缺乏卫生常识，医药缺乏，而且迷信思想泛滥，因此需要通过社会教育的手段培养民众的卫生意识和知识，培养良好的国民习惯，担任起国家复兴的责任。乡村图书馆在这方面也有一定的实践，陈绍虞在乡村改造的建议中，就有建设乡村图书馆“关于卫生、公民的常识，于选购书籍时”① 尤宜注意的内容。山东乡村建设研究院图书馆介绍其概况中就包括医药卫生方面的杂志②。云南和顺图书馆建有卫生标本室。广西教育厅为普及教育，在

① 深圳市史志办公室编《民国时期深圳历史资料选编》，深圳报业集团出版社，2014 年，第 60 页。

② 濮秉钧、刘俊卿：《山东乡村建设研究院图书馆概况》，《乡村建设半月刊》1935 年第 5 卷第 4 期。

筹设乡村图书馆时派专人搜集通俗材料，编成小册，其中每套图书内容包括健康教育内容百分之十五，还有医药各种问题参考图籍等。乡村卫生教育主要以乡村建设实验和乡村图书馆为主，而乡村图书馆的卫生教育基本以提供卫生常识书籍为主，与学校讲演、标语宣传的方式相比，对乡民的卫生教育主要通过潜移默化的方式进行，在一定程度上发挥了乡村图书馆在卫生领域的教育职能，对乡村民众卫生健康意识的培养和知识的增长起到了教育作用。

3. 爱国教育

深固的忧患意识是乡村教育倡行者的共同心路，在乡村教育的各项实践中家国意识、爱国教育始终贯穿其中，乡村图书馆作为乡村地区的社会教育机构，对乡村民众爱国教育方面起到举足轻重的作用。徐旭曾提出使每一个乡村有一个中心图书馆，借以提高农民知识，使全国农民广被教化，使整个国家由此富强。在具体的乡村图书馆实践中也体现着爱国教育，例如和顺图书馆自成立以来，不惜大量支出，每年订购国内外报章杂志数十种，为了让乡人对抗战情形、后方民众的责任有深切的认识，在极度困难的情形下仍然竭尽全力订购大量关于抗战的宣传品，希望激起民众的爱国救国的意志。七七事变后，民众系念着国家的存亡，“本馆为满足民众的愿望，借着提高敌忾同仇的心理，于是把三日刊改组了日刊，漏夜赶印。本乡范围里并托了热心分子，极早的在通衢张贴了，让人们随地可以就阅。于是前一日战事怎样，世界动态怎样，第二日很早的便传遍全乡了。就是县城方面，也有专人迅速派送，十一时以前，也便都送到了”①。一些共产党人和爱国人士创办图书馆（室），利用书刊展开抗日救亡活动，如青田县的共产党人在海口农村设立救亡图书室等②。无锡大公图书馆、云南保山绮罗图书馆、乡村建设实验区中的巡回文库等乡村图书馆（室），都将“生活教育”“国难教育”与塑造健全国民的实施步骤相结合，达到教育乡村民众保家爱国的初衷。

---

① 李祖华：《和顺图书馆创建概略》，载杨发恩主编《和顺：乡土卷》，云南教育出版社，2005年，第133页。

② 浙江省图书馆志编纂委员会编《浙江省图书馆志》，中国书籍出版社，1994年，第64页。

4. 社会伦理教化

伦理教化的实质是民性塑造与道德养成，在传统宗族制度盛行的乡村社会，伦理规范通过道德约束来达到个体的“德行自觉”和社会的和谐共生。梁漱溟等乡村教育实践者均将“道德陶炼”“人生行谊”列为重要的体系内容，意图通过教育来培养有着优良品行的秩序化的个体，来回归社会的伦理本位。乡村图书馆在向民众传播科学知识，提升其知识素养的同时也注重对民众的伦理教育。晏阳初在定县平民教育实验中面对国民“愚、穷、弱、私”四大社会问题，通过实行乡村巡回文库，促进各种通俗读物流通，提出在道德等方面进行建设，旨在培养新民。孔繁根也曾提出乡村民众图书馆的目的包括：“使乡村人民解除不正当的娱乐，藉以养成良好的习惯并启发其道德知识。”① 张泾镇乡村图书馆地处无锡风气开通之邑，曾定期举办通俗讲座，一周两次，内容是讲科学，破迷信，改变落后风习，听众非常踊跃，抗战前累计进行一百多场次，效果良好。为改变旧社会茶馆茶园之不良风气，该馆还附设中心茶园，地点位于馆内，作为图书馆业务的一部分，一并由推广部负责，系仿照上海中心茶园和南京燕子矶民众茶园的先例，使茶园成为推广正当娱乐，教育民众的场所②。和顺图书馆当时所处环境社会畸形化，风俗习惯恶劣腐化，烟馆赌场遍地都是，该馆提出本馆应努力站在改良社会最前沿阵地，负担起这样艰巨的任务，从而清除民众的不良嗜好，提高知识道德，维持地方风化。可以看出乡村图书馆除了给民众传播科学知识之外，还注重改变社会不良习惯和风气，增长民众的伦理道德意识和爱国观念。

5. 生计教育

农民生计教育就是以谋求农民生存和经济富裕为目的，让其获得谋生知识和技能的训练和指导。民国时期农业危机导致农村的衰败，引起社会人士广泛

① 孔繁根：《乡村民众图书馆设施之研究》，《民众教育通讯》1936 年第 6 卷第 1 期。

② 陶宝庆：《无锡近代图书馆史存》，载中国人民政治协商会议江苏省无锡市委员会文史资料研究委员会主编《无锡文史资料 第 7 辑》，1984 年，第 106—107 页。

关注，有些人提出“农村破产即国家破产，农村复兴即民族复兴”①，乡村建设思潮由此勃兴并走向实践，进而发展成为乡村建设运动，农民生计教育是农村教育的核心。民国时期著名教育家高阳从民众教育的角度出发，明确提出：“所谓民众生计教育者，就是用各种教育的方法与力量，来训练或指导民众，使有谋生的知识和技能。换句话说，谋国民经济宽裕的教育，就是民众生计教育。”②生计教育是乡村教育的重要组成部分，乡村建设领导者无不重视乡村图书馆在生计教育中的作为，晏阳初提出，乡村教育要充分利用图书馆、阅报室、平民角、图书担、巡回文库，有计划、有步骤地使固定图书馆与流动图书馆（图书担、巡回文库），大村图书馆与小村阅报室或平民角紧密结合，互为补充，把劳动与学习，掌握文化与提高农业生产的科学技术，提高家庭经济收入衔接。在定县平民教育实验基地，图书馆常备选种、园艺、畜牧、作物、施肥等方面的书籍以及自编课本，课本包括了农民生活实际需要的经济、植物生产、动物生产等47个方面的内容和操作方法，还有自编每周出版的《农民报》，《农民报》内容丰富，摘录《美国农村杂志》《科学普及报》的最新消息文摘等，均使平民最低限度地接受现代农业的科学知识与技术。湖南枫林农村建设实验区建立的民众图书馆以开展讲演、读书、放映幻灯等活动，向民众进行职业技术教育。同时还开办小本借贷、推广良种等社会事业③。

五、儿童图书馆的社会教育

（一）儿童图书馆的产生和发展

近代以来，“人生百年，立于幼学”的教育理念以及西方新式儿童教育观的

---

① 李宗黄：《考察江宁邹平青岛定县纪实》，转引自郭夏云《教育的革命与革命的教育：冬学视野中的根据地社会变迁》，山西人民出版社，2009年，第42页。

② 高阳：《民众生计教育（演讲稿）》，载田晓明主编《高阳教育文选》，苏州大学出版社，2012年，第47页。

③ 刘维瑶主编《古今中外宝庆人》，岳麓书社，2005年，第445页。

引入，使得民国时期的儿童教育突破了传统的藩篱，以儿童为中心、关注儿童个性发展、培养儿童创造能力的呼声日渐高涨，儿童教育开始受到空前重视。“现在是儿童的世纪，什么事都应该让儿童居先。我们现在的命运文化，都靠他们继承增广，所以我们要希望将来的幸福，不得不从儿童着想。就是我们个人的生活，也是以儿童时代为最重要。儿童时候基础打得好，将来就有发展希望。一人如是，一国亦如是。所以我们都应该努力为儿童谋幸福。”① 1912 年，湖南湘乡成立了我国最早的儿童图书馆“青树镇儿童图书馆”。1917 年，天津社会教育办事处创办儿童图书馆，其后上海、长沙乃至偏远的四川南充、云南丽江等地都相继建成儿童图书馆。一些省市立图书馆也开设了儿童阅览室。

儿童图书馆作为披览书籍、推广教育的最适宜场所越来越得到社会教育家的关注，1916 年，陆洪生发文论述儿童图书馆之四项效益：补学校训练之不足、增进文字智识、开拓儿童思想、培养儿童自信力。② 1922 年，刘衡如首次提出“完善的儿童图书馆实在是国民教育所不可少的利器”，认为“合法的设备，适宜的管理员和正当的书籍”是三个必须有的要素③。1924 年，第一部儿童图书馆译著《儿童图书馆之研究》（陈逸译自日文）出版。1926 年，杨鼎鸿著文说：“儿童不是成人的缩形”，儿童图书馆在发展儿童本性、陶冶性情、养成自学习惯等方面具有特别的价值④。1929 年，曾宪文在杂志上连续撰文剖析儿童图书馆的重要性，认为它可以训练儿童将来成为良好的国民⑤。

在社会各界有关儿童图书馆研究和呼吁浪潮下，政府和团体制定的各项法规也相继出台。1922 年 7 月，中华教育改进社在济南召开第一次年会，图书馆教育组议决了八项提案，其中第七项是：“各市区之小学校应就近联合于校内创设巡回儿童图书馆，以补充教育。”1926 年，奉天省长公署指令教育会准予

① 杜定友：《儿童图书馆问题》，《教育杂志》1926 年第 18 卷第 4 期。
② 陆洪生：《设置儿童图书馆之研究》，《松江教育杂志》1916 年第 11 期。
③ 刘衡如：《儿童图书馆和儿童文学》，《中华教育界》1922 年第 11 卷第 6 期。
④ 杨鼎鸿：《儿童研究：儿童图书馆在教育上之价值》，《教育杂志》1926 年第 18 卷第 3 期。
⑤ 曾宪文：《儿童图书馆之研究》，《武昌文华图书科季刊》1929 年第 1 卷第 1 期。

“创办儿童图书馆以推广儿童教育案”①。1925年，苏、浙、皖三省师小联合会大会议决案，其中有“规定儿童图书的分类和分段及儿童图书馆之组织设备标准案”。1929年1月，中华图书馆协会在南京金陵大学举行第一次年会，议决了89项提案，其中第56项是：“请教育部通令各大学区、各省教育厅训令各小学校设立儿童图书馆，遇必要时得联合数校共同组织。”1930年，吉林省发布《吉林省儿童图书馆简章》规定：经费充裕之市县均须在市县所在地和人口稠密之乡镇设立儿童图书馆，不能单独设立者，可于民众图书馆内另辟儿童阅览室或附设于民众馆和乡镇小学②。1933年8月，中华图书馆协会第二次年会，议决提案30项，其中第14项是：“通函各县市应设儿童图书馆并规定各图书馆附设儿童阅览案。”1934年，上海市教育局制定《儿童图书馆办法》。1936年7月，中华图书馆协会第三届年会议决提案61项，其中第4项是“本会宜设儿童图书馆事业咨询委员会”③。

儿童图书馆事业从无到有，于20世纪30年代起进入繁荣期，实现了质的飞跃，全国儿童图书馆（含儿童图书室、小学图书馆）113所。1937年，王柏年在《北平新报》周刊版上发表《儿童节提倡儿童图书馆事业》一文。他说，作为站在儿童教育前线的小卒，要在大众注意儿童幸福的这一天，提出实利儿童的幸福组织——儿童图书馆。1935年8月1日，全国儿童年开幕时政府特发表明令：儿童教育当次第推行，为目前最切要的工作有二——一改善儿童读物，二成立儿童图书馆。

（二）儿童图书馆繁荣鼎盛期的社会教育活动

儿童图书馆是“孩子的点心”和“精神粮库”④，对于儿童来说犹如“甘蜜

① 辽宁省教育志编纂委员会编《辽宁教育史志资料》，辽宁大学出版社，1990年，第350页。

② 吉林市文化艺术志编辑部编《吉林市文化艺术志　资料汇编　第四辑》，1988年，第24页。

③ 施金炎主编《图书馆学研究文集　1949—1989》，湖南图书馆，1989年，第452页。

④ 潘冷云、林力锋等：《现代生活与现代教育——陶行知生活教育理论与教育实践的启示》，复旦大学出版社，1991年，第201—202页。

之露，光明之灯”[①]，针对过去传统图书馆闭塞、不开放等弊端，陶行知还倡导创办流通图书馆，上海萧场儿童流通图书馆，是由外方捐送和工学团成员合力首创与购置的流通图书馆。萧场儿童流通图书馆的创办，规避了原有图书馆闭塞、不开放的弊端，使得图书得以流通，教育得以普及。[②] 儿童图书馆是在儿童本位教育思潮下应运而生的，是儿童自主学习和课外阅读的主要场所，可以对学校教育起着补充、延伸与深化的作用，这已经成为民国时期全社会的共识。

1. 成立儿童读书会

儿童读书会不仅能够培养学生的读书兴趣，还能够让学生更好地回归书本阅读。1933 年，克诚将儿童读书会的旨趣总结为：第一，利用闲暇时间。第二，养成自动精神。第三，指示阅读书籍，并特别提出儿童图书馆读书会的目的是弥补学校教育灌注方式的缺陷。[③] 1930 年，上海县公共图书馆儿童阅览室为推广图书教育及增进儿童读书兴趣起见，特组织儿童读书会，加入儿童读书会的会员达 100 余人之多，每月集会两次，进行讲演、指导以及测验等活动，择要举行，效果颇佳。1934 年，昆华民众教育馆儿童部也举行了儿童读书竞赛会，针对比赛的规则、章程、评选结果以及奖励办法都有明确规定。至 1936 年，全国知名的儿童图书馆如东方图书馆儿童图书馆、上海私立少年儿童宣讲团图书馆、杭州市立儿童图书馆、上海市第一儿童图书馆、上海市第二儿童图书馆、天津儿童图书馆，都将读书会的开展作为重要的社会教育形式。天津市立第一通俗图书馆儿童阅览室于 1936 年起，举办儿童读书会并开展儿童征文活动，通过考勤册登记以及征文评选情况，评判优胜者并酌情分发奖品[④]。读书竞赛会与儿童读书会都是好学儿童接受社会教育的重要媒介，也是民国时代儿童“社会

---

① 杨鼎鸿：《儿童图书馆在教育上之价值》，《教育杂志》1926 年第 18 卷第 3 期。

② 黄洁主编《民国时期图书馆学报刊资料分类汇编·儿童图书馆卷（中册）》，国家图书馆出版社，2014 年，第 429 页。

③ 克诚：《儿童读书会的旨趣》，《昆华民众教育》1933 年第 2—3 期。

④ 《天津市立第一通俗图书馆举办儿童读书会及儿童征文》，《天津市市立通俗图书馆月刊》1936 年第 2 卷第 3—4 期。

抚养”启蒙的有益实践①。

2. 儿童读物展览会

“儿童读物是儿童的精神食粮，影响于儿童教育。”② 儿童读物是开展图书馆儿童教育的重要载体，许多有识之士呼吁要建立对儿童读物的审查制度，成立儿童读物审查委员会，对儿童读物进行必要的监管。除了要有监督机制外，还要适时地举办各种活动来推动儿童读物的有序发展，从而达到既繁荣儿童读物又引导儿童读物朝着健康方向发展的目的。为改进儿童读物的内容与形式，唤起国人对儿童读物的重视，政府和民间多次举办儿童读物展览会。儿童图书馆作为读物的存储和阅读机构，积极投身于儿童读物展览活动当中。1935 年儿童读物展览会是全国儿童年的一个重要活动，并正式写入了《全国儿童年实施办法大纲》。

1935 年 11 月，全国儿童年实施委员会第三次会议通过了“举办全国儿童读物展览会办法”，全国儿童读物展览会以“供国人概览以正国人对于儿童读物的观感；供专家研究以为改进并选择儿童读物之一助；供文坛参考以期新旧文学家多多致力于儿童读物之编著”③ 为旨趣。1936 年 1 月 30 日，全国儿童读物展览在南京举行，读物种类和数量蔚为壮观，展览了各类教科书百余种，大约 2000 册。各省市也举行了图书征集活动，而且得到当地教育局与驻外使馆的鼎力相助，征集到诸多精美的儿童读物。这些儿童读物的来源非常广泛，有浙江、山东、甘肃等近 20 个省市 10 个书店，还有英、美、德、法、丹麦等外国读物；读书展览会结束后，又继续于全国各重要地方巡回展览。此次儿童读物展览会规模宏大，指导了哪些儿童读物拥有阅读价值。此外，北平师范大学附属第一小学儿童图书馆、北平市立图书馆儿童部等，都时有儿童读物展览会举行。

图书馆通过儿童读物展览会的形式拉近了与一般民众之间的距离，直观地展示了各类最新最全的儿童读物，吸引了更多的儿童进馆阅览，在传播知识信

---

① 罗举之：《本馆暑期儿童读书竞赛会概述》，《昆华民众教育》1934 年第 3 卷第 2—3 期。

② 薛天汉：《举行全国儿童读物展览会的旨趣》，《申报》1936 年 1 月 30 日。

③ 同上。

息的同时也推广了儿童阅读。更为重要的是，使家长和儿童学会选优去劣，甄选真正有益于儿童身心健康和知识启发的优质读物，所展现的社会教育意义是不容忽视的。

3. 开展儿童阅读指导活动

美国著名的儿童阅读指导教授格雷认为，儿童囫囵吞枣般的阅读方式与方法，对儿童着实无益，今后儿童阅读应集中于某种重要问题，阅读时间尽量延长至一周，教员应积极鼓励儿童自动阅读，培养儿童由衷的阅读兴趣①，因此，儿童图书馆馆员有的放矢、针对儿童自身特点采取不同的指导阅读方法在任何时期都十分必要。1922 年，祝其乐在《中华教育界》杂志发表文章，第一次正式提出儿童“阅读指导”一词，在此之后，各学者从不同角度提出了不同的儿童阅读指导方法，如江芝馨的《怎样的指导儿童的课外阅读》、魏冰心的《儿童的课外读物》等，黄诗澹则撰文详述指导儿童阅读的方法，如怎样选择适宜儿童的阅读材料、怎样引起儿童课外阅读的兴趣以及具体的指导内容（包括默读习惯的养成、字典词典的运用、注意力集中的训练、解释疑难字句、鼓励发表阅读心得）和指导方式（团体指导和个别指导）②。兆兴认为，教育工作者和图书馆、民教机构有必要选择及指导儿童阅读，使他们的好奇心去研究有益的知识，远离不良读物③。对于怎样开展行之有效的指导，冷淑媛从馆员自身素质要求的角度指出，儿童图书馆馆员的责任是诱导儿童入馆并在阅读方面予以指导，方能达到培植未来国民、造就国家人才之目的，这需要指导者具备一定的心理学知识和合宜的方法，一方面代儿童选择有意义的图书，当儿童因学力不够而对书籍不发生兴趣时，馆员要指导帮助他们对所看的书能彻底地明了，还要注意培养儿童的研究精神；在德行修养和仪态修养方面，要求馆员“对儿童要亲爱，像父母对待子女一样”，“对贫富不同、愚慧不同的儿童要一律看待”，态度上要威重温和，使儿童既敬又畏，要将阅读指导与身心品格养成相结合，如此

① 杨自廉：《课外阅读指导之研究》，《甘肃教育》1941 年第 13—14 期。
② 黄诗澹：《怎样指导儿童课外阅读》，《江西地方教育》1936 年第 18 期。
③ 兆兴：《如何指导儿童阅读书报》，《公教学校》1936 年第 2 卷第 26 期。

才能使儿童图书馆助益教育①。

在各级儿童图书馆建立“儿童辅导部”帮助儿童培育阅读习惯，解答疑难问题成为当时的普遍做法，指导儿童阅读的目的是减少儿童阅读的随意性，提高阅读质量。首先，儿童图书馆职员在指导儿童阅读时通常遵循儿童现有的阅读水平与目前的实际情形，以和蔼可亲的态度鼓励儿童进行课外阅读，进而提高儿童的阅读兴趣。其次，帮助儿童明确阅读的目的和养成良好的阅读习惯。最后，要遵循量力性原则，符合儿童的经验与水平。还包括阅读后指导，如撰写读书笔记、分享读书心得、列出要点、做大纲练习和测验等。开展儿童阅读指导活动是儿童图书馆充分发挥其社会教育职能的重要体现。

六、苏区图书馆的社会教育

（一）苏区的社会教育

1931年中华苏维埃第一次全国代表大会在江西瑞金召开，中华苏维埃共和国诞生，毛泽东当选中华苏维埃共和国主席，当时全国已在231个县建立了苏维埃政权，苏区建设进入了全盛时期。除赣南、闽西的中央苏区，还有鄂豫皖苏区、湘鄂川黔苏区、鄂豫陕苏区、陕甘苏区等。

苏区大多处于偏远的山区，交通不便，物资贫乏，文化落后，加之国民党军队的封锁和“围剿”，根据地军民生活条件异常艰苦。在这种条件下，苏维埃政府仍然十分重视教育，“中央苏区创建了一种完全新型的人民教育体制：以促进政权的巩固为依托，围绕土地革命而展开，坚持学校教育与社会教育并举，凸显社会教育在那个特定历史时期的地位，从而担负起千百年来受尽剥削和压迫的普天下最广大民众的教育”。“由于苏区的特殊性，在教育的具体实施上，以干部教育为首要，社会教育次之。但从现有的资料看，中央苏区的群众教育

① 冷淑媛：《儿童图书馆馆员之训练及责任》，《图书馆学季刊》1936年第10卷第1期。

（社会教育）不仅在整个苏区学校教育系统中占有重要的位置，而且还通过相应的校外文化教育机构（如俱乐部、列宁室、图书馆等）来实施。尤其值得提及的是，中央苏区在当时开展的社会教育（工农群众教育），是在当地90%以上的农民和100%的妇女不识字的情况下进行的，社会教育以其独具特色的形式、群众的积极参与”取得了斐然成绩。[①] 苏区政府颁布了社会教育的方针、政策，出台了一系列议案、章程，指导苏区社会教育的发展。苏区社会教育的发展呈现出以下特征。

1. 政治色彩突出，为革命斗争服务

毛泽东指出，苏维埃文化教育的总方针“在于以共产主义的精神来教育广大的劳苦民众，在于使文化教育为革命斗争与阶级斗争服务，在于使教育与劳动联系起来，在于使广大中国民众都成为享受文明幸福的人”[②]。（《对第二次苏维埃代表大会的报告》）中央苏区文化建设大会《目前教育工作的任务的决议案》指出：社会教育是我们一个有力的武器，是吸收工人农民及红色战士、广大群众参加文化教育工作的武器，必须有系统的领导发展消灭文盲运动、俱乐部、列宁室、工农剧社、蓝衫团等工作。《江西省工农兵第一次代表大会文化教育工作决定》中指出：“对于不识字的成人和青年工农，不独以俱乐部识字班、夜校及普遍的识字运动组织，施其教育，更要注意文化工作，励行革命的政治教育。”

2. 机构简易，制度灵活

1931年，苏区临时中央政府成立后，下设教育人民委员部，包括社会教育局、图书局、职业教育局等9部[③]。1933年，人民委员会在规定省、县、区、市设教育部，掌管普通教育科和社会教育科，普通教育科的职务是管理成年补习教育、青年教育（如夜校识字运动等）及儿童教育（如列宁学校等），社会教

① 钱贵成：《苏区文化新论》，中国戏剧出版社，2006年，第498—499页。
② 刘宋斌：《中国共产党文化建设史（第一卷）》，黑龙江人民出版社，2019年，第246页。
③ 杨贤江：《杨贤江全集·第五卷》，河南教育出版社，1995年，第778页。

育科负责管理俱乐部工作、地方报纸、书报阅览所、革命博物馆及巡回演讲等①。1934 年 4 月，教育人民委员部重新颁布了《教育行政纲要》，将中央教育人民委员部分为初等教育局、高等教育局、社会教育局、艺术局四个部门，社会教育由社会教育局艺术局协同管理。省、县设教育部，下设普通教育科和社会教育科。

3. 重视扫盲运动，提高群众的文化素质

苏区的社会教育特别重视识字教育，扫盲运动开展得最普遍，也最有成效。1933 年 10 月召开中央文化教育建设大会，通过了《消灭文盲决议案》，提出“苏区的文盲是过去地主资产阶级遗留下来的一个障碍物，我们必须扫除这一障碍物”②，“每乡设立一个消灭文盲协会，夜学和识字小组、短期训练班、半日学校等……旧有的组织系统属于乡协会，旧有的识字运动委员会和分会取消，从乡到中央，均组织消灭文盲协会，成为独立系统的广泛的群众组织，在行政上，受各级教育部指挥、监督并帮助工作进行”③。另外，《苏维埃公民》教科书的前言中说：“我们为着要在政治上教育上达到真正的平等；所以建立了消灭文盲的组织，识字班、夜校、半日学校，使每个苏维埃政权下的工农，都有机会读书，并规定在相当期间，把一切不识字的人们，都变成能写信、看报、读书和写文字。这一切运动的中心任务，简单说来，就是消灭文字上的瞎子，把大家变成不是文盲。”闽、浙、赣省提出了“在苏维埃政权下，不让一个工农不识字”的口号④。

（二）苏区图书馆的法规建设

中国共产党十分重视苏区的文化教育事业，自始至终把图书馆、俱乐部、

---

① 《中央苏区文艺丛书》编委会编《中央苏区文艺史料集》，长江文艺出版社，2017 年，第 61 页。

② 转引自王雷《近代中国社会教育事业与管理》，黑龙江人民出版社，2002 年，第 94 页。

③ 转引自顾明远、刘复兴主编《从新民主主义教育到社会主义教育（1921—2012）》，教育科学出版社，2015 年，第 77 页。

④ 李国强：《中央苏区教育史》，江西教育出版社，2001 年，第 147 页。

列宁室作为社会教育的重要组成部分，重视其对保存革命文献，宣传党的政策，提高党政军民文化素质和理论水平的重要作用，因而颁布各项法令，开办各种不同类型的图书馆，并对图书馆（包括俱乐部、列宁室）的工作任务和组织管理给予明确的规定。

1927 年 9 月，江西省革命委员会在《行动政纲》关于文化方面第 3 项首次提出了创办无产阶级图书馆的主张："极力增进工人农民及一般平民的知识和娱乐，开办校外的教育机关（如图书馆、平民学校、阅览室、科学讲话、电影、新剧等）。"① 1930 年 9 月，上杭县政府第二届工农兵代表大会在《政治任务决议案》中，也提出了创办图书馆的要求："实行免费教育，编制教材，开办报馆及教育人才训练班，设立图书馆，阅报社……" 1930 年 9 月 13 日，中共莲花县委六次委员扩大会议也在决议的第五条中决定："设立图书馆、阅览室，以使扫除旧文化、建设新文化的工作有长足进展。" 1932 年 6 月，江西省永新县四全代表大会通过了《永新县苏维埃文化教育问题决议案》指示："尽可能地做到在通衢大道中心点建立工农图书馆和书报阅览处，以提高群众的文化程度和政治水平，增进群众对革命的认识。"② 1933 年 8 月，少共中央局、中央教育人民委员部作出了《关于目前教育工作的任务与团对教育部工作的协助的决议》，指出教育工作的方针是要满足战争的需要和帮助战争的动员，进行广泛的马克思主义的教育，必须把教育的中心工作放到"社会教育""普及教育"上面去。1933 年 10 月，全苏教育建设大会通过了《目前教育工作的任务的决议案》，明确指出了社会教育的内容："这里讲的社会教育是广义的，不但是包括成年人的补习教育识字运动，而且包括俱乐部、列宁室、戏剧、游艺、唱歌、讲演、图书馆等。"③

1933 年在湘赣省制定的《文化教育建设决议草案》中，指出要对文化教育

① 《中央苏区文艺丛书》编委会编《中央苏区文艺史料集》，长江文艺出版社，2017 年，第 4 页。

② 中国井冈山干部学院编著：《井冈山斗争时期的县委机构——中国共产党永新县委》，中国发展出版社，2015 年，第 193 页。

③ 顾明远主编《中国教育大系：马克思主义与中国教育》，湖北教育出版社，1994 年，第 1064 页。

实行严格的检查，并以“是否满足革命战争的环境和阶级斗争的需要为标准”，在此基础上，号召群众，用自己的经济力量、积极性和创造力来干，“使俱乐部、列宁室、识字小组、夜学等普遍的推广起来，做到每乡设立一个俱乐部、一个识字委员会、一个图书阅报所”①。

（三）图书馆（室）是苏区社会教育的重要阵地

苏区时期，图书馆事业创办的形式有图书馆、图书室、阅报处、俱乐部、列宁室等，俱乐部是最主要的一种办馆形式。苏区图书馆开展的活动有图书、画报阅览，艺术、唱歌指导等项，每个图书馆都陈列着数量不等的革命文化书籍和报刊，艺术组负责指导群众学习各种工艺知识和技术，唱歌组负责组织群众，指导学唱革命歌曲，成为苏区群众社会教育的重要阵地。

1931 年 11 月，苏维埃中央政府成立后，中央教育部为发展群众文化工作，专设有社会教育局（省、县设社会教育科），苏区的社会教育工作由此蓬勃开展起来。1932 年，临时中央政府在叶坪村“熬厅子”建立了“中华苏维埃中央图书馆”（即中央苏区图书馆），并配备专职管理人员。后来苏维埃中央政府教育部又发动苏区各机关部队和广大军民向中央图书馆捐赠了一批书报，从而丰富了馆藏，使其成为中央苏区规模最大的公共图书馆。中央图书馆每天白天晚上都定时对全体军民开放，馆内除收集中央苏区出版的 34 种报纸外，还有《马克思选集》和列宁、斯大林著作等图书 2000 多册。图书馆还颁布了《图书阅览规则》《图书出借规则》等条例。当时，不仅中央机关的领导干部、红军官兵和勤务人员，就是当地的乡村干部和群众也经常到图书馆借阅，以至于“熬厅子经常是凳子不够坐，读书的人挤不下，许多人在厅子外看书”。

在创办中央图书馆的同时，中央苏区各部队、机关、学校和农村县、乡、村各级都以俱乐部、列宁室或展览室、图书室的名义发展图书事业。1933 年 6 月 25 日，中央苏区瑞金、会昌、于都、胜利、博生、石城、宁化、长汀等 8 县

---

① 《江西省工农兵第一次代表大会文化教育工作决议》，载中央教育科学研究所、陈元晖、邹光威主编《老解放区教育资料（一）》，教育科学出版社，1981 年，第 78 页。

查田运动贫农团代表大会作出8条决议，其中第6条提出："以查田运动的胜利去发展文化事业，普遍的设立俱乐部、列宁小学、夜校、识字班、列宁室、图书馆、墙报等等，以提高工农的文化水平。"① 在苏维埃政府的直接领导下，苏区各根据地不仅有"工农图书馆"、农村"移动性图书馆"、"俱乐部"和"列宁室"，而且还有各具特色的"书报阅览处"、"工农阅报处"、乡苏俱乐部的"书报社"和列宁室的"图书室"，在苏区革命根据地创办的各种不同类型的图书馆、俱乐部和列宁室有力地配合了各项中心工作，成为宣传党的各项决议、方针和政策，扩大党的政治影响，帮助革命战争动员的有力工具之一，并逐步形成了以瑞金"中华苏维埃中央图书馆"为首、部队以连为单位、农村以乡村为单位、机关以食堂为单位组建的机关学校图书馆、农村俱乐部阅览室等为翼的图书馆网络体系。

除中央图书馆外，中央苏区以下三种图书馆也积极开展工农教育。

①专业图书馆。如国家银行技术研究会在其征书启事中提出："为要广泛的、研究各种会计和统计，帮助建立于改进苏区内各种系统的会计制度起见"②，征求与此有关的参考书。这些图书馆尽管流通范围有一定局限，但仍以各种方式服务革命战争，服务人民大众。

②机关图书馆。如马克思主义研究会图书馆（称"文库"），《红色中华》报图书馆（称"材料部"）以及苏维埃大学图书馆，皆属于机关团体或学校图书馆类型。苏维埃大学图书馆则是为着"创造大批的苏维埃建设的各项高级干部，来适应革命发展的需要"而设立的。这些图书馆虽然大多规模不大，藏书不多，但为革命战争和苏维埃建设的高级干部培养做出了应有的贡献。

③苏区的俱乐部、列宁室、阅报室、展览厅。这些借阅机构灵活多样，办到了乡村，办到了人民群众的家门口，营造了学习的氛围，为革命工作者和人民群众提供了学习革命理论和文化知识的便利条件，成为人们学习、集会和交流的场所。

---

① 吕良：《中央革命根据地教育史》，教育科学出版社，1989年，第292页。

② 《征求文件图书启事》，《红色中华》1934年7月26日。

苏区基层图书馆（室）建设速度惊人。据毛泽东同志1933年11月在福建上杭作的《才溪乡调查》和1933年12月作的江西兴国《长冈乡调查》，俱乐部都已达到每村一个的程度。就整个中央苏区地域而言，尽管各地发展不平衡，亦有过半数乡村办起了图书馆（室）。

苏区俱乐部、列宁室的成就非常突出，“中央教育人民委员部颁发的《俱乐部纲要》规定：‘乡村的俱乐部，同时也就是该乡一切农民基本群众的俱乐部。每一俱乐部之下，按照伙食单位（或村庄）成立列宁室。每一列宁室至少须有识字班、图书室及墙报，此外，还必须有运动及游艺室的设备（规模小的列宁室，则与图书室可以合用一间）。至于一般的政治动员及社会工作（例如拥军优属的礼拜六工作等）由列宁室的主任负责领导。’列宁室由本单位（或村庄）的全体人员选举产生干事会，由五至七人组成，推选主任一人，负责列宁室的工作安排。干事会之下设识字班、图书组、墙报组。规模较大的列宁室还设有讲演组、游艺组和体育组，负责搜集并陈列列宁像、格言、各种画报、图画、报纸、宣传品、战利品，搜集革命烈士及阵亡烈士遗物、格言、照片，以及在革命战争中有意义的纪念品，组织开展各种竞赛活动等”①。俱乐部的一切工作都是“为着动员群众来响应共产党和苏维埃政府每一号召的”，都是“为着革命战争，为着反对封建及资产阶级意识的战争的”，其主要任务一是举行政治、科学讲演和谈话会，二是读报和讲报，三是开展体育运动和游艺，四是办墙报、演戏及化装讲演等。

湘鄂赣省苏维埃政府和文化部，在政府训令、文化问题决议案和文化工作计划提纲中，都强调在湘鄂赣各县要把图书馆、俱乐部、列宁室等建立起来。规定各机关、团体、工厂、学校、红军部队及市镇，或建立图书馆，或成立俱乐部与列宁室，或三者合一，不管建立什么，要迅速建立健全起来，“把俱乐部办成社会教育活动的中心，要把一切群众都吸引到俱乐部里来，要使群众一点一滴的闲暇时间都到俱乐部来过娱乐和教育的生活”。鄂东南苏维埃政府不仅要

---

① 钱贵成：《苏区文化新论》，中国戏剧出版社，2006年，第501页。

求下面坚决落实省苏维埃的决定，还要求各县要在自己的所在地建立模范俱乐部一所，为其他机关团体提供样板。

大冶县苏维埃政府积极兴办这些很好的社会教育阵地，规定图书馆每区须成立一个，搜集一切革命文艺书籍和有关革命理论书籍存入图书馆，以便群众借阅；在举行文化运动的时候，各区要将所有革命报刊、书籍集中起来，送交图书馆①。阳新县苏维埃政府提出，应当“毫无疑义不吝惜经费”去筹办图书馆等，把县府驻地建成文化中心，全县各市镇都要建立俱乐部、阅报室等，各村要开办列宁阁（室），以加强对群众的革命教育，扩大政治影响。阳新、大冶的市镇都设有赤色图书馆，乡村设有流动图书馆。各图书馆陈列有图书、画报，报刊主要有《红旗》《战斗报》《列宁小报》《青年出路》《少年先锋》《工人生活》等供群众学习和阅览②。

（四）苏区图书馆社会教育的原则与实践

在苏区建立图书馆是符合革命斗争工作和读者需要的合理布局，早在苏区中央图书馆成立以前的 1930 年 8 月，中共闽西特委就在《关于宣传问题（草案）》中提出：“普遍的实行社会教育，其具体办法：闽西和各县政府应建立比较大规模的图书馆、革命纪念馆及俱乐部等。各乡村须有以下社会教育机关设立。……通俗图书馆一所。”③ 苏区的图书馆事业，成为党和苏维埃政府文化教育事业不可分割的有机组成部分。苏区的图书馆（室），以其独特的方式植根于人民群众之中，与广大人民群众有着最广泛、最密切、最直接的联系，以其独有的功能，成为教育人民、团结人民的重要阵地，成为一所广大人民群众自我学习、自我提高的没有围墙的社会学校。

1. 坚持为革命服务的原则

为了在苏区广泛地进行马克思主义的思想教育，从中央到各级苏维埃政府

---

① 林楚生、石功彬、石太全：《大冶市老解放区教育史略》，黄石市图书出版社，1996 年，第 60 页。

② 方锡银：《黄石老区教育史》，黄石市老区教育研究会，1999 年，第 180 页。

③ 《中央苏区文艺丛书》编委会编《中央苏区文艺史料集》，长江文艺出版社，2017 年，第 39 页。

运用图书馆、俱乐部、列宁室大力发展社会教育，吸收广大的群众参加各种文化教育事业。在俱乐部、列宁室中积极地开展“消灭文盲运动”，并利用俱乐部和列宁室的识字班、壁报等形式来加速社会教育和普及教育的进行。同时，把列宁室作为马克思主义的宣传阵地，并加强马克思主义的学习和研究，达到提高群众的阶级觉悟和政治文化水平，增进群众对革命的认识，推动革命战争的目的。

1929 年，中共江西省第二次代表大会《关于宣传工作决议案》第十一条指出：“同时，各种分开的机关和团体亦须尽可能地利用和创立，如社会的团体的图书馆、讲演所、平民学校、私学团体、文艺团体、体育团等，我们必须参加进去活动，或是设法创立，努力攻击统治阶级的××，取得同情和发动群众的斗争，提出马克思列宁主义学说报告，介绍苏维埃政治经济科学文艺状况等以外，省委及各重要地方党部（如九江、吉安、赣州、××等），必须创办一种灰色的分开刊物，并尽可能办立灰色的通讯社及参加××的报纸报刊物等。”① 中华苏维埃中央图书馆在第 34 期《红色中华》上刊登的《中央图书馆启事》说：“图书馆为着充分给革命的工作者需要和给予提高革命同志的文化水平。”由此可见，中央苏区图书馆就是为了帮助读者学习科学文化知识、学习马克思列宁主义和革命理论，是以传播马克思列宁主义、扫除旧文化、建设新文化为办馆指导思想。

2. 坚持为工农服务的方向

在共产党和苏维埃政府领导下，革命根据地的图书馆、俱乐部、列宁室都是“以工农劳苦民众都有享受文化教育的权利”为方针，想尽一切办法给予工农学习的机会和条件。如开办“识字班”“图书馆”“工农补习夜校”等，鼓动广大工农群众积极参加，使俱乐部、列宁室成为一切工人和农民群众最基本的活动场所。中央苏区的图书馆（室）营造了一个读书学习的氛围，吸引着广大革命工作者和人民群众的求知欲望，成为他们自我学习、自我提高的理想场所。

① 柯华：《中央苏区宣传工作史料选编》，中国发展出版社，2018 年，第 73 页。

政治上已获得解放的苏区革命工作者和人民群众，在文化知识方面也得到解放。共产党和苏维埃政府把图书馆（室）办到乡村，办到人民群众的家门口。苏区的一切文化教育机关掌握在广大工农群众手里，工农及其子女有享受教育的优先权利。

中央苏区的图书馆（室）还为广大读者提供了优秀教员和义务教育。1933年，毛泽东在《才溪乡调查》中记载："读报团，设于俱乐部内，有一主任，逢圩日（五日一圩）读'斗争''红中'及'通知''阶级分析'等，每次最少五六十人听，多的八九十人。"① 1934年4月，中央教育人民委员会制定的《俱乐部纲要》第六条第4项丁款中规定："布置俱乐部的图书室（或设在某一列宁室），组织部员的读报组负责宣传当地群众读报，不能读报的人，俱乐部的读报组应当负责定期召集他们到一定的地点，最好就在俱乐部的图书室宣读各种报纸，同时讲解给他们听，甚至还逐字逐句地解释。"② 由于苏区广大人民群众中文盲、半文盲者占绝大多数，并且当时图书馆（室）的书报来源十分紧张，数量十分有限，从主客观方面看，广大人民群众读报都很不方便。中央苏区的图书馆（室）充分发挥自身的社会教育功能，管理员兼做读报员，为人民群众义务读报、读书、读通知。通过宣读的方式，向读者传播革命理论、革命文化和科学知识，达到团结教育人民、打击消灭敌人、夺取革命胜利的目的。

（五）苏区图书馆社会教育的意义

中央苏区的图书馆事业，由于始终服从于开辟巩固和建设根据地、服务于广大工农群众这一中心任务，因此得以蓬勃发展，特别是在社会教育方面成绩斐然，对发展苏区各类教育做出了巨大贡献。

苏区的图书馆（室）形成以马列、军事、经济三大类文献为主体的藏书结构，为苏区民众提供了宝贵的精神食粮，马列类文献有中央苏区中央局宣传部出版的《国家与革命》、中央苏区中央局翻译的《二月革命与十月革命》、中共

① 裴时英：《教育社会学概论》，南开大学出版社，1986年，第314页。

② 江西省文化艺术志编纂委员会编《江西省文化艺术志》，新华出版社，1999年，第798页。

中央局出版的《列宁主义问题》、毛泽东的《依据农村中阶级斗争的差别去开展查田运动》《怎样分析农村阶级》等，是传播马克思列宁主义理论，宣传唯物主义世界观的强大思想武器。还有军事图书、经济类书籍以及大量的工农商方面的实用技术书籍，苏区广大官兵和工农群众充分利用这类书籍，依靠学习到的科学技术知识，粉碎了敌军残酷的封锁，保存和扩大了红军的有生力量。中央图书馆和各类图书馆还收藏了大量教育类图书，如《扫盲识字课本》《教学法》等，对发展苏区各类教育贡献殊多。此外，图书馆的工作人员还利用一切空隙，组织读报、演讲、宣传等活动，积极投入全社会的扫盲活动中，号召人民群众铲除封建陋习等，使苏区的普通教育和社会教育得到显著发展。

第六章　全民族抗战时期图书馆的社会教育（1937—1945）

1937 年，中国进入了艰苦卓绝的全民族抗战时期，在救亡图存之际，为配合御敌救亡，以抗战教育为主的社会教育全面向前推进。陶行知在《国难与教育》中指出："我们要对付国难，就须以教育为手段，使我们的力量起了变化，把不能对付国难的力量，变成能够对付国难的力量，这才能达到目的。"① 这一时期的社会教育在抗战教育思潮主导下，成为唤起全体民众的救国教育。

作为民国社会教育职能部门之一的国立、各省市公立图书馆都临危受命，承担起保存中外珍贵文化典籍，以及充分发挥好图书对于全民族坚持抗战教育作用的重要使命。当主要的珍贵文献脱离战火直接威胁后，各级图书馆管理者响应抗战社会教育应特别注重人民生活之改进、民智民德之培养、抗战意识之增强的号召，积极参与扫盲运动和宣传抗日，普及战时常识，组织通俗读物、科普读物等多种读物的编纂，以流动图书馆、巡回服务等方式，在后方及战区开展社会教育服务，鼓舞民众坚持抗战的信念和士气。

---

① 顾明远、边守正主编《陶行知选集（三卷本）：第 1 卷》，教育科学出版社，2011 年，第493 页。

第一节　全民族抗战时期的社会教育

一、以抗战为中心的社会教育宗旨

在全民族抗战时期，战时社会教育成为主导。政府根据国情的变化及时调整社会教育的各项政策法规，以抗战的需要为重点，有针对性地培养人民大众的国家观念、民族意识以及强健的体格。各个领域均做出战时应变，要切实提高全体国民的基础文化素质，激发群众抗敌御侮的国家意识和民族观念，依靠有限的正规学校教育显然远远不够，还需借助社会教育事业广泛发展与深入推进。

1938 年 4 月，国民党临时全国代表大会制定《战时各级教育实施方案纲要》，其中对社会教育做如下规定："确定社会教育制度，并迅速完成其机构，充分利用一切现有之组织与工具，务期于五年内普及识字教育，肃清文盲，并普及适应于建国需要之基础训练。"① 国民政府教育部以此为依据，确定战时社会教育的目标为："增进全民之知识道德与健康，使成为新时代的需要之良好公民，施教对象为全体国民，施教工具应充分扩展科学馆、图书馆、民教馆等社会机构。"② 由此可见，其时社会教育的范围除一般意义的成人教育外，图书馆、博物馆、科学馆等文化机构开展的教育，音乐、美术、戏剧等艺术教育及电化教育、家庭教育、特殊教育均属于社会教育的范围。次年，教育部召开第三次全国教育会议，会议在《抗战建国时之教育应多注意战时需要》一案中规定："战时社会教育之目的，在觉醒人民之整个民族意识；并促进适龄者之服兵役，培养人民之军事力量以作持久消耗战之人力补充与普及民众教育，提高文化水

① 罗廷光：《教育行政（下册）》，福建教育出版社，2010 年，第 220 页。

② 教育部年鉴编纂委员会编《第二次中国教育年鉴》，商务印书馆，1948 年，第 11—12 页。

准，鼓励技术人手，以谋抗战建国之数量的增加及效能的提高。”① 这一规定明确了抗日战争时期社会教育的目标，表明了政府期望通过社会教育来唤起广大同胞的民族意识，激发起人民群众的抗战情绪。包括社会教育在内的各级各类教育开始全面为抗日战争服务。

在抗日战争时期的特殊背景下，全国民众直接和间接支援抗战事业，社会教育工作重心相应做出了调整，以宣传抗战建国为己任。民众教育被赋予“普及民族意识、增强抗战决心”的新目标，民教馆、图书馆、民众服务团体等机构更注重向民众传播民族意识，增强战事教育，这些机构在抗战时期创办时事壁报，进行文字和常识教育、电化教育，放映抗战影片，组织歌咏戏剧队，等等，这些社会教育活动都是围绕如何动员民众积极抗战开展的。

二、社会教育政策及内容

全民族抗战发生后，国民政府于 1938 年 4 月召开临时大会，通过抗战建国纲领，同时更通过战时各级教育实施方案纲要，其中第七、九、十六、十七条，是关于社会教育实施方针的：对于社会教育，力求有计划地实施；对于学校及社会体育，应普遍设施，整理体育教材，使与军事训练、童子军训练，取得连贯；为谋教育行政与国防生产事业之沟通与合作，应实施建教合作办法，并尽量推行职业补习教育，使各种职业之各级干部人员均有充分之供给。可以知道当时社教方针之重点有三：“一是确定社教制度而使其事业稳定；二是利用现有组织与工具，而使社教效果扩大；三是注重健康教育与生产教育，而使过去社教的缺点，得以矫正充实。”②

1938 年 7 月，《教育部订定之战时各级教育实施方案》第九项明确提出：“社会教育以增进全民的知识道德与康健，以提高文化水准，使全体民众具备公

① 佐藤尚子、大林正昭：《中国近代教育比较研究》，于逢春、汪辉译，吉林大学出版社，2005 年，第 198 页。

② 顾明远主编《中国教育大系：20 世纪中国教育（一）》，湖北教育出版社，2015 年，第 301 页。

民常识，及民族意识，明了本国现状与世界大势，成为新时代所需要之良好公民，俾新兴事业易于推行，国家政策易于实现。”①

1941年，国民党五届八中全会又通过了《战时三年建设计划大纲》，规定：“社会教育应特别注重人民生活之改进，民智民德之培养，抗战意识之增强。”②

战时社会教育因其活动区域和对象的不同，其施教形式主要有两种：一种是通过在中心城镇建立固定的民众社会教育机构面向民众开展教育，主要包括民众学校、民众教育馆、图书馆、科学馆等；一种是设立巡回教育团体进行巡回施教，送教上门，深入农村、工厂和军队开展社会教育各项内容。全民族抗战时期各种形式的机构和团体所倡导的社会教育都是围绕“抗战建国”这个主题进行的，即能“激发民族意识觉醒，激发民众爱国热情、民族抗敌信念”，充分发挥其警世化民的作用，直接为抗战服务。1937年，《战时陕西社会教育工作纲要》中提出“陶冶民族意识，坚定救国信念；灌输战事常识，充实防御设备”以及“搜集各种发扬民族之图书，公开陈列；关于指导民众自卫之图书，尽量搜集；特辟专室或专架，任人借取”的工作要求。③

全民族抗战时期国民政府根据教育救助和国家自强的纲领对社会教育进行了方向性调整，具体内容包括15类：“（一）推进失学民众补习教育；（二）推进电化教育；（三）推行国语教育；（四）推进音乐教育；（五）推进戏剧教育；（六）推进美术教育；（七）编审民众读物；（八）改进社会教育馆；（九）改进图书馆；（十）改进博物馆、科学馆；（十一）推行家庭教育；（十二）督促各级学校办理社会教育；（十三）推进国民体育；（十四）订定社会教育制度，制定社会教育各种规章；（十五）救济战区社会教育人员，推进各种战时社会教育事业。”④

---

① 转引自顾明远主编《中国教育大系：20世纪中国教育（一）》，湖北教育出版社，2015年，第301页。

② 同上。

③ 转引自谢林主编《陕西省图书馆馆史（上、下）》，三秦出版社，2009年，第159页。

④ 李定开：《抗战时期重庆的教育》，重庆出版社，1995年，第139—140页。

三、法规建设

抗日战争时期社会教育具有深刻的救亡图存意义，这一时期国民政府颁布了大量的社会教育法规以实现“警世化民”的功效，同时，也为了保护青年免受日本奴化教育之摧残。这些法规与国民教育法规相辅相成，如重点对15岁至45岁的民众实施补习教育，并辅以必要的社会教育监督制度，以实现“保种抗战”的长远目标。根据教育年鉴的记载，在全民族抗战时期社会教育法规取得了较为显著的成绩。

在全民族抗战的时代背景下，国民政府迅速地对抗日战争时期的社会教育立法进行了两个方向的调整：一是根据抗日战争的实际需求，颁布了大量的应急社会教育法规，以便能够迅速适应战争的需要，该调整方向导致了这一时期的社会教育法规往往实施的时间较短，更换较为频繁；二是着眼于战后建立新中国的远景目标，调整了一定数量的社会教育法规的内容和宗旨。这一时期的法规总体数量繁多，部分法规从颁布到废除的时间间隔很短。

全民族抗战和唤醒民族意识的宗旨贯穿于社会教育法规始终。社会教育法规在制定时首要考虑的问题即为立法的宗旨，纵观全民族抗战时期的社会教育法规，都是直接或是间接地体现着“唤起各方民众的民族意识”“激发抗日情绪”“坚定抗日胜利决心”的核心宗旨。

抗日战争时期的社会教育法规制定宗旨更加地关注唤醒民众抗日的决心与意识，成为指导当时战区抗日社会教育工作团的有力法律保障，正是在这些社会教育法规的引导下，政府有效地整合了当时有限的社会教育流动团队，广泛而深入地宣传了对日抗战主张，科学地组织训练了民众的抗战技能，具有重要的历史意义。

四、社会教育的特点

这一时期的社会教育推进基本上是以抗日战争需求而进行的，社会教育涉及的具体环节也都体现着抗日的决心与急迫，蒋介石在1939年第三次全国教育会议上发表的训词《今后教育的基本方针》中所言："我们应该以非常时期的办法，来达成教育本来的目的，运用非常的精神，来扩大教育的效果。"① 国民政府这一时期所推行的教育，包括社会教育在内，都体现出阶段性的发展特征。

1. 战时性

全民族抗战时期的社会教育既作为教育事业不可分割的一部分发展推进，又作为一种教化民众、激发和训练民众参加抗战救国事业的手段而存在。由于战争环境的影响，社会教育带有战争的特性，无论是教育的目标、内容、重点对象、方式都与平时发生了很大变化，带有明显的战时色彩。

全民族抗战时期社会的主题是"抗战建国"，但是，民众的素质低下及对国民政府的不认同感，都不利于国家建设，也不利于国民政府的抗战政策的实施。所以扫除文盲，是社会教育的一项重要目标。但是这一时期的扫盲工作也变成一种组织民众训练、激发民众意识的途径。从扫盲过程中民众学校的文盲民众所学内容就可知，让民众认识字只是一小部分的目标，主要目标是期望民众正确认识抗战，能够主动参加抗战或者为抗战做贡献，了解国民公约、军民合作及抗战问题意义并实行。

全民族抗战时期社会教育的特殊性就在于，社会教育在很大程度上是作为一种手段存在的，"在战时并能针对战争，以唤起民族意识，激发抗战情绪，灌输战时知能"②，可以看出全民族抗战时期社会教育的目标还包含最大限度地适应抗战各方面需要的内容。

---

① 转引自苏国安：《南京国民政府时期学校教育政策研究》，河北教育出版社，2014年，第156页。

② 顾明远主编《中国教育大系：历代教育制度考（二）》，湖北教育出版社，2015年，第2451页。

2. 广泛性

对于社会教育机构而言，处于抗战烽火之中的首要任务是利用所有教育资源激发民众爱国热情，动员爱国民众投身抗战，了解战场知识，鼓舞其坚持抗战的决心和信心。教育的对象是基层民众，是那些流离失所的难民、失业失学的青壮年、经历战火的伤兵等。社会教育的重心是民众教育、难民教育、伤兵教育、失学民众补习教育。

国民政府社会教育的对象应该包括全体民众。与战前相比有它的特殊性，比如抗战前只注重成人教育，战时则更注重青年训练，因为这一时期的社会主题是“抗战建国”，主力军是青壮年。同时，儿童的保护、妇女的教育“组训”也比以往更得到重视。

从社会教育司拟定的三十二项最低的目标可以看出全民族抗战时期社会教育内容的广泛性，包括语文生活、公民生活、职业生活、健康生活、休闲生活五个方面。语文方面须达到：能识基础字一千五百个，能用字典练习生字，能阅读浅近书报，能写书信、便条、记述自己情况的简易文字。公民方面的最低标准包括：能负责任守秩序，能忠于国家、孝敬父母、友于兄弟，热心公共事业，以谋地方和国家的福利，遵守法令，参加国家动员，能勇敢参战，扶助弱小，保护乡里和国家，能认定民族的利益高于一切的利益，明了人生意义，具备劳动服务快乐积极的人生观，明了我国现在所处的地位及其富强可能性。职业生活方面包括：具有一种以上社会必需的职业智能，能根据自己的境遇从事一种正当的职业，勤劳谨慎，不断地求本业的发展，能联合同业共谋社会的发展。

同时，这一时期的社会教育也呈现区域特征，比如在战区国防教育偏重一些，在西南大后方，由于这一地区是兵源和抗战补给的基地，所以偏重于兵役教育和职业补习方面的教育，在沦陷区则偏重于民族认同教育和爱国教育。

第二节　以抗敌救亡为中心的图书馆社会教育思想

一、图书馆社会教育意识的深化

图书馆社会教育经历三十余年的发展，在陶铸人才、培基民力等方面深入人心，在民众教育运动后朝着更多向度细化和认知。国立社会教育学院图书博物馆系主任汪长炳在《图书馆与社会》中提出，“社会之良窳，胥赖于图书馆教育之推进”，“欲改造今日之中国社会，图书馆教育实为社教工作之极端重要部门”，推行社会教育之工作多端，但“比较具体而富有永久性与独立性者厥为图书馆”，将其社会教育功用概况为：①训练公德心。图书馆“为绝对公开，纯系服务而设立，使一般民众知公物之运用、保护与爱惜。则可以培成其公德心，以适应生存于现代社会”。②培养团结力。图书馆使互不相识之人“朝夕一堂，享受共同生活，进而研究，退而切磋，以彼之长，补此之短，以培养其团结力”。③养成现代国民。“图籍所归，百川汇海，读者与著者藉图书之介，无空间之隔阂，而神与往来，其所得之智识与夫古今中外之嘉言懿行，影响于其心身者，至深且巨。”④养成求学习惯。“图书实为一切智识学术之源泉，读者各以其程度及需要而选择读物，各利用其空闲时间，取得学习之机会，以增进其智识，养成其技能，陶冶其精神，提高其意志。”① 《论图书馆施教目标》一文认为，“图书馆是实施品格教育的最好场所”，在促进知识教育的同时，还可以改进民众的生活观念、增进民众的生活技能。

李惠君在《图书馆教育改进之我见》中写道：图书馆没有阶级性，其最大任务是辅助和促进社会教育普遍的发达，作一个大众的导师。徐徵的《图书馆教育

---

① 南京图书馆编《汪长炳研究文集》，南京大学出版社，2007 年，第 227 页。

论》言道：“图书馆常具有以下特质：无时空限制、无老幼贫富阶级的限制、可助长潜在个性活动，完善的图书馆必设读书会、辩论会等，可影响社会之进步、之治安、之文明，能造成自学之志士、能增益生活必需知识、能养成公民爱国思想。”① 魏泽馨比较了普通图书馆和民众图书馆的不同，认为后者能够使民众普遍接受基本知识，并养成对目前情况应有的态度和能力②。曲辅民说，民众图书馆是对全体社会而言，包括“无识”之人，能在德、智、行诸方面给予他们教育的救助③。方今墉认为，图书馆是民众读书的学校、专门学者的研究室和儿童的自学室④。蒋镜寰的《图书馆与社会教育》从“改进精神”“充分利用”等方面论述民众当为图书馆之主人翁，图书馆当抱有牺牲之毅力服务社会⑤。张鸿书指出，“图书馆能赋予大众自然长养之机会，即对大众有‘育’之作用”，“由于管理阅览诸活动中，潜默中图书馆亦在有引导大众之力量也”⑥。

二、图书馆教育抗敌救亡主旨的确认

“救国大计，端赖教育。”如何在全民族抗战之非常时期配合国防教育、特种教育等形式，图书馆界提出总体大纲及实施细目。瞻庐认为，“图书馆在民族自救史中实占最重要这一页”，在此非常时期之下，民族自救之时机迫矣，图书馆应一一做预为之计，如进行读书会、讲演等使图书馆有指导社会之能力⑦。洪焕椿呼吁，全民族抗战期间，无论是中等程度的读者还是一般民众，到图书馆借书读书不能只是作为消遣或点缀，而应该是有目的有立场的，对这一点图书馆负有实行的责任⑧。沈祖荣的社教思想立足于抗战事业和图书馆专业教育，

① 徐徵：《图书馆教育论》，《江苏教育》1942 年第 4 卷第 1 期。
② 魏泽馨：《民众教育与民众图书馆》，《辅导月刊》1937 年第 1 卷第 2 期。
③ 曲辅民：《民众图书馆教育之理论与实际（上）》，《山东文教》1943 年第 3 期。
④ 方今墉：《图书馆与教育》，《大夏图书馆馆报》1937 年第 2 卷第 3 期。
⑤ 蒋镜寰：《图书馆与社会教育》，《江苏省立苏州图书馆年刊》1936 年。
⑥ 张鸿书：《图书馆与教育》，《工业学院学报》1937 年第 3 期。
⑦ 瞻庐：《图书馆人员应有之认识与努力》，《江苏省立苏州图书馆年刊》1936 年。
⑧ 洪焕椿：《图书馆教育》，《新青年》1942 年第 6 卷第 9 期。

1939年他发表的《图书馆教育的战时需要与实际》一文提出，现代的战争是“全体性的战争”，由于抗战的经验，大家都认识到图书馆是精神教育和促进技术的利器，最合乎战时的需要，其一，前方将士精神食粮的供给。其二，受伤将士休闲教育的顾及。如“淞沪抗战”后，国立中央图书馆在南京举办流动书橱，文华图书馆专科学校学生在武汉组织巡回文库，到附近各伤兵医院中服务，供给受伤将士们合宜的图书杂志，不只减轻他们肉体上的苦痛，还可以从阅读上实施政治教育和技术训练，以增进他们对于国家民族的认识。其三，难民的教育。借机实施政治教育和生产教育指导他们的前途，以达到使他们“进而入伍出征杀敌，退而努力生产工作”的目的。其四，一般民众的教育。使民众真正认识到个人与国家之确实的关系。同年，沈祖荣在《今后二年之推进图书馆教育》中谈到图书馆教育的目的是：“要于化育人民的过程中，兼能增强抗战建国的力量。”对于抗战中的民众教育问题，他说：“我们对于民众要特别的注重。尤其是乡村及各边远县的民众，因为他们在抗战力量中有极重要的位置。”他还建议在伤兵难民的住地设立永久的巡回文库，给他们以精神慰藉和消遣，在军队中设立随营图书馆，用以振奋将士精神，为将士提供军事理论和战争技术的学习资料，“在生死攸关的抗战当中，真是万端待举。图书馆教育，自当努力推行”。①

1938年，随金陵大学西迁到成都华西坝的刘国钧发表《图书馆与民众动员》一文提出：图书馆“平时是增进人们治事能力的机关；在战时，更是坚强人们意识的工具……所以在目前战局紧张，需要民众全体动员的时期，图书馆应当尽他的力量，以协助这全体动员的实现”。

刘国钧认为图书馆在民众动员中负有宣传的责任，他指出，宣传的目的是“增强民众抗敌情绪，供给人民战时知识，培植人民自卫能力，唤醒人们民族意识”。他给出了图书馆抗战宣传的五种工作方法：办壁报、开展览会、举行公开演讲、编辑书目、推广图书馆。图书馆可以通过编辑书目来达到增进国民知识，

① 沈祖荣：《沈祖荣文集》，武汉大学出版社，2013年，第299—305页。

他说："例如敌国的情况，抗战的经过，防空的方法，自卫的战术，服兵役的意义等都可作为题目，选择若干种书籍，编成读书程序，作为读书的指导，使对于现在问题不明瞭的人，可以因此得着相当的知识……这种书目是增进国民知识，唤起民族意识，培养抗敌能力的精神方面必需品。"关于图书馆推广，他说："我们正要每个人都深切的了解并体认国家的危机和自己的责任，凡能达到这目的的任何手段都可以采用。图书馆中原来的推广工作如设立分馆、代办处、巡回文库，以及最近流行的巡回书车等等方法都应在这时期极力推行。"① 他还十分重视图书馆对地方文献（特指西北文献）的搜集和整理，认为可从中增强民族凝聚力。

第三节　全民族抗战时期图书馆社会教育实践

随着政府将社会教育纳入战时教育体系，社会教育的目标发生变化，"培养民众国家观念、民族观念"，注定了社会教育的宗旨为抗战服务。在这种思路指导下，教育部颁布一系列国民教育法令，促进民众教育馆、推广图书馆、提倡国民体育、筹备电化教育等。社会教育经费投资从 1936 年 1100000 元、1937 年 2247217 元、1940 年 2907452 元、1943 年 33718303 元到 1945 年 71178270 元（1936—1945 年）呈现逐年递增趋势②。图书馆成为进行社会教育和抗战教育的支撑组织和主要机构。

一、全民族抗战时期的图书馆事业

全民族抗战时期的图书馆，既是"实行民众教育的无上工具"③，同时为全

---

① 刘国钧：《刘国钧图书馆学论文选集》，书目文献出版社，1983 年，第 78—79 页。

② 《国民政府社会教育事业经费（1936—1945）》，载教育部教育年鉴编纂委员会主编《第二次中国教育年鉴（第九编）》，文海出版社，1987 年，第 1091 页。

③ 王君锡：《民众图书馆与民众教育》，《民众生活周刊》1932 年第 10、11 期。

民族抗战提供文化支持和教育支持。1939年7月，教育部颁布了《修正图书馆规程》，同年颁布了《图书馆工作大纲》，其第五条规定，“图书馆施教任务，除办理本馆一切事务外，应负辅导或协助本区各社会教育机关及各级学校有关图书事项之责”。1939年11月，又颁布了《图书馆辅导各地社会教育机关图书教育办法大纲》，其第二条规定，“图书馆应以辅导各地社会教育机关图书教育为主要任务之一”。1940年，教育部为了推行图书馆教育，制定了图书馆辅导各地社会教育机关图书教育办法大纲十五条，对于图书馆辅导的范围进行了规定，省、市、县立图书馆应负责本区内其他各图书馆及其他社会教育机关关于图书教育之责。

国民政府在全民族抗战时期对于推广图书馆教育也做出了一定的努力，充实了国立北平图书馆，在南京筹设了国立中央图书馆，并由中央图书馆训练图书馆干部人才，扩充了地方图书馆及地方图书设备。在抗战大后方，表现最突出的是国民政府建立中央图书馆重庆分馆。全民族抗战爆发后，南京中央图书馆奉命迁川，1939年该馆迁江津白沙镇，并在重庆建立分馆。在重庆的五年，中央图书馆在艰难困境中发展，取得了不错的成绩。仅就社会教育方面而言，比如办理图书馆补习学校，编印《战时国民知识书目》等，发挥了应尽的教育之责。1937年10月至1939年8月，该馆编印《战时国民知识书目》共27期，编印重庆各图书馆所藏西南问题联合书目一种。除此之外，还代四川省筹设省立图书馆，在业界担任了引领和指导角色，对于扩充和传播图书馆的社会教育功能起到了良好的作用。

后方基层地方图书馆也在艰难环境中发展，1938年重庆青木关的地方人士就积极筹款建房、劝捐图书创建了青木关图书馆，并以此馆为基地积极开展民众教育事业①。除此之外，北碚、万县、梁山、忠县、开县等均设有独立的图书馆，部分县则在民众教育馆内设立图书室。1939年由于敌机偷袭，原重庆通俗图书馆馆舍全部被炸，该年冬，重庆市政府拨国币100万元在原址修建，其中

---

① 李定开：《抗战时期重庆的教育》，重庆出版社，1995年，第145页。

阅览部设儿童图书馆、巡回文库、书报流通处等，在江北相国寺设分馆。该馆还与市郊各教育文化机构协会在沙坪坝、磁器口、南温泉青年馆、李子坝小学等十余处合设阅览场，在中央公园长亭茶社、化龙桥中心茶社、观音桥茶社等5处设立书报流通处，供给书籍、日报、杂志等，以供民众阅览[①]。为了充分发挥市立图书馆的功能，重庆市社会局于1942年增加经费对该馆予以充实和发展。鉴于市立图书馆面积狭小且地处朝天门，位置较为偏僻，1944年重庆市教育局择址建设新馆，并于当年投入使用，为民众提供读书阅报服务。

根据资料统计，1938年“全国公私立图书馆2912所，在战区者1436所，占总数49.3%”[②]。当时的民众由于社会动荡为生计奔波，为安全着想，除了极少一些搞学术的知识分子外，很少有普通民众主动去图书馆学习，也没有时间和心情去阅读休闲。据教育部1940年统计：“全国图书馆共有890所，工作人员数有2045人，平均每一图书馆有工作人员数为2.2人。”[③] 据此说明，无论是图书馆数量还是工作人员数量都难以保障有十分理想的工作局面和效果。

二、全民族抗战时期图书馆社会教育的使命

全民族抗战时期，图书馆被赋予了时代使命。1939年颁布的《修正图书馆规程》规定图书馆宗旨为“图书馆应遵照中华民国教育宗旨及其实施方针与社会教育目标，储集各种图书及地方文献，供众阅览，并得举办各种社会教育事业以提高文化水准”[④]。如何实现图书馆的宗旨和社会教育目标呢？那就是促进书刊流通。只有促进书刊流通，图书馆才能实现其社会价值。战时图书馆供众阅览的努力，或创造条件开放，或举办各种展览，无论何种形式，都是实现图书馆本位救国的基本途径。

---

① 杨宝华、韩德昌编《中国省市图书馆概况（1919—1949）》，书目文献出版社，1985年，第360—361页。

② 转引自徐辉、冉春主编《抗战大后方教育研究》，重庆出版社，2015年，第237页。

③ 同上。

④ 阮华国：《教育法规（全二册）》，大东书局，1947年，第499页。

如果说社会教育是图书馆的常态化工作目标，那么社会动员无疑赋予图书馆以救亡图存的责任，而这种非常责任恰恰体现了图书馆界本位救国的爱国方式。李仲甲指出："我们虽不唱'教育万能''教育救国'的高调，然而最少也应该尽教育之最大能事，图书馆，尤其是公共图书馆是实施社会教育的重要机关，干这种工作的人，所负教育民众、唤起民众的责任，不但是义不容辞，而且应该具有精诚强干的态度去做。"① 汪长炳说，增强抗战力量，巩固建国基础，非社会教育不为功，图书馆之社会教育自应随全国抗战工作而奋斗。全民族抗战初期成立的湖南青年图书馆《组织简章》规定："本馆以搜集现代书报供给精神食粮，促进战时文化培养青年知识技能为原则。"

三、全民族抗战时期图书馆社会教育相关法规法令

1939 年 7 月，教育部第 17054 号部令颁布了《修正图书馆规程》，同年，又颁布了《图书馆工作大纲》，其中第三条为"图书馆之施教目标，在养成健全公民，提高文化水平，改善人民生活，促进社会发展"，第四条为"图书馆之施教范围应以全区民众为对象"，第五条规定"图书馆施教任务，除办理本馆一切事务外，应负辅导或协助本区各社会教育机关及各级学校有关图书事项之责"，第十四条为"各级图书馆必须认清施教对象，把握工作中心，以增进工作效能"②。

1939 年 11 月又颁布了《图书馆辅导各地社会教育机关图书教育办法大纲》十五条，第二条规定："图书馆应以辅导各地社会教育机关图书教育为主要任务之一。"③ 对于图书馆辅导的范围进行了规定，省、市、县立图书馆应负责本区内其他各图书馆及其他社会教育机关关于图书教育之责，协助各级学校兼办社会教育，负责编印辅导刊物、组织馆员训练等。

① 李仲甲：《公共图书馆长应注意的几件事情》，《中华图书馆协会会报》1936 年第 12 卷第 3 期。
② 转引自南京图书馆编《汪长炳研究文集》，南京大学出版社，2007 年，第 225 页。
③ 同上书，第 226 页。

1941年教育部为了普及图书馆教育颁布了《普及全国图书馆暂行办法》，规定除各省、市、县设置图书馆外，各乡镇也要设立书报阅览室一所，并应该逐渐增加，以期达到每保有一所。各级图书馆除了辅导图书教育事业外并得设置书报供应站。至于选购书报，提出以下几个原则：适应抗战建国之需要者；有关一般民众之职业及生活者；有益于一般民众个人修养及社会风俗文化之提高增进者；文字通俗条达，内容切要充实者。①

为充分利用各学校、机关团体图书馆丰富的文献资源，服务社会，以利民众动员和抗战宣传，国民政府出台了《各级学校及各机关团体附设图书馆（室）供应民众阅览办法》，规定各级学校和各机关团体所设置之图书馆（室）必须向全体民众开放，并要求它们"协助当地乡（镇）、保设置书报阅览室并应介绍或借予书报陈览"②。国家以法令形式强制要求各学校、机关团体图书馆向全体市民开放，并协助所在乡（镇）、保建设书报阅览室，可弥补公共图书馆建设之不足，使普通民众有更多机会阅读抗战书报，这对于动员民众、宣传抗战无疑具有积极意义。

各地管理部门也纷纷出台相应法规或发布行政命令，以管理、引导本辖区内图书馆界开展战时国民教育。浙江省教育厅《战时各级图书馆工作纲要》要求"战时各级图书馆工作，以指导民众参加全体动员之准备，从事抵抗敌人侵略，并指导民众应付战时各种之智识为目的"③。广西政府于1940年6月颁布《广西普设民众图书馆计划》，规定设置民众图书馆的目标为：①充实各中心国民基础学校民众图书设备，加强国民基础学校成人教育。②推广文化运动，使普遍深入乡村，造成人人随时随地随事从事学问，以谋国民生活之改进。③介绍适合民众之基础读物，灌输公民常识以完成国民教育。该计划要求1940年度"于每中心国民基础学校设置民众图书馆一所，计全省应设置二千三百零二所"。

① 《普及全国图书教育暂行办法》，《浙江教育》1941年第3卷第11、12期。

② 《各级学校及各机关团体附设图书馆（室）供应民众阅览办法》，《西康民教季刊》1942年第1卷第3期。

③ 《战时各级图书馆工作纲要》，《浙江教育》1937年第2卷第9期。

此外，还规定村街基础学校应设置民众阅书报处，筹得经费的，亦应设置民众图书馆，并劝导其他学校、机关及公私团体、商店、工厂等自筹经费，订购图书设立民众图书馆①。7月，由省教育厅组织“普设民众图书馆委员会”，负责办理普设民众图书馆工作。1942年又颁布《广西中心学校民众图书馆规程》，要求各中心学校均应设置民众图书馆，民众图书馆的工作是发布抗战消息，向民众传授防空、救护、兵役等知识，以及“搜罗有关战事书籍、图表、器物，并向民众宣传”②。1942年湖南省政府发布《湖南省各机关团体及各级学校附设图书馆室供应民众阅览办法》，规定“各图书馆（室）应将每日开放时间或民众阅览时间（不得少于四小时）通告周知，广事宣传劝导，举办民众读书会、读书竞赛等以提高民众读书兴趣”③。同年制定《湖南省各县图书馆、民众教育馆巡回文库设置指南》强调“以书找人”施教原则，“巡回文库用书箱储藏图书送到各处，使不能来馆之人士亦能得到读书机会”④。

四、图书馆社会教育的内容形式

全民族抗战爆发后，我国图书馆界尽管面临经费缺乏、职员被裁减、房舍被强占轰炸、图书被抢劫损毁等诸多困难，但仍在政府主导和有识之士号召之下，毅然地担当起支援抗战之责任，包括开展各种社会教育。

1. 开展救亡宣传，唤起民众投身抗日

全民族抗战期间，各图书馆因地制宜，灵活运用各种方式进行抗战宣传。图书馆界拥有极为丰富的图书文献资源，这决定了它在抗日宣传中具有举足轻重的地位，动员民众、宣传抗战，是图书馆界服务抗战的重要内容之一。例如，江西省立图书馆为了让市民及时了解抗战消息，每日派遣工友乘车往距城七八

① 麦群忠：《抗战时期的广西图书馆事业》，《图书馆界》1995年第3期。

② 王憎蝠：《中心学校设置民众图书馆》，《基层建设》1942年第18期。

③ 《湖南省各机关团体及各级学校附设图书馆室供应民众阅览办法》，《湖南教育月刊》1942年第27期。

④ 《湖南省各县图书馆、民众教育馆巡回文库设置指南》，《湖南教育月刊》1942年第28期。

里远的教育厅无线电指导室接取广播新闻，稍经编辑后，张贴于图书馆门外，供人阅览。此外，还坚持办壁报，“用极通俗的文字，把当前的重要时事加以解说和报道，同时更搜集许多英勇的故事，用旧小说的形式灌注入新的内容，以供民众的阅读”[①]。和顺图书馆从1931年起，每日坚持誊抄官方电报消息张贴于十字街头，供民众阅览，后又创办《和顺图书馆无线电三日刊》，用以发动群众、宣传抗战[②]。福建省立图书馆1938年曾举办“国防图书展览会”和国防图书展览室，广东省立图书馆在1942年主办“国防科学图表及民众读物展览”。除上述情形之外，全国更多的图书馆通过创办抗战阅览室，举办抗战图片展、国耻宣传周、国耻日演讲会等形式广泛地进行抗日宣传。

2. 开展民众教育，提高国民抗战与自救能力

为提升国民文化素质，图书馆界举办了众多的民众学校、识字班、扫盲班、妇女补习班、工人夜校等，鼓励民众免费入学。如省立苏州图书馆添设民众夜校和民众识字班以造就人才[③]。为方便市民阅读书报，各图书馆在车站、码头、茶馆、酒肆等人员密集之处设立书报阅览点，此外，还组织了巡回书车、巡回图书担，主动将书送到读者手中。北碚民众图书馆因经费困难，连巡回书担也无钱购置，“只好用两个手提篮，选派两位青年工作人员，每天携着书篮，挨户劝人读书”[④]。

除文化教育外，图书馆界还向民众传授防空袭、防毒气、军事常识等抗战期间国民急需了解的知识，以适应抗战需要。图书馆学家杜定友举办战时图书展览，“及时展出涉及中日问题、国际问题、军事常识、战时经济、防空防毒设备等内容的图书”；蒙藏学校图书馆将多张《防毒教育图表》张贴于图书馆内，以便学生了解防毒常识[⑤]；为充实国民国防知识，江苏流通图书馆派人员携带大

---

① 李蓉盛：《江西省立图书馆的战时工作》，《中华图书馆协会会报》1939年第13卷第6期。

② 少才：《本馆宣传工作概况及对于本乡教育之效率》，《和顺图书馆十周年纪念刊》1939年。

③ 瞻庐：《增进民众读书能力》，《江苏省立苏州图书馆年刊》1936年。

④ 张惠生：《一年来的民众图书馆》，《北碚月刊》1937年第9—10期。

⑤ 《本校图书馆内悬帖〈防毒教育图表〉》，《蒙藏学校校刊》1937年第23期。

批国防图书和图表到各地公开展览，以资普及[①]；“为求全国人士搜求关于战时各方知识之便利起见”，中央图书馆筹备处编订了《战时国民知识书目》[②]。图书馆界通过向民众传授抗战必备常识，既提高了民众参与抗战之能力，又增强了民众自我防护之技能。

3. 为抗日将士提供战地图书服务

图书馆向军队提供合适的图书、杂志，不仅能鼓舞士气，提高部队战斗力，同时也可充实将士们的业余生活，为将士们紧张战斗之余的生活带来精神安慰。图书馆提供的一些关于军事、经济等方面的专业书籍，也是各级指挥官们指挥作战的重要参考资料。当时我国抗战将士的书籍、杂志、报刊等精神食粮供应不足，军官不能及时看到新出版的书报杂志，导致他们对全民族抗战期间国家的政治、经济无从了解，即便是军事类的相关书籍、战报等也感到极端缺乏[③]。为此，图书馆界积极行动，提供战地图书服务，坚持服务前线作战部队与服务后方伤兵医院、坚持对官兵的思想政治教育与精神安慰并重，提供的图书中严肃读物与休闲娱乐类读物并存。1937 年，国立中央图书馆在南京各伤兵医院设立流动书橱，供官兵阅读[④]；上海市图书馆“搜集文字浅显之各种书籍杂志，分赴后方伤兵医院，借与受伤将士阅读，使得一种身心上之修养与安慰”[⑤]；自“淞沪抗战”之后，武昌文华图书馆学专科学校将学生巡回文库之活动范围“由一般商店、住户而移至伤兵医院，工作较平时尤为积极，颇蒙当局好评”[⑥]，向受伤官兵提供图书服务，更能激励他们的抗战意志。

4. 践行服务社会宗旨，供众阅读

供众阅览是现代图书馆的本质所在。抗日战争全面爆发后，阅览需求不仅没有减少，反而有增加之势，尤其是公务员和知识分子，对书刊需求强烈，但

① 《江苏流通图书馆赴各地展览》，《申报》1936 年 12 月 18 日。
② 《国立中央图书馆近况》，《申报》1940 年 7 月 24 日。
③ 方振武：《推动战时图书馆服务》，《抗战》1938 年第 70 期。
④ 《伤兵医院设有流动书橱》，《中央日报》1937 年 10 月 31 日。
⑤ 《市图书馆举办后方巡回文库》，《中国红十字会月刊》1937 年第 28 期。
⑥ 《文华图书馆学专科学校由鄂迁渝后工作概况》，《中华图书馆协会会报》1939 年第 5 期。

图书馆提供阅览已非易事：在沦陷区和战区，图书馆无法正常开放阅览，绝大部分关闭；大后方因受到空袭等因素影响而不能保证正常的阅览；战时出版业凋零，书刊来源出现问题；1940 年后物价的上涨速度超过了图书馆经费的增加速度，图书馆书刊大为减少，珍贵典籍为安全起见，不能对读者开放。

尽管如此，战时大后方图书馆仍然不遗余力，开放阅览。以福建省立图书馆为例，该馆原位于福州东街，1938 年春奉令迁移。为了促进图书流通，福建省立图书馆采取了诸多措施：①设三个阅览所，第一阅览所在沙县中山堂，与军管区合办。这里可容纳读者 200 余人，交通便利，光线充足，每日读者平均 300 人左右。第二阅览所在沙县馆本部总办公处前厅，防空甚佳，可容纳读者 50 余人。第三阅览所在沙县水南车站，专供乘车旅客及水南居民与车站员工阅览之用，每日读者 20~60 人不等。②设永安流通书站。该馆藏书 10 万册，沙县读者有限，该馆即与永安福建省研究院商妥，合作办理流通书站，供省会读者之用。每日借书数十人。③设巡回文库。永安巡回文库设在福建省银行永安分行、省立永安医院、省总动员会、省参议会以及其他机关、商店、团体处，沙县巡回文库设在省银行办事处、企业公司、助产学校、卫生院、镇公所。此外，福建省立图书馆还通过举办展览会、读书会等方式，吸引读者。该馆的书刊主要包括金华的开明书店，桂林的国防书店、科学书店，江西的战地图书出版社，重庆的中国文化服务社以及福建本省的改进出版社所出版的图书杂志；还有《大公报》《益世报》《扫荡报》《中央日报》等 50 余种报章。这些措施极大地推动了福建省的战时阅读工作。四川省立图书馆、浙江省立图书馆、江西省立图书馆、安徽省立图书馆、重庆市立图书馆等也在促进书刊流通、供众阅览方面采取了许多措施，可圈可点。

五、各类图书馆社会教育实践

1. 公立公共图书馆社会教育

全民族抗战时期，作为民国社会教育职能部门之一的国立、省市公立图书馆临危受命，承担起保存珍贵文化典籍，发挥文化机构抗战教育作用的重要使命。

全民族抗战时期由教育部直接办理的图书馆有3所，分别为国立北平图书馆、国立中央图书馆、国立西北图书馆。北平沦陷后，北平图书馆根据教育部的指示在长沙设立办事处，1938年全馆迁至昆明。国立中央图书馆1928年5月筹设于南京，1936年9月尚在筹备阶段，但已提前开放展览，全民族抗战爆发后迁至四川江津白沙，并在重庆另设分馆。国立西北图书馆1943年春筹设于兰州，1944年7月正式成立，极为关注普通民众的教育需求，该馆与国民党社会部兰州社会服务处合办民众阅览站，与兰州市教育局合办小学巡回文库，并多次单独举办各种专题展览①。因经费紧缩，1945年7月暂行停办，所有图书仪器交由甘肃省教育厅和国立西北师范学院代为保管。

内迁的图书馆所到之处，都自觉承担对大众的文化教育，通过开放阅览室，举办识字班、夜校，使之成为“大众的学校”“大众知识的泉源”。为了促进西南地区社会文化事业的发展，推广图书馆事业，提高人民知识水准，为抗战建国服务，国立中央图书馆筹备处虽然受到人力、物力、财力的限制，仍坚持照常工作，借用川东师范学校礼堂和租民房开展业务，特设“抗战文库”，开放阅览，至1939年3月已经有1.76万人次来此阅览。1939年9月疏散到江津县白沙镇以后，由于当地文化机关萃集，中央图书馆又不失时机地设置民众阅览室及参考阅览室，并附设儿童阅览室，刚开馆时，每天成人不到百人，儿童不过二三十人，以后逐渐增加。到1939年年底，每到星期天或节假日，成人常常超过400人，儿童读者也在90~200人之间，每月的读者达7000余人次②。中央图书馆民众阅览室的创设，显示了其服务社会的办馆理念，该阅览室主要包括图表室和阅报室。图表室张挂有关抗战建国及民族伟人事迹的图表，每两周更换一次，不断更新，以保持读者对阅读的兴趣。阅报室陈列日报，各省共24份，每日更换。阅报室的设立有利于民众及时了解战时各地状况，这也是民众急切需要的。

中央图书馆还于1941年派人往重庆附近的机关，如国立编译馆、中央大

① 余子侠、冉春：《抗日战争时期中国教育研究》，团结出版社，2015年，第364页。
② 徐良雄主编《中国藏书文化研究》，宁波出版社，2003年，第535页。

学、中央研究院及其下设气象研究所、社会科学研究所、生物研究所等，将各单位的西文期刊编目，置于重庆分馆阅览室，以利公众使用。

战时在陪都重庆许多重大的文化活动，或由中央图书馆举办，或在中央图书馆重庆分馆举行，1942 年 12 月 25 日至 1943 年 1 月 10 日，为增进民族文化自信，教育部与中央图书馆在民族复兴节举办“第三次全国美术展览会”，共收到 16 省市的展品 1668 件，选展 663 件，参观人数达 10 万余人次[①]。中央图书馆重庆各分馆还随时举办各种展览和读书比赛活动。

国立北平图书馆初迁长沙、再迁昆明，与西南联大图书馆合作开展业务到 1939 年，1943 年迁重庆，战时亦曾与西南联大合组中日战争史料征集会。国立图书馆是国家学术文化资料的高级机关，服务对象为学者专家，民众阅览室本非其分内之事，但各馆降低身段，满足全民族抗战时期的社会需要，对西南图书馆事业的发展、对民众教育均起到了促进和激励作用。

各省立图书馆也开展了形式多样的抗战文化宣传活动，由于省立图书馆多随省府机关转移，浙江、湖北省图书馆除为党政干部的阅览提供便利外，还有针对性地开展文化培训，让民众更好地了解抗战形势。浙江省立图书馆在龙泉、永康、丽水各地开放阅览室，并在萧山县农村设立前哨文库，利用书刊进行爱国抗日宣传。1941 年，省立桂林图书馆在栖霞山麓建分馆，以便当地民众就近阅览，次年增设辅导部。

江西图书馆 1938 年南迁后分别在永新等地设立 5 个办事处，于此基础上，还在人口稠密区设立 12 个流通阅览所，编辑“壁报”和“新闻摘要”，每周出 1~2 期，辟有《每周时事讲话》等栏目，“为推广图书馆事业并提高人民知识水平，以为抗战之助”。1939 年 12 月迁往泰和期间，坚持开展各种社会教育：①力争图书馆工作做到科学化、研究化、合作化，同建立了巡回文库、流通处、文化服务部等。②组织读者会。两周开会一次，内容分时事问题讨论、文学作品研究、其他学术专题演讲。③开办民众夜校。总馆及永新阅览所各办了一所，

---

① 鹤田武良：《近百年中国绘画史研究》，陈莺、蔡涛译，商务印书馆，2020 年，第 211 页。

学员为店员、学徒、社会失业、失学青年。后来通过发书、召开谈话会、教唱歌等办法，渐渐吸引了更多的学员。④创办《读者战线》半月刊。内容有时事评论、书报评价、时事集锦及抗战文艺等。⑤举办战时报刊巡回展览。经过5个月的筹备，举办了一次“抗战报刊展览会”，展品共1000多件，其中报纸293种，杂志426种，画报33种，公报小册子千余种，解放区的油印报刊册子46份，另有少量国外及港澳报刊。展览从1940年元旦起至4月止，先后在吉安、宁都、兴国等县市巡回展出，被认为是江西文化界的一项创举，社会效果很好。①

福建省立图书馆内迁沙县后，所处位置比较偏僻，于防空较有利，但不利于图书馆业务的开展，而永安作为临时省会，机关人员集中，图书借阅需求较大。1941年春，陈鸿飞上任后，在永安和沙县同时开展读者阅览服务，同年11月又在永安文庙大成殿右侧房间正式成立永安流通书站，为方便远道而来的读者，流通书站可以办理外借服务。在此期间还举行过两次展览会，一为书画展览会，一为战利品展览会，每次观众皆3万余人。熊耀球担任馆长后，对图书馆各阅览室分布进行了新的调整，增设中山室阅览所和儿童阅览所，儿童阅览所设在建国路兴义镇中心学校内左侧一室。1943年8月，熊耀球与福建省会社会服务处签订双方合办永安图书室合约，将原永安流通书站旧址扩充改名为永安第一流通书站②，还特别设有特藏室、革命文献室、抗日救国书报处等。③

全民族抗战爆发前期，为了避免敌机投弹，昆明市立图书馆除疏散珍本保管外，并推动巡回阅览，以免工作停滞。1942年再次筹设巡回书库，以本市六个学区为施教区域，于每学区的市立各中心小学设巡回书库，共分六站，分别设于东升、武成、景星等小学内，各站管理员均为市图书馆选派经验丰富、学识优良的教员兼任。由市立图书馆负责巡回文库的一切业务指导，提供和定期

① 江西省文化厅革命文化史料征集工作委员会编《江西抗战文化史料汇编》，江西省文化厅革命文化史料征集工作委员会办公室，1997年，第382页。

② 郑智明主编《福建省图书馆百年纪略（1911—2011）》，鹭江出版社，2011年，第55页。

③ 福建省政协文史资料委员会编《〈文史资料选编〉第三卷　文化编》，福建人民出版社，2001年，第426页。

更换图书，确定巡回路线，使图书在更广的范围内流动，满足社会各阶层人士特别是底层民众的需求。各阅览所则以“内容通俗，性质普遍，具有教育意义，适应抗战需要”为宗旨，每月购书也有七大标准，即教育常识、通俗文艺、抗战读物、抗战新闻、时事画报、科学常识、战时常识。在全民族抗战期间，各阅览所还分片举行过通俗演讲，宣传抗战防空知识①。

广西图书馆由南宁迁到桂林，并合并原桂林图书馆，改为省立桂林图书馆。馆长唐现之说：“图书馆教育，为近代各国社会教育中之最重要者。其任务非仅为消极性之搜藏图书，供人阅览而已，在积极方面，有提高文化水平，增进民众知识，加速社会进步之功能，与国计民生之关系至为深巨。”抗战军兴之时担负抗战与社会教育之使命，“一面扩大馆中组织，设事务编目阅览各股，并辟行政、参考、普通、儿童、挂图各阅览室，一面并致力于一切应兴应革事宜，除编制卡片式目录暨编印书本式图书目录及抗战参考书目，论文索引外，并增设抗战教育展览室，以应社会之需要：当时，每日阅览人数，竟达千人以上”②。此外，包括图书馆在内的地方基层社教机构也有明显的增加和充实。1939 年 6 月，广西临时参议会通过“增设及充实省县各级图书馆并建立图书馆教育系统案”，计划从 1940 年开始在全省 2302 个乡镇普遍建立民众图书馆，先配置基本图书，然后逐年增添，比乡镇更为基层的各行政村也一律添置图书，阅报所改为民众书报所，有条件的还可直接建立民众图书馆。

1944 年，宁夏教育厅制定了《宁夏省立图书馆组织规程》，规定设总务部、阅览部和研究辅导部。其中，研究辅导部掌理调查、统计、研究、视察、辅导推广及图书馆工作人员之进修与训练等事项，另外还规定设分馆、巡回文库、图书站及代办处。宁夏省立图书馆为扩大服务，利用寒假举办了一期英文补习班，以提高在校学生的英文水平，补习班材料以高中程度为准，为期一月，增

---

① 中国人民政治协商会议云南省昆明市盘龙区委员会文史资料委员会编《昆明市盘龙区文史资料选辑第六辑》，1991 年，第 115 页。

② 中国人民政治协商会议桂林市委员会文史资料研究委员会编《桂林文史资料　第三辑》，政协桂林市委员会文史资料研究委员会发行，桂林漓江印刷厂印刷，1983 年，第 188—191 页。

加了宁夏省立图书馆的知名度。省立图书馆鉴于宁夏中学学生读书仅限于课本，曾向学校提供大批图书杂志，提高了图书的利用率，还增设了儿童阅览室，使宁夏第一次有了专供儿童使用的阅览室①。

国民政府在全民族抗战爆发后实施了全国总动员，各图书馆积极投身战时服务。1937 年，国立中央图书馆与新生活运动促进会等团体合作，在南京各伤兵医院设立流动书橱，每具橱内放置图书及杂志、画报多种，供伤兵阅读，“每隔相当时间，由馆中将各医院中所存书橱互相调换，轮转不息，因之每一伤兵医院长期不感无新书可看之苦”②；江西省立图书馆永新阅览所、泰和阅览所先后在第 137 后方医院设立巡回文库，安福阅览所向第 169 后方医院提供大量读物供伤兵阅读。举办战地图书服务是社会各界服务抗战事业的一种有效方式，它既丰富了官兵的业余生活，也能激励官兵的抗战意志，提高部队战斗力。

2. 大学图书馆社会教育

全面抗日战争爆发后，教育部要求各大学兼办社会教育，作为实施爱国教育的基本方针，中山大学于 1939 年 8 月修正通过了《国立中山大学二十八年度兼办社会教育计划大纲》，该大纲乃根据教育部颁发的《各级学校兼办社会教育办法》及《师范学院教育学院师范学校民众教育馆辅导中等以下学校兼办社会教育办法》而制定，规定“中大兼办社会教育”，以澄江县境为施教区，宗旨是改善民众政治、经济、文化等方面，“务求中大在澄江期间对于改进澄江社会有所助力”，同年 9 月正式成立“社会教育推行委员会”。中大图书馆在杜定友带领下努力做到书尽其用，因地制宜整理陈列图书，积极为广大读者服务，发挥图书对教学、研究和宣传抗日的作用。许崇清 1940 年 9 月在《告别澄江民众书》中这样写道：“图书馆复公开阅览，举行抗战图书展览会，杜氏集品展览会，以期灌输民众知识，增厚抗战力量。”

西南联大为平津沦陷后由北大、清华、南开三校联合组织，图书馆总馆设

---

① 邹容主编《宁夏文化史话》，阳光出版社，2016 年，第 92 页。

② 倪德茂：《论抗日战争期间国统区的战地图书服务运动》，《大学图书馆学报》2018 年第 36 卷第 6 期。

于迤西会馆工学院内，理学院另设阅览室，蒙自分校设图书分馆，“各该校之图书，因在日伪情势之下，未得运出，亟待有所充实，同时并征得国立北平图书馆之合作，设立临时大学图书馆。成立以来，一切设施，积极进行，对于抗战工作，尤不遗余力，如西南文献之采征，抗战索引之编辑，均为该馆主要工作”①。图书馆丰富的馆藏是研究抗战的重要史料支撑，西南联大图书馆有此意识，它提供服务的方式之一便是非常重视有关战事资料的收集与整理，战事刚起时，长沙临时大学图书馆便着手做了以下几个工作，一是将周内报纸、照片分类做成剪报，为来自国外的资料编制索引，以供将来编纂做参考；二是专门辑录“抗战中之国际舆论”，将历史期刊及日报所载文章汇编成册以为将来留作信史；三是将馆内所藏三百余种西文工程期刊中的论文制成索引，为将来国家渡过劫难，发展工业而走向复兴时提供理论帮助。迁往昆明后，这项工作更加专业而正式，1939 年 1 月 1 日，西南联合大学与北平图书馆合作在昆明大西门外组成“中日战事史料征集委员会”，史料会的工作分征集、初步整理和编辑出版两部分，前者由北平图书馆负责，后者由西南联大负责②。说是“战事史料”，实则不限于军事，也涵盖政治、社会、经济、交通、教育等其他方面。抗战胜利前，史料会共搜集、整理、编辑、出版了中外文资料一百余万字。其中有《卢沟桥事变以来大事日历长编》《卢沟桥事变以来中日战事简明一览表》《卢沟桥事变以来战局转移地图》《中日战事纪事长编》等，为中国抗战时事宣传提供了极为丰富的文献参考。

为适应战时社会服务需要，金陵大学特别成立“金陵大学社会服务委员会”，无论是文学院成立“社会服务处”为民众提供便民服务，创办儿童日校为失学孩子提供识字机会，还是理学院为公私企业提供专业知识的科学服务，抑或是农学院参加考察团，进行农村经济及农作物物价调查而举行农林常识广播演讲等，都离不开图书馆的文献辅助。

---

① 《长沙临时大学图书馆随校迁往昆明》，《中华图书馆协会会报》1938 年第 13 卷第 1 期。

② 中国人民政治协商会议云南省委员会文史资料委员会编《云南文史资料选辑　第五十辑　抗战中的云南》，云南人民出版社，1997 年，第 442 页。

燕京大学参与乡村建设工作，如法学院开办乡村建设课程，教育学院成立三旗区和冉村区两个乡村建设实验区，社会教育组在乡村建立巡回图书室，都不能脱离图书馆的资料支持。金陵大学图书馆与华南女子文学院多方面开展社会教育活动：广播演讲宣传抗战建国、文学与抗战；指导民众读书、改善民众读物，编辑出版符合当时环境的读物《国难特刊》等。

1938 年，迁到南平的华南女子文理学院成立“社会教育推广妇女服务部”设有阅览室，起先就备有儿童读物、通俗读物多种，后来又增订了各种妇女刊物如《现代妇女》《广西妇女》《浙江妇女》《福建妇女》等，加上自编的《通俗周报》，向社会开放，提升了图书室在社会教育中的作用①。

3. 私立图书馆的社会教育

全民族抗战期间私立图书馆的发展遭到极大破坏。1938 年 10 月，武汉沦陷，文华公书林难逃厄运，其图书损毁殆尽。冯平山先生创办的景堂图书馆馆舍被敌伪占据，除少部分珍贵书籍运往香港得以保存外，馆内所存书刊及设备均被洗劫一空。有数据统计，1937 年全民族抗战爆发之前，全国能独立运营的民间图书馆总数已超过 170 所，至 1946 年年底，全国私立图书馆仅剩 61 所，其中专设图书馆 58 所，附设图书馆 3 所②。但在全民族抗战同仇敌忾的背景下，各私立图书馆仍尽力发挥社会教育之职能。

以江西私立天翼图书馆为代表，1939 年江西省建设厅厅长杨绰庵在泰和创办建设厅图书馆，后改名为私立豫章图书馆，后又更名私立天翼图书馆。由于创立于战时，书籍仅 500 册，截至 1941 年年底，也只有 16856 册。尽管藏书少得可怜，但该馆阅览室全部采取开架制度，任读者自由取阅，尽力促进书籍流通。1940 年 12 月底，藏书 4203 册，全年出借图书 17641 册；1941 年年底，藏书 16856 册，全年出借 29367 册。新馆于 1941 年 5 月开放后，普通阅览室、参考室、杂志报章阅览室能同时容纳百余人，每天读者 300~400 人，开放夜馆后增加百余人，多为公务员。私立天翼图书馆设立的目的：①尽量个人便利；②

① 《本学院社教推广妇女服务部近闻》，《华南学院校刊》1943 年第 31 期。

② 教育部年鉴编纂委员会编《第二次中国教育年鉴》，商务印书馆，1948 年，第 1480 页。

书不在多，求其流通致用；③使大众多得阅览及借书机会。从流通成效看，该图书馆完全实现了其初衷。

全民族抗日战争爆发以后，民众对时事信息的需求极为迫切，云南和顺图书馆“为满足民众愿望，服务地方，宣传全民抗战之旨”，将战地消息编发为《和顺图书馆无线电刊》。这是和顺图书馆开展的抗战专题信息服务，它为在腾冲普及抗日战争消息发挥了巨大作用①。和顺图书馆还将进步作品不断补充图书馆馆藏，图书馆的阅览室成为群众获得抗日战场消息的场所。藏书不仅有中国进步作家鲁迅、茅盾、田汉、邹韬奋、丁玲、郭沫若的作品，也包括抗日书刊，如《抗战丛刊》《抗战诗选》，以及反映八路军坚持敌后抗战的通讯报道，还有周恩来的论著《目前抗战危机与坚持华北抗战的任务》，等等。这些藏书在抗日战争中起到积极的宣传作用，传播了进步思想。

浙江定海小小图书馆由胡时杰、李隆华等创办，设藏书室、书报阅览室和活动室，还藏有进步书刊，后又在沈家门、岱山、白泉设分馆，除了开展阅读、代购书报等工作外，还开办夜校、时事讲座、文娱晚会，编印馆刊，参加活动者2000余人，成为宣传抗日思想和开展救亡运动的阵地②。

1941年7月12日，应永玉等人发起成立的私立上海儿童图书馆在静安寺路大华商场举行了开馆仪式，其运营的主要目的是为全民族抗战期间失学和流浪的少年儿童提供免费借阅书报的机会。后经创办人的努力运营，先后在上海市内设立了13个图书流通站，还开展了摆书摊、巡回流动图书站等服务模式。同时还定期举办阅读辅导活动，比如读书演讲会、新书介绍会、故事比赛会、阅读成绩报告会等，以此来鼓励儿童的读书兴趣。

4. 民众图书馆的社会教育

全民族抗战时期民众图书馆在社会教育方面仍有着很高的定位，杜定友曾对此给予高度评价，他认为“除了一般学校图书馆及公立图书馆外，对于社会

---

① 杨发恩主编《和顺：乡土卷》，云南教育出版社，2005年，第169—177页。

② 浙江省图书馆志编纂委员会编《浙江省图书馆志》，中国书籍出版社，1994年，第184—185页。

教育有直接贡献的就是民众图书馆”[①]。1937年教育部公布的《修正图书馆规程》有如下规定：“各县市应于民众教育馆内附设图书室，其人口众多、经费充裕、地域辽阔者，得单独设立县市立图书馆，地方自治机关或私人亦得设立民众教育馆。”从抗日战争资源紧缺的角度来考量，将图书馆附设在民众教育馆中，可以节省经费，方便社会力量在特殊时代为公众提供文化服务。

1939年6月，广西临时参议会通过“增设及充实省县各级图书馆并建立图书馆教育系统案”，计划在全省乡镇普遍建立民众图书馆，先配置少量的基本图书，然后逐年增添，所需经费全部由省政府承担[②]。同年7月，由省教育厅组织“普设民众图书馆委员会”。民众图书馆在馆内设置辅导员指导民众阅读、组织各种读书会。自1940年5月起由广西政府倡导的民众图书馆陆续建立，到1941年12月，各县市中心国民基础学校民众图书馆已成立2300余所，各中等学校民众图书馆已成立100余所，各乡镇巡回图书馆2300余所。

北碚民众图书馆是1942年由实验区署民众图书馆改组而成立的，实验区署接办中国西部科学院图书馆后，定名为“北碚民众图书馆”。该馆注重读者工作，推广组担任新书的宣传、分馆和书报室的辅导。阅览组下设图书、期刊、日报等阅览室，在天津路时还增辟参考室和儿童阅览室。全民族抗战期间，北碚民众图书馆坚持巡回文库制度，组成若干“巡回文库”分借到4个乡镇小学，由推广组定期派人下去督促、辅导，又先后在文星场、二岩镇、白庙子等处设民众图书室，其教育职能表现得更为明显，周昌溶在《北碚民众图书馆》一文中说：“把书挑送到挨家挨户，劝导、帮助和方便他们读书。”[③] 北碚民众图书馆还拨专款为各个乡镇购买了一批图书，随后举办了一期乡镇图书馆人员训练班，由社会教育学院毕业实习生经简单的业务培训后，由他们像货郎担一样将图书挑到各个乡镇的中心学校和保国民学校，供推广使用。

---

① 杜定友：《社会教育与民众图书馆》，《社会教育辅导》1944年第3期。

② 余子侠、冉春：《抗日战争时期中国教育研究》，团结出版社，2015年，第371页。

③ 何建廷：《北碚文史资料第4辑　抗日战争时期的北碚》，政协重庆市北碚区委员会文史资料委员会，1992年，第133页。

分布于城乡区镇的民众图书馆虽然馆舍不大，但它便利了广大民众就近获取读物，馆藏也是以实用性较强的通俗读物为主，有力配合并推动了当时社会教育事业的发展。民众图书馆的图书集文字训练、生活训练为一体，以抗战教育和生产教育为主要内容，民众通过阅读，一是进一步提高和巩固了阅读、书写水平；二是认识了抗战建国的重要意义，了解了如何去抗战；三是普及了科学知识，自动破除封建迷信，自觉杜绝恶习，社会风气有了较大改善。各民众图书馆在中国人民抗击侵略、争取民族独立的关头开展的一系列活动，在精神上增强了民众的民族意识，坚定了抗战必胜的信念。

第四节　边区和根据地图书馆的社会教育

一、边区和根据地的社会教育

1934年11月，陕甘边苏维埃政府成立，社会教育伴随着苏维埃政权而兴起。1937年5月，陕甘宁边区成立以后，特别是在全民族抗战爆发以后，边区的社会教育全面展开。

1937年年初，中央苏维埃政府西北办事处文化教育建设委员会起草了《关于群众的文化教育建设草案》。《草案》指出："目前党的中心任务是争取全国一致的抗日战线和全国一致的民主政治，首先在自己直接领导的陕甘宁特区建立抗日的模范。他的主要工作之一是把广大群众从文盲中解放出来，普遍地进行普及教育，使每个特区人民都有受教育的机会。扫除一切教育上的垄断和畸形发展，普及教育是目前的中心口号之一。""实施民族解放和民主政治，为民众教育的中心内容。在一定时期（大约若干年）普及最低限度（规定课程标准）的教育于40岁以下成年及青年男女及14岁以下7岁以上的男女儿童。”① 1937年4月，边区政府提出了“实行普及免费的儿童教育，以民族精神与生活知识教育儿童，造成中华民族的优秀后代”，“发展民众教育，消灭文盲，提高边区成年人民之民族意识与政治文化水平”的全民族抗战时期社会教育方针②。在这一方针的指导下，确定了进一步开展社会教育的对象、任务、内容和形式，建立健全了负责社会教育的机构，有组织有计划、全面而系统的社会教育逐渐开展起来。

边区社会教育是对不脱离生产的民众施以教育，主要对象是不能脱离生产的文盲大众（儿童、青年、成人）和半文盲大众。教育对象包括妇女，由于封建意识影响，应特别注意到妇女教育，动员妇女是边区社会教育工作的重要任务，党和政府对这一工作高度重视③。

边区社会教育的目的是对广大群众经常地、有组织地进行政治文化教育，以增进“抗战建国”的力量，任务是消灭文盲，提高边区成年人的民族意识与政治文化水平，增加抗战的知识技能，以动员广大民众参加抗战；提高人民大众的民主思想，使群众获得运用民主的能力与习惯；提倡科学知识与健康的文艺活动，推动边区生产的发展，改变人们的精神面貌，增进人民的福利；培养和提高农村基层干部和社会教育干部，充实边区各级基层组织的领导，促进边区政治、经济和文化建设。

二、社会教育政策法规

在组建社会教育领导机构的同时，边区革命根据地还相应地出台了各项社会教育政策，并对之不断做出调整，用以指导社会教育的开展。如苏维埃政府

---

① 姚宏杰：《中国革命根据地教育史事日志》，山东教育出版社，2020年，第226页。

② 武衡主编《抗日战争时期解放区科学技术发展史资料　第1辑》，中国学术出版社，1983年，第66页。

③ 陕西师范大学教育研究所编辑《陕甘宁边区教育资料（社会教育部份）》（上册），教育科学出版社，1981年，第27页。

颁布了《消灭文盲决议案》（1933年）、《夜校办法大纲》（1933年）、《夜学校及半日学校办法》（1934年）、《业余补习学校的办法》、《苏维埃剧团组织法》（1934年）等一系列政令法规；陕甘宁边区起草了《关于群众的文化教育建设草案》（1937年）、《陕甘宁边区各县社会教育组织暂行条例》（1939年）、《冬学与自卫军冬训结合》（1946年）；晋冀鲁豫边区于1943年发布了《晋冀鲁豫边区民众学校暂行规程》；晋绥边区于1944年颁布了《各级政府努力开展今年冬学》等；晋察冀边区于1938年9月先后颁布了《边区社会教育实施办法》《扫除文盲办法》《小先生制教育办法》《怎样建立民族革命室》等系列政策，并成立了社会教育基层机构。

三、社会教育活动内容

边区革命根据地的社会教育主要围绕扫除文盲、政治宣传和文化娱乐等方面进行，旨在使民众达到识字写字、了解政策、科学娱乐的社会教育效果。经过根据地的齐心协力，社会教育取得了良好的教育效果。1938年边区教育厅印发了《社会教育工作纲要》明确提到："社会教育不仅是教育民众识字，而主要的是给民众以民族革命意识、民族自卫战争中所必需的理论和技能，参加实际救国行动争取抗战胜利。"① 社会教育主要包含着补习的意味，它的范围较学校教育广泛，凡含有教育意味的事业，都概括无遗。它的范围包括：①文化工作。民众识字班、图书馆、墙报、演讲。②娱乐。话剧、说书、俱乐部。③社会教育工作应帮助一切社会事业，尤其一切抗战动员工作。

社会教育的主要内容有：①文字教育。通过识字扫盲，给文盲和半文盲以获取知识的工具，使他们具有起码的读、写、算能力，这是社会教育的主要作用。②政治教育。通过时事政策的讲读，提高群众的民族意识和政治水平，动员群众参加抗日救国运动。③自然科学教育。传授防空、防毒、救护常识及生

① 陕西师范大学教育研究所编辑《陕甘宁边区教育资料（社会教育部份）》（上册），教育科学出版社，1981年，第60页。

产、生活的一般科学知识。④娱乐活动。组织群众性的唱歌、社火、秧歌、戏剧、体育等文体活动，使劳动者去除疲劳，在娱乐中施以政治、科学教育。为了保证文化教育的落实，边区教育厅曾统一编印《冬学识字课本》、《新千字文》、《边区民众读本》（后改称《民众课本》）、《日用杂字》、《庄稼杂字》等社会教育教材①。扫盲识字和抗战必需的知识技能，构成了这一时期社会教育的主要内容。

四、各根据地图书馆社会教育实践

（一）陕甘宁边区

陕甘宁边区的图书馆坚持革命文化的正确方向，紧密围绕当时中国革命的中心任务，创造性地采取了各种实际有效的形式，为传播马列主义、宣传执行党的任务服务，为培养教育党的干部服务，为普及革命文化和宣传动员广大民众服务，对中国革命做出了重大的历史贡献。边区图书馆在办馆方向、办馆形式、服务方式、创业精神、工作作风等各个方面，都完全不同于中外历史上或同一时期国统区的其他图书馆，在战时社会教育方面取得了突出成就。

1. 边区图书馆的性质——一切围绕革命需要的办馆方向

陕甘宁边区政府将图书馆的建设和发挥作用，作为向边区民众进行教育、团结鼓舞人民的重要阵地。在边区政府的一系列文件中，不仅明确设立图书馆的必要性，而且提出具体要求。1938 年 9 月，边区教育厅提出，应在边区各县广泛建立民众教育馆，以后每年的教育计划中，均列入各县建立民众教育馆、阅览室工作。同年，教育厅印发《社会教育工作纲要》，提出民众图书馆的中心事业是：“一、充分搜集并购置各种有关救亡、军事的书报。二、举办定期演讲、时事报告。三、提倡救亡读书竞赛。四、提倡正当的娱乐。”要求“每县、

① 辛安亭：《辛安亭论教育》，湖南教育出版社，1983 年，第 174—188 页。

区、乡、村，都要有图书馆或红角的设立”；“购置的图书要注意到，意识正确，字名通俗，附有插图，能引起民众阅读的兴趣”，“每个图书馆应有报纸一份”，“图书馆应成为当地的社会教育中心”①。1939 年 4 月，陕甘宁边区教育厅又印发了《社教指导工作纲要》，其中明确提出，“民教馆应办的事情如下：1. 设立图书报章，图书报章要通俗实用”。边区政府教育厅《1940 年社教工作的总结》中提到，“民教馆过去有 7 个，去年增加了 9 个（甘泉、鄜县、神府、定边、安定、宁县、赤水、合水、清涧），新增 4 个阅报室（安塞 2 个、安定 2 个），1 个图书馆（绥德），2 个流动图书馆（吴堡、延安）”。1941 年 2 月 20 日，中共中央的《各抗日根据地文化教育政策讨论提纲（草案）》中第九条指出，要“建立通俗图书馆、大众阅报室、通俗教育馆等等”。同年 10 月，边区教育厅副厅长丁浩川在《陕甘宁边区的教育工作》中也提到图书馆的建设成就，边区“其他文化教育、社会教育部分活动的组织有 16 处民教馆、4 个阅报室、2 个图书馆、2 个流动图书馆”②。

陕甘宁边区图书馆事业，在艰苦的创建和发展历程中，始终坚持着一个正确的办馆方向，即一切为了革命的需要。这是由边区图书馆事业的革命文化性质所决定的。“革命文化，对于人民大众，是革命的有力武器。”1937 年 4 月，中央文化教育建设委员会起草的《关于群众的文化教育建设草案》明确提出：“目前党的中心任务是争取全国一致的抗日战争，和全国一致的民主政治。首先在自己直接领导的陕甘宁特区建立民主抗日的模范。它的主要工作之一是把广大的群众从文盲中解放出来，普遍地进行普及教育。”边区图书馆始终遵循着这一原则，一切工作都是围绕着为抗日战争服务，为加强边区的民主政权建设和经济发展服务。

这一特点决定了边区各图书馆的性质与宗旨。中山图书馆 1937 年 5 月在

① 陕西师范大学教育研究所编辑《陕甘宁边区教育资料（社会教育部份）》（上册），教育科学出版社，1981 年，第 65 页。

② 转引自李晓新：《普遍·均等：中国公共图书馆的百年追求》，南开大学出版社，2007 年，第 114 页。

《解放》周刊上刊登的《陕西延安中山图书馆启事》宣布："同人等为纪念伟大救国领袖起见，且鉴于在迅速完成抗日一切准备之过程中应在文化上、理论上武装民众头脑，发起中山图书馆于陕西之延安。"① 青年流通图书馆提出："图书馆不仅是一个陈列图书的机关，它是教育广大青年的一个有力武器"，其任务是"为着要争取我们在持久抗战中的最后胜利"。实际上，边区成立的所有图书馆，包括机关、学校、工厂、部队以及其他公共图书馆，都把为革命的中心任务服务，满足抗战需要和根据地建设的需要，作为自身的崇高使命和工作方向。

2. 边区图书馆的目标——一切为群众着想的办馆思想

抗日战争时期，中国共产党在各革命根据地推行的是新民主主义的文化政策。毛泽东指出："这种新民主主义的文化是大众的，因而即是民主的。它应为全民族中百分之九十以上的工农劳苦民众服务，并逐渐成为他们的文化。"毛泽东在《论政策》一文中还指出："关于文化教育政策，应以提高和普及人民大众的抗日的知识技能和民族自尊心为中心。"所以，边区推行文化政策的首要目标是确立劳动大众在文化教育领域里的主人翁地位。边区图书馆正是从这一根本宗旨出发，把一切为群众着想作为基本的办馆思想，从办馆形式到服务方式，都从广大群众的实际需要出发，把图书馆真正办成了人民群众的事业。

边区图书馆的服务对象。陕甘宁边区的图书馆是无产阶级用作战斗的文化武器。它完全是应广大群众的实际需求而诞生的。在短短的十余年间，先后建立了100多个各种不同类型的图书馆，适应了不同层次读者的需要。这些图书馆中，既有为中央领导和党政机关、干部学校、研究部门等服务的比较正规的图书馆或资料室，也有向社会公众开放的公共图书馆和民众教育馆，但数量最多的，是各基层单位所办的为广大基层群众服务的图书馆。这些基层图书馆，其名称、规模、服务内容和服务形式都不尽相同，其中有为工人群众服务的工厂图书室或工会俱乐部阅览室，有农民自办的农村图书馆和流转读报组，有为连队战士服务的连队图书馆、军人俱乐部，有适合少年儿童年龄与心理特点的

① 转引自王纪刚：《延安风尚》，世界图书西安有限公司，2017年，第165页。

儿童图书馆或少年图书部，有为医护人员和伤病员服务的医院图书馆，有书店内部开辟的书报阅览室等。此外，在不同时期还有像列宁室、救亡室、文化俱乐部、流动图书馆等，实际上都起到了图书馆提供书报阅览服务的作用。边区图书馆的广泛性与普及性，使其真正成为边区最广大群众自己的事业。

边区图书馆的服务方式。陕甘宁边区的图书馆大部分馆舍简陋、书刊匮乏，但各馆总是积极创造条件，一方面利用多种渠道尽量扩充馆藏，另一方面采取多种多样的服务来弥补书刊不足的缺憾，尽可能做到方便读者，满足读者的要求。抗大图书馆藏书缺乏，发明了“流动图书馆”的办法，把学生私人备有的书集合起来，经过合理的分配与调剂，使能找到的参考书籍普及一切需要研读的学员手中。陕北公学图书馆结合教学安排，与学员、班长等一起选配参考书及政治时事学习资料，实行集体借书，加快书刊的周转速度，提高了利用率。西北党校缺少教材和教学参考书，就由图书馆到中央党校、马列学院等单位图书馆去集体借回来供学员使用。他们还将中央领导同志的报告整理后放到阅览室供师生阅读参考。中山图书馆地处高坡，为免除读者上坡看书的不便，想办法在坡底开辟了阅览室。青年流通图书馆、子洲图书馆，以及各县民众教育馆把阅报栏、黑板报办到了大街上，以方便更多的群众阅读。绥德西北抗敌书店、延安新华书店等在店内开辟阅读书报的场所，备有茶水招待，吸引了本地和邻县的读者。为适应农村居住分散、部队流动性大等特点，边区还出现了流动读报组、流动书摊、随军书店、巡回书报展览等流动服务的形式，使农民群众和连队战士不影响生产或军事训练，照样能看到书报①。

3. 边区图书馆的社会教育形式

（1）公共图书馆

边区规模最大的公共图书馆是延安中山图书馆。1937 年 5 月成立，1940 年 7 月正式开放。以后又几次扩大规模，设有材料、读书顾问、编刊、阅读等机构，包括图书室、材料室、参考室、杂志室各部门。1942 年又增开馆外阅览室

---

① 赖伯年主编《陕甘宁边区的图书馆事业》，西安出版社，1998 年，第 268—269 页。

和少年图书馆，图书馆藏书丰富，不仅有政治、经济、哲学和其他社会科学、自然科学的藏书，还有解放区出版的书籍、苏联出版的中文与俄文书籍。据1940年统计，藏书总量已达5000余种，1万多册，收藏的报刊约百种。中山图书馆除了发扬孙中山救国理论，做好抗日战争准备和武装广大群众的文化理论以外，还为贯彻中央的方针政策，配合政治运动、生产运动做出了显著的成绩，如开辟宪政问题材料室，编辑《宪政论文选集》《宪政论文索引》，为配合革命斗争，定期出版《时事资料》《每月全国报刊论著索引》《世界大事表》等三种刊物①，为配合抗战前线的军事斗争，捐赠给前方大批图书。中山图书馆还是1940年至1941年延安开展读书会活动的便利场所，如张闻天、陈云、胡乔木等同志领导的学习小组②。

鲁迅图书馆是原苏维埃中央图书馆，1939年冬，边区教育厅决定将鲁迅图书馆扩大，以适应群众的需要。建筑新馆，补充设备，加强了阅览室的管理和图书的出纳与流通。1942年再次进行扩充，下设“图书室”和“阅览材料室”，服务的范围扩大，读者数量增长很快。根据当时的统计数字，1942年4月读者不到200人，到同年年底已达到684人，从4月到12月共借出图书4104册。前来读书的读者成分是：边区政府系统的读者占35%，军事系统的读者占16%，中央系统的读者占7.5%，学校系统的读者占28%，文化团体的读者占7.3%，商店的读者占2.5%，工厂的读者占2.2%，其他读者占1.5%。同一期间，增加藏书800余册，使总数达到1万余册。

绥德子洲图书馆也是一所较大的公共图书馆。它原为绥德市第一图书馆，面向全市服务。其馆藏得到绥德西北抗敌书店的支援，把延安出版的新书刊每种捐赠两本，大后方出版的，每种捐赠一本。此外还经常收到外地赠送的报刊和个人捐赠的图书。到1945年10月，馆藏书刊达到6000余册。子洲图书馆外

---

① 张志强：《抗日战争时期延安的图书馆》，载中国人民政治协商会议延安市委员会文史资料研究委员会编《延安文史资料　第二辑》，政协延安市委员会文史资料研究会，1985年，第114页。

② 武衡主编《抗日战争时期解放区科学技术发展史资料　第5辑》，中国学术出版社，1986年，第371页。

借和阅览工作开展得也很好，平均每天借出图书 270 多册次，阅览人数达 40 多人，成为绥德市的一个文化中心。图书馆还开办补习学校，为解决各机关团体文化低或文盲干部及杂务人员的学习起见，特成立文化补习班，每周上课 6 次，每日下午 5 时至 6 时 30 分上课，“课程内容计有国语、常识、音乐、算术，以及联系补习生的实际生活，及工作诸问题的教育”①，后应学员中店员、机关人员的实际需要，增设文化课和珠算。1943 年起在绥德城内办起 11 块黑板报，宣传党的政策，介绍重要时事，普及公共卫生、发展生产方面的知识，还经常组织展览、时事报告会等。在子洲图书馆带动下，清涧县图书馆也办起民众夜校，学员大部分是学徒或店员，既学到了文化知识，也提高了觉悟。

（2）农民图书馆

陕甘宁农村，不识字的人占到 90%以上。红军和中共中央到达陕北后，民主政府对群众文化教育工作非常重视，广大农民也已不满足于读报活动。自在 1944 年米脂县姜新庄村筹办起第一个农民图书馆，除了书报册子，图书馆的窑洞墙壁上还贴着地图和画报，很受青年农民喜爱，他们闲暇时就到图书馆看书、读报、谈时事②。有的农村虽然没有成立专门的图书馆，也以“流动图书馆”的形式解决了农民阅读书报的问题，例如东关乡流通图书馆成立后，常由乡文书把乡政府保存的一部分公用图书和一些募集来的书报整理到一起，乡干部在外出时随身带上几本书，沿路散发给群众，返回乡上时再顺路收回，村民们常常抢着传看乡文书带来的图书，有的人看书时还一边记下不认识的字，等归还图书时向乡文书请教。1945 年 2 月 25 日，《解放日报》刊出《东关乡实行流动图书》一文，报道了他们举办“流动图书馆”的办法。文章中提出：“据数月来的经验证明，这办法可以推广。”

（3）工厂图书室

1938 年 4 月，由陕甘宁边区总工会制定的《抗战期间工作纲领》提出了“实施国防的职工教育，普及抗战知识，提高边区工人的认识和文化水平，消灭

---

① 赖伯年：《陕甘宁边区的子洲图书馆》，《图书与情报》1997 年第 3 期。

② 《米脂姜新庄村识字人多　成立农民图书馆》，《解放日报》1944 年 10 月 25 日。

文盲”的任务。在此后公布的《陕甘宁边区抗战期间工会组织条例（草案）》中，进一步明确规定了工会的任务之一是：“建立各种工人教育文化娱乐事业，如俱乐部、座谈会、图书馆、阅报室、读报组、识字组、工人训练班、工人学校、出版刊物等。”① 1941 年 7 月，《陕甘宁边区工厂工会章程准则》第五条“本会之经常任务”提到，“出版报纸刊物，设立学校、图书馆、俱乐部，进行职工之文化政治技术教育”，规定由文化教育股管理“文化教育、宣传、出版及俱乐部、图书室等事宜”②。

在各级党组织和工会组织的领导下，一些工厂、企业纷纷成立了俱乐部和图书室，开展了多种形式的阅读书报活动。一般说来，边区工厂、企业的图书馆附设在工会文教部下面或俱乐部里，有图书室、阅报室、流动图书馆等不同名称，有的也直接称作图书馆。如边区银行延安总行 1942 年的组织机构中，就专门设有“图书馆一人”的编制。有资料可查的边区工厂企业图书室还有边区印刷厂工会文教部图书室、延长县交口镇工人俱乐部图书室、延安兵工厂工人俱乐部图书室、延安摩托修理厂俱乐部图书室、西北军区制药厂第一分厂图书室、光华制药厂图书室、八路军制药厂图书室、边区银行延安总行图书馆等，其中有一定规模的是边区印刷厂工会文教部图书室。

1938 年 8 月 20 日，《新中华报》刊登了震圻的文章《边区印刷厂工会文教部工作概况》。文章介绍说，他们的文化教育工作，在全边区各分工会里，也算是很有名的了。该工会文教部有 3 个人负责，下面分 9 个股，开展的活动除了低中级识字班、读书会、墙报、剧团外，还专门建立了一个图书室。“图书室现有两三百种书籍，包括马列主义、文学、政治经济学、哲学、社会科学、自然科学、故事等以备借阅和参考。此外看工人的需要，经常增添新书；而且厂中每印一种书报，图书室便留六册，所以图书室现在正在渐次地扩大呢！”③ 另外，

① 甘肃省社会科学院历史研究室：《陕甘宁革命根据地史料选辑（第一辑）》，甘肃人民出版社，1981 年，第 452 页。

② 同上书，第 108 页。

③ 震圻：《边区印刷厂工会文教部工作概况》，《新中华报》1938 年第 8 月 20 日。

俱乐部里还有20余种杂志、挂图等。在短短几个月时间中，该图书室的藏书，陆续增加到1000多册，在工会系统的图书室里是比较正规和活跃的。中央印刷厂还规定职工在业余时间必须抽出半小时看《解放日报》或学习政治理论，所以工会俱乐部的图书室里读者很多，对提高职工的政治文化水平起到很好的作用。

1939年，有一份《关于职工运动与青年工作的报告》的文件提到，有一个剧团附设图书室，里面包括《论新阶段》、抗战和文化书，还有一个工厂，把所有的书分成三四类，分开交给一个分队，这一个月把抗战的书交给这一分队传看，下一个月再交给另一分队，这样使工人看书有了系统，而且限期一月，督促着工人去看书①。1939年，陕西省委职工部《关于两年来陕西职工运动的总结》中也提到，按照企业种类、工人性质及其文化程度与兴趣开展文化教育工作，在工人中组织了“读书会、流动图书馆、讨论研究会、时事研究会”等②。

（4）边区民众教育馆图书馆（室）

民众教育馆图书馆（室）属于陕甘宁边区的基层图书组织，是边区范围最广的图书阅览机构，它们广泛分布于各市镇的集市区，是边区重要的文化阵地。1938年，边区教育厅印发了《社会教育工作纲要》的小册子，专门列了“怎样办民众图书馆”的内容。1939年至1940年间，边区政府教育厅相继颁布了《民教馆简则》《民众教育馆简则》《陕甘宁边区民众教育馆组织规程》三个文件，对民教馆的性质、宗旨、任务、机构设置、经费、工作内容与活动方式等均有详尽的规定。林伯渠、徐特立等对边区图书馆的馆藏建设、分类编目、人员培训、业务经验交流等都提出过很好的指示和意见。边区民教馆的主旨是“协助抗战动员以及改进地方之事业”，主要任务是“为消灭文盲，宣传政治常识，科学常识，发展经济建设，提倡卫生，破除迷信，组织

---

① 《陕西革命历史文件汇集　1939年（三）》，中央档案馆、陕西省档案馆，1993年，第177—178页。

② 《陕西革命历史文件汇集　1939年（一）》，中央档案馆、陕西省档案馆，1992年，第206页。

与提高群众文化娱乐工作”[①]。一般下设六组，阅览组管理图书报章及阅览室工作，编制社会调查统计。

延安民众教育馆成立很早，虽然1938年冬季遭到日军轰炸，但1939年7月新馆建成，恢复工作，主要是开放书报阅览室、出版大众报、举行讲演会、设立代写处、询问处等。1939年，《边区的文化教育状况》关于“统计现有社教组织的数量”中有注明：“延安市有民众教育馆一处，设有阅报室、图书室，并出版墙报、领导识字组、夜校。”[②] 该馆面向社会募捐书籍的同时也大量购置新书，创办了面向大众的图书馆，“全年达8000余人次”往阅览室和图书馆阅览书籍[③]。

1938年9月，边区教育厅提出在边区各县广泛建立民教馆。1939年，边区文教厅制订的教育计划要求“各县应斟酌实际情形，成立民教馆或阅览室”。这些措施促使各地民教馆所设的图书室或阅览室得到了迅速发展。1940—1942年，边区已经建立了25座民教馆。庆环分区的曲子民教馆、神府民教馆、庆阳民教馆、镇清民教馆、甘泉民教馆、子长民教馆、郝县民教馆、甘谷驿民教馆等都设有书报阅览处。其中因工作成绩优异而获得表扬的是曲子和庆阳两个民教馆[④]。这些民教馆每天开放图书馆、阅览室，定期出版壁报，开展社会教育活动，组织群众文化娱乐活动。为广大工厂、农村普及教育，提高文化水平，培养有文化的基层干部和支援抗日战争做了大量工作。宁夏盐池县在边区政府教育厅组织下也先后办起民教馆、读书组50多个[⑤]，指导群众识字读书、开展文化活动。

---

① 陕西省档案馆、陕西省社会科学院编《陕甘宁边区政府文件选编（第3辑）》，陕西人民教育出版社，2013年，第22页。

② 赖伯年主编《陕甘宁边区的图书馆事业》，西安出版社，1998年，第207页。

③ 《解放日报》1941年12月31日。

④ 张志强：《抗日战争时期延安的图书馆》，载中国人民政治协商会议延安市委员会文史资料研究委员会编《延安文史资料 第二辑》，政协延安市委员会文史资料研究委员会，1985年，第112页。

⑤ 邹容主编《宁夏文化史话》，阳光出版社，2016年，第97页。

（5）机关团体图书馆

陕甘宁边区的机关团体图书馆包括中共中央组织部训练班图书室、中共西北局图书馆、《解放日报》社资料室、边区文协文化图书馆、关中国防教育研究班图书馆、边区医院图书馆、延安中医院图书馆、青年流通图书馆等。这些图书馆多数是靠机关团体成员集资或捐书办起来的。如边区医院图书馆建立时，中央干部教育部、后方政治部、中共中央马列学校等单位都捐了大批藏书[①]，关中国防教育研究班图书馆也是捐款集资建立的。毛泽东、周恩来等领导人还推动组建“流动图书馆”[②]，以邮寄方式互通有无，为延安地区的广大干部群众服务，配合干部教育，为边区的政治、经济、文化建设做出了贡献。

青年流动图书馆成立于1937年6月，是边区青年救国会的团体图书馆，其性质是普及文化教育，面向各机关青年与少先队组织。到1938年5月，该馆藏书近千册，为读者分发借书证，可在一定期限内借书；每天开放阅览，读者可阅读书报杂志。为配合群众教育运动，该馆在街区开辟阅报栏，举办读者墙报，组织读书会，成立读者研究小组，等等。

（二）晋察冀边区

晋察冀边区是抗日战争时期中国共产党领导的第一个敌后抗日模范根据地。全民族抗战爆发前，晋察冀边区的经济、文化发展很不平衡，在几个省交界的山区，交通不便，土地贫瘠，热河、冀东、察北在全民族抗战爆发前已在敌伪统治下实施着奴化教育。冀中北部、冀西山地、晋东北以及雁北的广大农村，学校少，私塾占很大比例，全民族抗战爆发以后，日军对抗日根据地疯狂烧杀、挖沟筑堡，即使教育发达的平汉铁路两侧，入学儿童也仅占学龄儿童的30%，晋察冀边区的社会教育就是在这样的基础上建立起来的。

1. 边区图书馆社会教育的方针

边区形成了学校教育和社会教育相结合的教育体系。1938年1月15日，晋

① 《新中华报》1939年10月24日。

② 任一鸣：《延安文艺大系·文艺史料卷（全二册）》（上），湖南文艺出版社，2015年，第5页。

察冀边区第一次军、政、民代表大会通过的《文化教育决议案》明确指出：将提高一般民众的文化水准，并增进他们的健康列为文化教育的基本原则，扩大民众教育，普遍地设立民众教育机关，建立农、工、妇女等各种补习学校、识字班、夜校等。创立通俗图书馆、书报社、讲演所等。① 在这个《文化教育决议案》精神指引下，晋察冀边区政府曾经发出了一系列的指示。1938 年，边区政府先后发表《扫除文盲办法》《小先生制教育实施办法》《怎样建立民族革命室》，随着这些办法的发出，各级政府从县到村都有人负责，并建立了相应的机构，大力推进社会教育工作。

1939 年 6 月，晋察冀边区行政委员会为了进一步加强对社会教育工作的领导，指示各县改进与加强社教机构，县、区由政府、群众团体、士绅组织教宣联系会，辅助教育主管部门，执行社教工作；村加强教育委员会及村民族革命室②。对于推进社会教育工作都起了积极的作用。1939 年 9 月，边区委员会颁发了《边区社会教育实施办法》，这是边区社会教育的一个纲领性的文件，它全面系统地阐述了边区社会教育的意义、对象、实施原则、组织形式、内容方法，以及坚持社会教育与战争动员相结合、与生产劳动相结合的原则。

1939 年 10 月，晋察冀边区军政民大会决议再次强调文化教育方针：“（1）建立正确的抗战理论，提高民族意识。（2）粉碎敌人奴化教育政策，肃清汉奸倾向的言论。（3）提高民众抗战胜利的信心与民众觉悟的程度，使自动地参加抗战。”③

2. 边区图书馆社会教育的实施

从 1938 年晋察冀边区政府成立开始，以民教馆、图书馆为机关的社会教育在抗战救国的背景下一路走来，在民众动员、文化教育和科学传播上发挥了重

---

① 《晋察冀抗日根据地》史料丛书编审委、中央档案馆编《晋察冀抗日根据地——第 1 册（文献选编上、下）》，中央党史出版社，1988 年，第 83 页。

② 河北省国家档案馆、冯世斌编《1928—1949 河北省大事记》，河北人民出版社，2012 年，第 211 页。

③ 张金辉：《晋察冀解放区高等教育研究（1937—1949）》，中国言实出版社，2018 年，第 42 页。

要作用，图书馆的社会教育和服务活动成为抗战教育、抗战文化的组成部分。

边区政府十分重视民教馆的书刊阅览部建设。1938 年 1 月 10 日，晋察冀边区行政委员会成立大会上通过《晋察冀边区军政民代表大会决议案》，明确提出了推进“创立通俗图书馆”的计划①，这一计划的实施就是依托民教馆落实的。因为当时很多民教馆是从通俗图书馆演变而来，或是两者合二为一的。如当时张家口市“民众教育馆”就兼挂“图书馆”牌子，宣化通俗图书馆则是民教馆下属的一个部。1940 年 4 月 20 日，中共中央北方局关于国民教育的指示中强调，要“在每县的中心市镇设立民众教育馆，成为社教的模范”。边区政府给民教馆规定了三大任务：一是出版和翻印各种报纸及定期与不定期书刊；二是搜集图书、举办巡回图书馆和登记出借图书；三是开办夜校识字班，办墙报，展会等。② 在晋察冀边区保留下来的很多文献中可以看到很多对民教馆的指示、报道和总结，其中图书服务活动的内容很多。边区民教馆在抗战胜利后继续发展，建立了更多的县级馆和乡镇馆，还出现了规模较小的私人办的民间馆。

民教馆形成了一套完整的图书服务体系。晋察冀边区民教馆发展最好的是张家口市，这个市建立了市、区和街三级民教馆自上而下的书刊服务体系。市、区两级馆为公办，体制上属同级教育局领导，市级馆负有管理区级馆的职责；街道馆为民间办，要接受上级民教馆的工作指导、信息交流和横向帮助；市级馆设有馆务部、书刊阅览部、展览部、群众服务部、文教部、俱乐部和艺曲指导部，区级馆设有阅览室、游艺室和广播室，街道馆设有阅览室、游艺室，并和民校结合，图书服务功能居于民教馆重要位置。③

边区民教馆的书刊开放程度、读者规模以及工作项目为公众提供了阅览外借、文化展览、解疑辅导、墙报宣传、图片展览以及演讲聚会等一系列读者活

① 《晋察冀边区阜平县红色档案丛书》编委会编《晋察冀边区法律法规文件汇编》（上），中共党史出版社，2017 年，第 49 页。

② 龙厂：《谈谈当前边区社教工作的布置》，载王用彬、刘茗、赵俊杰主编《晋察冀边区教育资料选编（续集）》，北京师范大学出版社，1991 年，第 178 页。

③ 项柏仁：《民教馆工作点滴经验》，载王谦主编《晋察冀边区教育资料选编　社会教育分册》，河北教育出版社，1990 年，第 486 页。

动，加之边区民教馆均设在人口稠密的地方，因此公众可以随时走进民教馆参与各种活动，从中了解世界反法西斯战争的动态，熟悉党的方针政策，受到爱国主义教育和文化知识的熏染。

边区民教馆还满足了封闭环境下公众的信息需求。当时晋察冀边区战事频繁不断，经济困难，交通不便，通讯落后，而民教馆阅览室有众多的边区报纸、宣传漫画、文件资料、学校教材、战斗照片、科普读物和文艺图书等，公众在这里通过阅读正面信息，接受爱国教育，提高抵制奴化教育的免疫力；通过阅读科普书刊学习文化知识，解决生产和生活中的疑难问题；通过阅读几十种时事杂志，了解中国以及世界的发展变化。阅览室实际上担当了当地民众扩大视野、了解世界和学习文化的信息窗口。

保定和石家庄周边县等数十家民教馆经常深入文盲多的农村地区，把读报活动和识字活动结合起来，教当地群众边读报边识字；冀中和冀南区的民教馆选择在民众密集居住的地方进行屋顶广播、山头广播和树梢广播，在人员流动性大的地方办墙报宣传、摘报宣传、读报演讲和代笔问字处；辛集民教馆每年都在繁华的农村庙会上举办图书大棚、巡回书屋、鼓书棚、放映幻灯片、喇叭广播以及图书借阅①。为了引起广大群众对抗日进步书刊的兴趣和踊跃阅读，民教馆创造了很多灵活多样的书刊宣传方式。工作人员经常走街头、到农村、进工厂去办演讲、搞书展、发传单、贴标语和写墙报等，及时把进步书刊资料送到军民以及其他读者手中，每个职员既是图书管理员，还要肩负起教学识字、文化补习和政治宣传的任务。

晋察冀边区的图书馆社会教育是在特殊的历史环境下形成和发展起来的，在民族危机严重、民心所向的抗日大背景下，在“唤起民众”、救亡图存的指导思想下发挥了重要作用。

（三）晋绥边区根据地

晋绥边区根据地包括晋西北、晋西南和绥远大青山三个地区，是抗日战争

① 辛集市志编纂委员会：《辛集市志》，中国书籍出版社，1996年，第824页。

时期中共在华北具有重大战略意义的主要根据地之一。其西面与陕甘宁边区隔河相望；东面连接同蒲铁路、平绥铁路，与晋察冀革命根据地、晋冀鲁豫革命根据地相连。根据地建设包括政治、军事、经济、文化、教育、卫生等诸多方面，社会教育是根据地教育中的重要一环，当时的晋绥边区缺乏文化科学知识，乡村中封建迷信盛行，这种状况普遍存在于山西革命根据地所辖乡村，因而以提升农民文化知识水平、提高思想政治觉悟、提高生产劳动技能为教育目的的社会教育成为根据地建设中最迫切和最重要的工作。

社会教育不只是教授农村民众学习识字，更是要通过教育启发和培养民众的民族革命意识、传授民众以民族自卫战争中用到的理论和技能，发动乡村民众积极参与救国行动中。通过在根据地实施社会教育，广泛深入地进行政治教育与战争动员，以此提高根据地群众的思想政治觉悟，使根据地群众自觉自愿地参加到革命战争和根据地的各项建设中去。1940 年 6 月 23 日，《新华日报》华北版发布《山西三区专署拟定计划促进教育正规化，加强社会教育，深入群众扫盲》，要求“建立村教育委员会、开展扫盲工作，两个月后达到每位农村青年妇女、壮丁识得 30 个字。各村成立 1 个报纸读者会、1 个民革室、1 个农村剧团或娱乐小组”①。

晋绥图书馆成立于 1943 年 9 月，设在陕西神木县杨家沟，为晋绥边区最大的一所图书馆，这是在晋西北抗日民主政权改为晋绥边区行政公署以后所办的一件大事。图书馆由董事会具体领导，董事会由贺龙、续范亭等党政机关的领导人组成，聘请王修任馆长。图书馆主要服务于边区党委、行署及各机关团体的干部与专家。藏书来源除采购以外，还接受捐赠、调配和寄存。为适应战时情况，该馆采用了折合式书箱，打开叠放为书架，分开折合为书箱，经济方便，可称独创。晋绥图书馆还发放个人、集体两种借书证，借书期限为半个月，特殊情况可以续借延长。图书馆编有目录，展开了向读者推荐图书，提供参考资料的工作，同时还开展了各种文化活动。晋绥还有“沁河文义协会”图书室、

---

① 《山西三区专署拟定计划促进教育正规化，加强社会教育，深入群众扫盲》，《新华日报》1940 年 6 月 23 日。

《晋西大众报》社资料室等机关图书资料单位。

地处晋东北地区的北岳区为开展社会教育，县以上教育机关设社会教育委员会，区设社教委会，村设民革室或救亡室、俱乐部，并吸收群众团体创办民众学校、夜校、午校、冬校和扫盲识字班等。1938 年 2 月，第二战区民族革命战地总动员委员会总部移到岢岚后，建立了众多的图书馆（室），战总会流动图书馆有书籍 560 余种，各种杂志、报纸、图表都在数十种以上，各种宣传小册子上百种①。在晋绥边区还有临县盘塘民教馆、神府马镇民教馆图书室开展社会教育等，有力地配合了识字运动、提升民众文化和宣传抗战教育的需要。

（四）山东抗日根据地

山东抗日根据地政权建立后，为最大限度地组织和动员人民群众参加抗日斗争和根据地建设运动，实行学校教育、干部教育、社会教育并重的教育体制，十分重视社会教育的发展。1940 年 8 月，山东省战时工作推行委员会制定、临时参议会通过的《山东省战时国民教育施政纲领》提出“普遍实施新民主主义教育，发展文化事业，培养专门人才；发扬民众抗战精神，粉碎敌人奴化教育”的教育原则，要“普遍设立民众教育馆、教育巡视团、农村俱乐部；普遍举办地方报纸，推进社会教育，厉行扫盲，促进社会文化活动及提倡正当娱乐”②。随后颁布的《国民教育实施方案》也对根据地的社会教育体系进行了全面设计。《方案》规定：

关于社会教育组织体系：凡学校之外之教育皆属社会教育；实施社会教育之机关，县设民众教育馆，区、乡设中心俱乐部，村设俱乐部；俱乐部务求普遍设立，达到每村能设立一处；各团体、机关、部队，建立学习委员会进行自我教育；民众教育馆采取流动的方式，下设巡回教育团，巡视各地，推动工作。

社会教育的内容由五部分构成。①语文方面，开办识字班、夜校，组织识字小组，推动识字运动；开办各种补习学校、短期训练班，培养基层干部；编

---

① 侯伍杰：《山西历代纪事本末》，商务印书馆，1999 年，第 1071 页。

② 刘桂林：《山东抗日根据地的教育》，中央党史出版社，2005 年，第 26 页。

辑墙报，提高民众阅读与写作能力。②政治方面，举行巡回政治演讲与定期政治报告；组织读报组，进行时事教育；召开座谈会、讨论会、研究会；组织图书馆，办理书报流通；举办流动图书馆，提倡阅览书报习惯；散发传单，缮写标语，张贴漫画，并出版街头画、街头诗等，进行广泛政治宣传。③生产方面，扩大生产教育，组织生产运动，举办生产竞赛，举办农业生产及工艺品展览，发动生产改良实验，组织生产服务队，举办各种短期职业训练班。④卫生方面，举行卫生、防疫、防空防毒的教育、竞赛与检查运动。⑤文化娱乐方面，组织农村剧团，传播抗战歌曲；移风易俗，改良不良习惯及消闲方法，提倡正当娱乐；举行军事演习、射击比赛。

1940 年 12 月，山东省战时工作推行委员会颁发的战时国民教育方案，确定社会教育的基本形式是，县设民众教育馆，区、乡设中心俱乐部，村设俱乐部；要求广泛开办识字班、夜校、补习学校、短期训练班，设立图书馆，组织流动图书馆等。在社会教育开展过程中，各地抗日民主政府、群众团体不断加强组织，进行指导，从而在抗日根据地形成了全民性的学文化热潮①。

（五）新四军抗日根据地

1939 年 5 月，新四军一部以“江南人民抗日义勇军”（简称江抗）的名义东进抗日，开辟了苏（苏州县）常（常熟县）抗日游击区。为了在艰苦的战争环境中开展文化技能、战斗知识和政治理论学习，中共江南特委作出创设江南流通图书馆的决定，“以供给江南各地工作同志研讨革命理论，印证实际工作，增强抗战认识和胜利信心为宗旨”。方法是，“本馆暂以图书二百册流通各站，每站分配五十册，各类略备，以应读者要求”，“每站图书流通期限为一个月，期满由组长负责递还总站，与其他分站图书交换阅览（或由总站负责同志临时

① 中共山东省委党史研究室：《中共山东地方史　第一卷》，山东人民出版社，1998 年，第 459 页。

通知转递他站）。”（《江南流通图书馆章程》）① 江南流通图书馆成立后，除了呼吁捐助外，还通过采购、自印等途径，不断丰富馆藏数量，包括“大批的社会科学书籍”、政治理论书籍。1941 年 3 月 18 日，奉命转移到澄（江阴）锡（无锡）虞（常熟西北）地区，在常熟的一年半时间里，深受江南特委、东路特委领导的高度重视和抗日军民的热烈欢迎。它为苏常游击区、苏常太抗日游击区的领导干部、民运工作干部的政治思想建设以及为团结东路人民，坚定其抗日思想，鼓舞其抗日斗志等发挥了独特作用。

五、边区根据地图书馆社会教育的贡献

边区的各类图书馆通过书报服务或举办夜校、识字组、读报组、黑板报、流动书店等各种形式，宣传党的抗日救国的政治主张和一系列方针政策，开展新民主主义的文化思想教育。各馆大力开展社会教育，扫除文盲，破除迷信，提倡卫生，移风易俗，提高了边区广大群众的政治觉悟和文化水平。1940 年 3 月 3 日的《新华日报》登载了毕凯的文章《新延安的民众教育》，专门列出《民众阅览室和图书馆》这个标题，文中谈道：“边区政府开办了鲁迅图书馆，民教馆，设立了阅览室和图书室，都是专门供给民众阅览书报的场所……里面有全国各地的报章、杂志（外国的也有几份），有全国各地出版的最先进的科学书籍。每天在阅览室或图书馆看书的人也许穿的不甚漂亮，但他们却各拿一本《帝国主义论》或《斯大林论民族问题》……这类的书籍在聚精会神地看着，虽然这些读者不尽是当地民众（很多是机关工作人员），但当地民众也确乎不少。”“因此，图书馆和阅览室就成了民众不可缺少的精神粮食局。”② 使边区军民逐渐理解并自觉接受了马克思主义理论和中国共产党的路线，产生了投身民

---

① 沈秋农：《抗日烽火中的思想文化殿堂——记江南流通图书馆》，《江苏地方志》2021 年第 1 期。

② 陕西师范大学教育研究所编辑《陕甘宁边区教育资料（社会教育部份）》（上册），教育科学出版社，1981 年，第 113—114 页。

族解放事业的积极性。大家以英勇的献身精神参军参战、生产支前、保卫边区、建设边区，巩固和发展了边区的民主政权，最终取得了抗日战争的伟大胜利。

第七章 抗战胜利后图书馆的社会教育（1945—1949）

抗日战争胜利后，教育部组织召开了一系列会议，集中讨论教育复员准备工作的相关问题，“俾求达到恢复战前状态，并维持战时的新兴事业为目的”[①]。但战后国内环境已使社会教育失去了正常发展的环境。1946年9月，《观察》周刊创刊号言道：“抗战虽然胜利，大局愈见混乱。政治激荡，经济凋敝，整个社会，已步近崩溃的边缘。”[②] 在这样的逆境中，抗战胜利后的社会教育界只能试图保留过去动荡中幸存下来的东西。

对于战后图书馆的社会教育，蒋复璁曾强调图书馆对各项复兴事业的重要性并提出：正义的力量终于摧破了强暴，跟着胜利的到来，就是我们战后的各种建设，而教育文化建设实为其根本。在这广大的文化建设工作中，图书馆事业的复兴与扩充，尤有其迫切的需要，“因为通过足以推进各级的教育，协助政治社会经济建设的进行，在此国民教育未普及，社会教育正待推进之中，公立图书馆的普遍设立，以及各级学校与机关图书馆的恢复与充实，都是推进国家各种建设与提高社会文化水准的重要工作”[③]。然而，由于日本侵华期间对国内图书馆事业的破坏，同时，南京国民政府忙于从西南西北回迁，后又把重心全

① 《教育部复员工作事别计划行政院审核意见》，转引自周慧梅：《民国社会教育研究》，湖南教育出版社，2018年，第422页。

② 转引自周慧梅：《民国社会教育研究》，湖南教育出版社，2018年，第450页。

③ 蒋复璁：《战后我国图书馆事业之瞻望》，《中华图书馆协会会报》1944年第4期。

部放于内战之上，无暇顾及其他，严重影响了这一时期图书馆的社会教育活动。

第一节　抗战胜利后的社会教育

一、社会教育政策调整

1945 年 8 月 16 日，日本宣布无条件投降的第二天，教育部为安定收复区教育人员起见颁布《战区各省市教育复员紧急办理事项》14 条，全面启动以“稳定秩序”为核心的教育接收和复员工作。其中涉及社会教育内容的有：第六条，应令各级公立学校及社教机关，一律暂维现状不得停顿。第七条，应即组织甄审委员会，甄审教育行政人员、学校教职员及社教人员。第九条，应尽速在半年内恢复战前所有各级学校及社教机构，其新增而有永久性者，仍照常维持。第十一条，应收复各级学校及社教机关原有房屋加以修葺应用，或利用一切公共场所，对于必要之设备应即筹划补充。从内容看，反映了国民政府在制定政策方面亟须稳定秩序、恢复常态的初衷。

为了“统筹规划，悉心考虑，尤望集思广益，群策群力”，妥善解决教育复员的各项问题，1945 年 9 月，教育部在重庆青木关专门召开了“全国教育善后复员会议”，形成了各级教育战后复员的原则性处理决定。朱家骅在开幕词中强调：“教育上的复员并非就是还原。站在国家民族文化均衡发展的立场上，我们对所有学校及文化机关，应当注意到地域上相当合理的平均分布。”① 全国教育善后复员会议上，社会教育组就“教育机关复员的处理”内迁设定了四个原则：①国立社教机关，战前原在各地设立者，应各迁回原址；②抗战期内部办社教机关具有全国性者，应迁至首都接办；③抗战期内部办社教机关具有地方性者，

① 转引自周慧梅：《民国社会教育研究》，湖南教育出版社，2018 年，第 424 页。

交由各省市接办；④各省市县社教机关，迁至后方者应迁回原址继续办理。在此基础上，分国立和省市立社会教育机关，分别制定了复员的具体办法。在这次会议上，代表们就“社会教育工作应加强辅导、推广与巡回服务，并进行扫除文盲与公民训练工作”达成共识。各省还提出自己的议案，如湖北省教育厅向大会递交的提案，内称“抗战业已胜利结束，复员在即，宪政行将开始”之时，更应该积极加紧推行社会教育，“然社会教育之推行，必须有健全之机构，充裕之经费”①。抗战胜利后国民政府通过修订、调整并出台一系列规程、办法、计划等，一定程度上保障了战后社会教育的恢复、充实和发展。

二、社会教育内容

1945年9月召开的全国教育善后复员会议上，教育部递交《战后五年内全国扫盲计划要点》，明确提出将战后扫盲工作成绩纳入地方行政长官考成中，并采取逐级考核方式。1945年11月，根据普及失学民众识字教育计划实施程序第一项规定，教育部出台《普及三十五年度失学民众识字教育实施计划》，该实施计划斟酌各省实际情况分别给予规定。1946年1月，依照早日普及国民教育政策，教育部颁布《全国实施国民教育第二个五年计划》，将收复区各省市与后方各省市相配合，使全国各地学龄儿童与成年失学民众，均能分别接受相当时期的义务教育与补习教育，各省根据实际情况分别拟定实施计划。1946年7月，行政院核准通过了《教育部直属社会教育机关团体工作人员待遇规程》，对国立社会教育机关工作人员薪级做了详细规定，附表中包括国立图书馆、博物馆、礼乐馆、科学馆、民众教育馆、美术馆、电影厂、广播电台、电教队等，从中可以看出社会教育机关较战时扩大了范围。

1946年10月22日，教育部电发《三十六年度各省市教育计划编制要点》，指出教育行政方面要继续办理教育复员，恢复收复区战前各级学校和社教机关，

① 《复员期间应积极加强社会教育以应建国需要案》，档案号053-0032-00381，重庆市档案馆藏。

加强教育督导。关于社会教育计划有九大内容，包括：

①各省市县立民众教育馆应增筹经费，充实设备，依照部颁每月中心工作实施要点表，切实办理。

②遵照补习学校法及补习学校规程之规定，严饬所属注意办理。

③省市立图书馆应增筹经费，充实设备，并应注意文物之搜集整理、研究与保存。

④实施各级各类学校及各机关团体设置图书馆（室）供应民众阅读办法，并设法充实各图书馆（室）。

⑤各级学校办理社会教育应特别注意推行识字教育及地方自治之辅导。

⑥应注意设置电化教育辅导处，增设电化教育巡回工作队，充实其设备与组织，并划区施教。

⑦注意筹设省立科学馆，并充实各县市立民众教育馆通俗科学设备，辟专室陈列，以供巡回施教之用。

⑧各种社会教育人员之训练应各就需要，分别设班训练。

⑨社会教育之登记应积极办理。[①]

三、社会教育机关及行政管理

根据1947年2月经过10次修订颁布的《教育部组织法》规定，教育部下设高等教育司、中等教育司、国民教育司、社会教育司、边疆教育司、总务司和国际文化教育事务处。社会教育司职掌范围如下：①关于家庭教育及补习教育事项；②关于学校办理社会教育事项；③关于低能及残废者之教育事项；④关于文化团体之指导事项；⑤关于民众教育馆事项；⑥关于博物馆及科学馆事项；⑦关于图书及保存文献事项；⑧关于公共体育事项；⑨关于音乐、戏剧、

---

① 《教育部颁发三十六年度各省市教育工作计划编制要点代电》，转引自周慧梅：《民国社会教育研究》，湖南教育出版社，2018年，第435—436页。

电影、播音及其他美化教育事项；⑩关于其他社会教育事项。[①]

这项改革很大程度上体现了使学校教育与社会教育一体化的努力。1948 年 5 月 29 日，教育部以参字第 29625 号部令修正公布《教育部处务规程》[②]，规定了社会教育下设三科及相应各科职掌。社会教育第一科、第二科、第三科职掌比全民族抗战爆发前有了不小调整。从所列事项看，战前一些主要社会教育事业已失去优势，如第一科职掌事项中民众学校已不见踪影，民众教育馆与巡回教育并列一条。

在地方，1945 年 9 月在全国教育善后复员会议上，四川省教育厅提出“恢复县市教育局制度”议案并得到大会通过，“为便利教育复员及积极普及国民教育计，此项决议亟应提早付诸实施，并明定办法，藉以健其组织”[③]。县教育局的设置推进了包括社会教育在内的地方教育的发展。

这一时期，在保留、充实战时社会教育新兴事业，如社会教育扩大运动周、电化教育等之外，更集中精力恢复、充实战前的社会教育主要事业，如民众教育馆、民众学校的事业。国民党政府教育部明令各地迅速恢复民众教育馆，各省市开始着手回迁、恢复和重建民众教育馆。据统计，全国范围内仅各省市县立社会教育机关（公私立）包括图书、仪器、医药、建筑等，损失约 3774 亿元[④]。在政府的饬令下，各省市教育厅纷纷发布社会教育战后重建计划，对民众教育馆恢复、充实发展给予了重视。如山东省在接收日伪时期社会教育设施时，制订了复员、整理社会教育计划。安徽省规定，在屯溪、安庆、芜湖、蚌埠四处各设一处省立民众教育馆，其中屯溪在原设基础上加以充实，其他三处一律于三年内增设齐备；每县设立民教馆一所，已设立者，加以调整充实，未设立者，限一年内筹设成立。各乡镇设立分馆，以办理书报阅览室、运动场及补习

---

① 顾明远主编《中国教育大系：历代教育制度考（下）》，湖北教育出版社，1994 年，第 2187 页。

② 《教育部处务规程》，《教育部公报》1948 年第 20 卷第 6 期。

③ 《拟请调整具有行政机关并健全组织以利国民教育之推行案》，档案号 5-2-579，中国第二历史档案馆藏。

④ 北平市第一民众教育馆编《北平市第一民众教育馆概况》，1948 年，第 6 页。

学校为中心工作[①]。浙江省教育厅亦有相似规定，在抗战胜利后还要求有条件的民众教育馆辅助开办乡镇民众教育馆，如绍兴县民众教育馆在柯桥、平水、斗门、临浦和东关等乡镇设立了5所区民众教育馆。[②] 在各级政府、社会人士积极筹划下，不少“流亡”民众教育馆纷纷回迁、复建，民众教育馆数量开始回升。截至1947年，全国民众教育馆总数已有1425所[③]。

设在基层社会的民众教育馆，借助各种事业、手段开展活动，“以资联络感情而便深入民间”。南通省立民教馆以“深入民间，从组织中团结民众，由工作中发挥力量”“自觉地激发人民自治自强精神”“有教无类广施教化”[④] 等为原则开展组训民众、提高文化水平、增进民力、陶铸国民道德等工作。在“非核心地区”，民众教育馆恢复较慢，数目不多，大多以阅览、指导民众生活为主体工作。北平市立第一民众教育馆内设图书室，有中文图书1.1万册，每日平均接待读者400人次；有阅报室，每日平均接待读者50人次；设儿童读书会、民众识字班、妇女补习班、民众学校；设民众游艺室等。[⑤] 但政局动荡、民生凋敝严重影响了民众教育馆复员工作[⑥]。各级学校、博物馆、图书馆、电教队等也都参与战后社会教育活动。

---

① 《安徽省战后社会教育计划大纲草案》，载中国第二历史档案馆编《中华民国史档案资料汇编　第五辑第三编·教育（一）》，江苏古籍出版社，1994年，第433页。

② 倪焕臣：《绍兴民众教育馆》，载浙江省绍兴县政治协商委员会文史资料委员会主编《绍兴文史资料选辑（第7辑）》，1988年，第291页。

③ 《历年度全国重要社会教育机关数（1948）》，载中国第二历史档案馆编《中华民国史档案资料汇编　第五辑第三编·教育（一）》，江苏古籍出版社，1994年，第649页。

④ 江苏省教育厅：《省立南通民众教育馆报送一九四七年工作报告、计划及十七次馆务会议记录、组织规程及施诊所简则（1946—1948年）》，档案号1006-25-906，江苏省档案馆藏。

⑤ 北平市第一民众教育馆编《北平市第一民众教育馆概况》，1948年，第6页。

⑥ 周慧梅：《民国社会教育研究》，湖南教育出版社，2018年，第449—451页。

第二节 抗战胜利后图书馆社会教育事业的开展

一、战后图书馆事业的复员与衰落

1945年8月，日本无条件投降，抗日战争时期内迁的各个图书馆相继迁回原地，但“复员”工作进展缓慢。特别是国民党政府公开发动内战以后，更不会给图书馆以人力、物力、财力的积极支持。“复员”的迟迟不能“复员”，“筹建”的始终还在“筹建”。图书报刊缺乏，师资不足，引起了大学师生的强烈不满。1947年2月，江西中正大学因“图书馆条件太差”爆发“护校运动”，遭到国民党镇压，之后，图书馆条件有所改善，6月迁入新馆。国民党统治区在军事失败和发生经济危机以后，图书馆相继停办。据《第二次中国教育年鉴》统计，到1947年夏天，有单设图书馆418所，民教图书馆716所，学校图书馆1492所①，和战前相较，少了2400余所，可见国统区图书馆事业的衰落。

从馆藏来看，抗战胜利后，国民党向敌占区派出了大批“接收人员”，包括图书馆接收人员，收回了大批的图书、建筑设备和被日军偷运的一批珍贵文献，但这已远远达不到战前的馆藏量。同时，由于国民党政府的腐败无能，许多图书馆在“复员”时再一次陷入搬迁运输的混乱之中，使藏书又受到不少损失，这无疑给战后图书馆的恢复带来新的灾难，如西北大学图书馆在全民族抗战时期辛苦搜集的一批报纸，运返西安时在宝鸡车站遭雨淋全部损毁。还有许多图书馆无力恢复和发展，甚至停办。新筹建的馆也迟迟筹建不起来，国立西北图书馆于1946年9月奉令恢复，1947年2月更名为国立兰州图书馆，可是由于经费没有保证，该馆只能一直栖身于甘肃省立兰州图书馆内，直到兰州解放后被

① 教育部年鉴编纂委员会编《第二次中国教育年鉴》，商务印书馆，1948年，第1120页。

合并为甘肃省图书馆。1947年7月，开始筹备国立罗斯福图书馆，直至重庆解放，该馆一直处在“筹备”之中。1947年前后，教育部决定在西安筹建一所国立西安图书馆，由于开办经费屡催不下，仅仅在1947年年底租民房开辟了1个阅览室，惨淡维持到1949年年初，无奈宣布解散。

从落实经费情况来看，战后国民党当局一方面加强对文教事业的控制，另一方面要维持庞大的军政开支，一再压缩文化教育经费，用于图书馆事业的经费更少得可怜。向达在《战后两年来的国立图书馆与博物馆》一文中指出：“经费困难，使得各图书馆经日愁眉苦脸，一筹莫展，其中又可分为两点，一是因为无钱，于是兴修建筑不能开始或完工，以致影响到全部工作的推行和发展。二是因为无钱，于是眼看着有许多古代的文物书籍，应该保存，值得保存的，流落市尘，慢慢转到私家，或竟入异域。”① 经费枯竭不但造成图书馆数量减少，而且影响仅存的图书馆工作的开展。广东省立图书馆1946年1月至8月购入新书仅43册。1947年，湖北省立武昌图书馆（即湖北省图书馆）全年仅购置图书91册，期刊582册，报纸35份。据《第二次中国教育年鉴》统计，1947年全国公私立大学及学院图书馆藏书量平均54288册，但事实上馆藏量低于平均数的达82所，占学校总数70%以上。每个学生拥有图书量从1931年的84册下降为54册。武汉大学1936年藏书已达14万册，1947年藏书较1936年只增加1万册，“复员”后两年图书馆才全部开放。上海市的图书馆从抗战胜利到解放前夕，每天到馆阅览的读者平均人数最多时为150人左右，最少时仅40～50人。在将近四年中，领取借书单借书的人数不到1万人②。

从图书馆恢复情况来看，以公立图书馆为例，全民族抗战时期省立图书馆有沦陷于敌者，有迁徙各地者，也有新创者。沦陷敌伪者遭受的损失巨大；迁徙各地者，有安徽、湖北、河南、陕西、福建、云南、广西的8个省的省立图书馆，都在本省境内随战事变化而迁移，同时兼顾开放阅览。至于抗战中创设的省立图书馆，都在西南省份，包括贵州、四川、云南、西康4个省的图书馆。

① 向达：《战后两年来的国立图书馆与博物馆》，《中华教育界》复刊2卷第1期。

② 谢灼华主编《中国图书和图书馆史》，武汉大学出版社，1987年，第292页。

经过全民族抗战后，省市图书馆均有极大的变化。这一时期，1947 年各省单独设置的图书馆仅为 1936 年的四分之一，县市以下公共图书馆也是萎缩的。① 当时很多战时内迁疏散的图书馆相继迁回原址，并开展了一些流通工作，但在回迁过程中，由于缺乏交通工具，行动非常缓慢。国立北平图书馆存放在四川、云南的图书直到 1947 年才逐渐运回北平，存放在上海的图书到 1948 年还无人问津。

二、战后图书馆社会教育的缓慢发展

尽管战后各图书馆均有“复员”计划，例如 1946 年 5 月 20 日，陕西省参议会第一届第一次大会参议员黄统等 5 人提交“请增加并充实图书馆案”云：“查图书馆于自由学术研究至为重要，本省大规模之图书馆仅有西京市一座，今后必须大行增设，并充实图书设备，以应学术界之需要。该馆因限于经费，无力大量添购图书，而且设备简陋，新书甚少，殊不足应自修学术之要求。兹以抗战胜利，开始复员之际，自应由该馆商同专家意见，妥拟增购图书目录及改善设备等预算，请省府列入行政计划及概算内办理，或转案请求中央拨款兴办，至低限度，应于每一行政区设一完善之省立图书馆。”② 但由于经费和战乱等因素，各项工作进展有限。

1948 年编印的《复员后的福建省立图书馆》也提到恢复之艰难：“第一，基本状况方面，馆舍的优点在于地点适中，而缺点是房屋不敷；图书的优点在于旧藏尚富，且无损失，而缺点是无力新购；组织的优点在于人员尚肯负责，而缺点是员额甚少，不够分配；至经费与设备，那都太缺乏了。”“第二，工作内容方面，在着整个社会复员，尚未转回良好的境况，犹能在种种障碍与矛盾中，艰苦前进，自属不易。”“第三，是今后的计划。因为经费的限制，致不敢悬鹄过高，反陷空言无补。只求最低限度，维持经常阅览；有稍进的力量，添

---

① 王惠君、荀昌荣：《图书馆文化论》，湖南大学出版社，2004 年，第 122 页。

② 谢林主编《陕西省图书馆馆史（上、下）》，三秦出版社，2009 年，第 190—191 页。

置阅览桌椅及增加新书报。”

省立天津图书馆1945年到1948年之间“仅添购了三四百本的书籍”，市立天津第一图书馆面临图书资源不足、人手不足的双重压力，“线装书多于新书，复员三年仅添购一百多本书”①。福建省立图书馆1947年在货币严重贬值、物价飞涨的情况下，“无论举何一项，或报纸，或电灯，或特别办公费，或取书条，皆不足以供之。经费之少，实出人意料之外。1948年3月，只有25.2万元。当时如阅览桌椅、书架、电灯器材等等，都极感缺乏”②。

战后各类图书馆正是在困难重重的条件下开展工作和实施社会教育的。

南京市立民众图书馆全民族抗战前计有房屋数十间，图书20余万册，“种种设置，颇称完备”。后为日寇焚毁，胜利复员后，“奉市政府教育局派员往接收伪市立民众图书馆于夫子庙青云楼旧址，仅有楼上楼下三楹，楼上为阅览室，楼下为书库及办公室。馆址狭隘，不敷应用；且限于经费极度艰窘中，秉承教育当局，就馆中隙地建筑儿童阅览室一大间，于三十六年六月间开放。从此成人与儿童分别阅览，秩序井然。不致如以往与儿童混在一堂，楼上则嘈杂异常，下楼则拥挤难堪；既妨害他人阅读，复碍于观瞻秩序。又以京市幅员辽阔，为便利社教计，于同年7月间，在汤山镇汤二巷设立书报阅览室一处，现已经年，当地人士，无不称便。该室为推广阅览起见，于本年五月间，复在南汤小憩茶社（在汽车站附近）内，附设书报临时阅览处。本馆又为便利民众借读及指导起见，于三十六年一月成立读书会。办理一年以来，成效昭著。本年度续办第二届，名额已扩充至二百名”③。

1948年，由宁夏省立图书馆和宁夏省立民众教育馆合并的“宁夏介寿图书馆”成立，新馆舍布局为中国传统建筑四合院式，共计房屋50间，馆内设有藏

① 天津地方志编修委员会办公室、天津图书馆编《〈益世报〉天津资料点校汇编（三）》，天津社会科学院出版社，2001年，第1036页。

② 福建省政协文史资料委员会编《〈文史资料选编〉第三卷　文化编》，福建人民出版社，2001年，第422页。

③ 孟国祥：《抗战时期的中国文化教育与博物馆事业损失窥略》，中共党史出版社，2017年，第209页。

书库四处，科学仪器、标本模型陈列室一所，乡土文物陈列室一所，阅览室两所，游艺室一所。该馆对外开放后，由于陈列书报刊丰富，“参观者不绝于途，尤其书报阅览室终日拥挤不堪，游艺室也人满为患”。在组织读者馆内借阅的同时，宁夏介寿图书馆还多次举办图片展览吸引读者，并在游艺室装设收音机一部，组织市民“每晚往听”，这对于地处偏僻、地广人稀、历来风气闭塞的宁夏地区来说，起到了增智广闻的教育作用。

贵州省立图书馆在全民族抗战期间借贵山图书馆和民众教育馆的场地办馆，战后搬回原址并进行了修缮，扩大了阅览室和陈列室，复馆后坚持节假日不休息，每日从上午 8 时至晚上 9 时开放阅览，直至贵阳解放。据统计，每天读者有 600 人，每个阅览室都是满座。在此期间，还增辟了特藏阅览室和外文阅览室，特藏室的文物资料包括在赤水、镇远、贞丰等地征集来的少数民族服饰、语言文字、生活生产资料等，供民众参观欣赏；外文阅览室的读者多为贵阳医学院的学生。又在办好儿童阅览室的基础上，自筹资金开办了失学儿童文化补习班，每天利用儿童阅览室上午不开放的时间进行补习，先后办了两期，每期有三四十人参加学习，后因经费困难停办。此外还在贵山图书馆办了一个图书站，陈列一些科技丛书、画报期刊、通俗小册子等，每天从下午 1 时至晚上 9 时开放，这个站因地点适中，很受读者欢迎①。

内蒙古厚和市立图书馆抗战胜利后改称归绥市立图书馆，1945 年 11 月以后增加人员，扩大馆内组织，1946 年 4 月市县分治，图书馆改由归绥县政府接办。1947 年迁至杨家巷 13 号，设有民众阅览室两处，并制备书报巡回阅览箱，每两星期发出一次。萨拉齐县民众教育图书馆在 1945 年冬奉绥远省政府的命令在民教馆原址重新恢复，楼上 10 间为图书馆及阅览室。阅览室于 1946 年 2 月 28 日正式开办，3 月 10 日图书馆亦正式开馆。1947 年，民教馆内分社会教育、出版两组。阅览室订有《北平日报》《民国日报》《奋斗日报》及新出版的各种杂志。“图书置有新旧书籍甚多，阅读者甚形踊跃。”丰镇县民众教育馆图书室由

① 杨毓华、陈宗隆：《读史追忆》，《贵阳文史》1997 年第 4 期。

丰镇县人民政府接收，开办书报阅览室、游艺室和幼儿学习班等[①]。

第三节　解放区图书馆的社会教育

解放战争时期是解放区图书馆发展和社会教育事业的一个特殊阶段。自1945年日本投降至蒋介石发动全面内战以前，原来各解放区的图书馆事业继续向前发展，藏书量不断增加，各级各类图书馆工作日益开展。1946年6月底，共产党领导下的各解放区进入战时阶段，随着人民解放战争连续胜利，解放区不断扩大，人民的文化教育事业又有了蓬勃的发展，直至中华人民共和国成立。1946年12月10日，陕甘宁边区颁布《战时教育方案》，强调各级学校及一切社会教育组织部应采取新形式、充实新内容，进行制度和形式上的调整完善，努力为战争服务[②]。1946年9月，东北行政委员会下发《关于改造学校教育与开展冬学运动的指示》，强调“使教育服务于新民主主义的政治斗争，服务于东北人民的和平民主建设事业”[③]，解放区的图书馆社会教育活动正是在中国共产党总教育方针的指导下取得了新成绩。

一、解放区图书馆发展概况

解放战争时期各解放区的图书馆事业，可分为老解放区和新解放区两个部分。老解放区包括陕甘宁、晋察冀、晋冀豫、冀鲁豫、晋绥区、冀热辽区、山东区、苏北区、苏中区、苏浙皖区、浙东区、淮北区、淮南区、皖中、湘鄂区、东江区等。抗日战争胜利前后，陕甘宁等老解放区的图书出版、学校教育、社

---

① 金海：《从传统到现代：近代内蒙古地区文化史研究》，内蒙古人民出版社，2009年，第92—95页。

② 中央教育科学研究所编《老解放区教育资料（三）解放战争时期》，教育科学出版社，1991年，第5页。

③ 辽宁省教育科学研究所编《东北解放区教育资料选编》，教育科学出版社，1983年，第2页。

会教育以及文化事业中的图书馆活动都有了较大的发展。在数量和藏书方面较前一段时期均有所发展，各级各类图书馆均不断充实完善。1946 年 6 月，国民党军队挑起全面内战，调集 130 余万军队大举进攻各解放区。当国民党军队全面进攻被粉碎以后，又改为对山东解放区和陕甘宁解放区的重点进攻。在这种形式下遭到敌人进攻的各根据地的图书馆活动，有的停止了，有的缩小了工作内容。随着人民解放军转战各地的不断胜利，各根据地图书馆又开始了新的发展。1948 年 3 月，米脂县开办了斌丞图书馆，这标志着边区图书馆事业即将迎来新的发展时期。1948 年 4 月 22 日，人民解放军收复了延安，5 月 11 日，陕甘宁边区政府重返延安城，恢复重建了中山图书馆。随后鲁迅图书馆恢复开放，西北党校、延安大学、延安中学、延安保育小学的图书馆迁回延安后也陆续恢复开放。1948 年 6 月，又新开办了延安大学洛川分校图书馆和西北财经学校图书室。边区其他地区的图书馆如子洲图书馆、米脂中学图书馆也重新整理开馆。这一时期各个老解放区的图书馆活动，为了适应战争环境，基本上都是阶段性的发展，直至迎来全国解放。

解放战争初期，针对社会教育对象、任务、内容和形式的不同，老解放区陆续制定多项政策，不断强化对各项社会教育的指导，其中就包括图书事业和图书馆（室）社会教育工作，如 1945 年 9 月，中共晋察冀区发布《晋察冀边区行政委员会冀热辽行署关于新解放区教育工作的通知》①，对社会教育工作作出了部署，其中提到：改造教育馆，取缔反动性之图书报章，使之真能为群众服务，为政府宣传政策法令；指导各学校附设群众图书馆。10 月 25 日，颁布《边委会关于深入开展冬学运动的指示》，规定以冬学委员会或民校委员会统一领导、群众自愿、自由结合、分散学习为原则，以按照生产单位划分教育单位开展业余学习活动，建立经常性的业余学习组织，如补习班、工人夜校等，并试

① 崔相录：《东方教育的崛起：毛泽东教育思想与中国教育 70 年》，河南教育出版社，1993 年，第 192—193 页。

办大众图书馆、通俗讲演所、书报阅览室、公共阅报牌等。[①] 1946年5月10日，在《边委会关于目前教育工作的指示》中再次强调：在中小城市和较大集镇要建立经常性的工人市民夜校、民校、识字班、补习班等学习组织，有条件地创办民教馆，组织阅读、展览、讲座，以达到为解放战争、土地改革和边区生产建设服务的目的。

同时，新开辟的各解放区图书馆在创建和开展工作方面卓有成效。新解放区的图书馆的发展基本上有两种情况：一种是接收与改造旧有图书馆，如哈尔滨市立图书馆、黑龙江省立图书馆、山东省立图书馆、西安市图书馆以及这些地区学校、厂矿企业、机关团体和民教馆图书室等类型的图书馆。这些图书馆经过整顿改造、查清馆藏，增加解放区的新书刊，配备新干部，整顿图书馆干部队伍，建立新的规章制度，以全新的面貌重新开馆。另一种则是根据形势的发展，为满足广大人民群众的需要而建立的新馆，如东北图书馆、承德市图书馆、长春市图书馆、张家口市图书馆、冀中群众图书馆、山东潍坊特别市市立图书馆等。这些图书馆是适应广大群众需要，合理布局，为宣传党的方针政策而创办的。图书馆一边积极建馆，一边想方设法开展活动，受到广大群众的欢迎。这些图书馆中比较典型的是东北图书馆，开馆之后，在积极收藏各种书籍的同时，利用丰富的馆藏支援解放战争，配合"土地改革"和生产建设开展各项工作，例如图书馆积极开展读书活动，开辟"泽东文库""鲁迅文库"等专藏供读者阅读，并组织读者学习讨论会，设立儿童阅览室，积极开展服务工作。为了发展各解放区的图书馆工作，根据图书馆总结的工作经验，编辑出版了《东北图书馆概况》一书，为解放区的图书馆工作提供了可贵的经验[②]。

---

① 王谦主编《晋察冀边区教育资料选编　教育方针政策分册》（下），河北教育出版社，1990年，第139—144页。

② 谢灼华主编《中国图书和图书馆史》，武汉大学出版社，1987年，第387页。

二、解放区图书馆社会教育的背景

解放区图书馆事业是中国共产党领导下的社会教育的一部分。解放区图书馆社会教育首先是工农教育，中国共产党把马克思主义和中国社会实际相结合，开辟了一条开展工农教育的道路，它立足于工人和农民的利益，从谋取工农的平等、自由的权利出发，实行教育普及。总体来说，工农教育是社会教育的新思路，是学制系统以外的，由中国共产党领导和推动的，对广大的工人和农民及其子弟，利用社会教育的机构与设施，进行的一种有计划、有目的、有组织的教育活动。同时，它也是新民主主义教育，以毛泽东的文化教育思想为基本内容，为新民主主义的政治经济服务。

解放战争时期，革命根据地的教育发展到一个新的阶段，这个时期的教育，面临新的形势、新的环境：随着解放战争的胜利和解放区不断扩大，社会教育的范围扩大，工作重心逐渐向城市转移，提出了工人教育和市民教育的问题。因此这一时期的教育任务是：既要巩固老区，提高老区的教育质量，又要发展新区教育；既要继续注重农村的教育，又要发展城市教育①。中国共产党及领导下的人民政府总结以往农村社会教育工作中好的经验，结合城市特点进行社会教育，迅速建立起了新的革命的教育。分布于各解放区的图书馆尽管规模不同、称谓不同、形式各异，但均发挥着进行农民教育、工人教育、培养干部、巩固解放区革命基础的作用，是不可替代的教育机关。

三、解放区图书馆的政策与宗旨

解放区图书馆是在特殊的历史条件下产生和发展的，其建馆宗旨是为革命服务、为工人阶级服务、为前线战士服务，中央和地方政府充分认识到了图书

① 董纯才主编《中国革命根据地教育史　第三卷》，教育科学出版社，1993年，第31页。

馆在社会上的作用。在战争年代，积极发展图书馆事业、开展各类教育，为革命群众服务，是中央和地方政府当务之急的工作。北平市立图书馆通过举办巡回图书站，把书送到工人们的手里，同时，民众教育馆和市立阅书报处亦积极筹谋进一步直接服务于工人阶级。济宁为开展民众的文化教育，特设市立图书馆、民众教育馆、职业学校、阅报室等。刚解放的徐州随即宣布，“将陆续筹备图书馆、俱乐部、书店等为青年同学服务”。石家庄人民政府则表示，“本市过去没有图书馆的设置，根据解放后将近一年来的事实证明，为满足群众日益增长的读书要求，花一定力量，筹办一定规模图书馆实属必要”。解放区的一些科学社团也纷纷表示应尽快建立图书馆①，中华自然科学社北平社友大会一致认为，为配合人民的需要，科学界应团结一致，分工合作，以期发挥最大的效能，科学的普及和提高不是对立的，而是协调的，因而对行将召开的全国科学会议提出了几项具体的意见，包括“设立科学博物馆和图书馆，广泛地普及科学教育”。解放区图书馆的地位大大提高，大家都认为图书馆是一个重要的社会文化教育机构，这种定位，也更加有利于图书馆为社会服务。

四、解放区图书馆社会教育形式

1. 开设阅览室

图书馆开设阅览室是对读者开展教育的基础条件。北平市邮政职工在北平市总工会筹委会指导下，指定筹委 15 人（内有 9 人是邮政工人）成立新的邮政工会筹委会，进行组织、文教、劳动保险等工作，为帮助邮工学习，图书馆添买许多新的书报杂志，并成立了阅览室，设立轮流学习班，每班 120 人，七天为一期。1946 年 2 月，旅顺市民主政府成立后建立旅顺民众教育馆，内设图书阅览室，向市民开放。1949 年，民众教育馆撤销，成立旅顺文化馆，内设图书部，有藏书 3351 册，向旅顺市政府工作人员开放；翌年向市民开放，藏书增至

---

① 薛大为：《略论解放战争期间解放区图书馆的历史贡献》，《兰台世界》2006 年第 7 期。

2 万余册。旅顺市的 173 个村（坊）建立农民俱乐部 56 处、简易图书室 76 处，5 个区建有典型图书室，各图书室均有专人负责，并制定了借阅制度。除借给本村（坊）的群众阅读外，还向外村流动。另外，在工厂、街坊和农村建有 5 个活动图书站。

民教馆沿袭了近代以来的功能设置，图书服务功能居于重要位置，比如“搜集图书、举办巡回图书馆和登记出借图书”；冀中地区在 1947 年所辖 15 个县市建立了民教馆，馆内设有总务部、图书部和艺术部，开办最早的是 1945 年建成的辛集民教馆，最晚的是 1947 年建成的河间民教馆。① 1945 年创设的张家口民教馆也开设阅览室，有报纸 25 种，通俗读物 1000 多本，供群众看报、借阅，平均每天阅览人数达 1840 人。② 左权民教馆及附设图书馆在全民族抗战期间就是基层文化阵地，1945 年由桐峪迁回县城，经半月整顿，面目焕然一新，内分图书、展览二室，图书室有新书 100 多种，展览室里张贴着本县各种英雄的生产战斗连环图及各种卫生挂图，该馆经常下乡宣传，并于每日午饭后在城中大楼上广播，颇得群众好评。五台区民教馆常与冬学运动、学习站或民革室联合起来共同搞图书借阅、举办讲演、开读书报告会等活动。

2. 流动图书馆和“文化棚”

各解放区普遍采用流动图书服务形式如文化棚、文化货郎担子等，除了提供书刊，还有各种宣教活动，目的是使群众利用空闲更便捷地获得知识。为了使文化活动的各部门互相配合，使高台教化与低台教化相结合，山西屯留县绛河、麟山两个县剧团中各设“文化棚”，也就是流动图书馆，里面有各种农村应用书刊，还有鼓书、快板、讲故事等活动。每到一处演出，有专人负责，在未开戏前，利用观众的空闲时间进行宣传、卖书、讲书、让群众阅读，这种做法取得了很好的成绩。③ 济南市在“服从生产，便利职工”的原则下，成立了各种职工的学习和娱乐组织，或建立了职工学校或业余学校，或建立了各种补习

---

① 王谦主编《晋察冀边区教育资料选编　社会教育分册》，河北教育出版社，1990 年，第 543 页。
② 曹剑英、刘茗、石璞：《晋察冀边区教育史》，河北教育出版社，1995 年，第 277—288 页。
③ 墨遗萍：《推广文化棚工作》，《太岳文化》1947 年第 1 卷第 8 期。

班或技术研究班。职工们经过一个时期的学习后，已体会到学习的好处，积极要求提高文化、政治和技术水平，在这种情况下，“市总工会筹委会建立之流动图书馆，有千余册书刊流动于各厂”。

流动服务还包括设立巡回阅览站，相当于图书馆分馆，由馆里发出图书，到馆外提供服务，这种送书上门的服务形式缓解了图书缺乏的矛盾，便于市民利用。如北平市立图书馆为协助市民对新文化之学习，于全市“筹组巡回阅览站。开办以来，接获各方申请30余单位。该馆于工人劳动团体尽先成立之原则下，已先后设立十站，发出图书杂志千余种，各巡回站总人数已达一万多人”①。

3. 俱乐部附设图书室

大连市1946年9月成立中苏友好协会俱乐部，内设图书室，这是旅大解放以来，由群团组织建立的第一个公共图书室。该图书室建立后，通过建立读书会、研究小组、学习小组和举办读者座谈会、时事问题解答晚会、星期讲坛，苏联常识问题解答晚会、黑板报、图片展览等各种形式开展读书与辅导活动。读书会根据读者的爱好分为文学、社会科学等组，提供相应图书供阅读，请专人进行讲解辅导，经常参加活动的有93人。研究小组活动每月举办一次，结合阅读图书、写读后感、进行专题讨论，提高读者的阅读能力和理论水平。学习小组活动主要是配合重大节假日举办，先由该室编好参考书目，按不同文化程度分编成学习小组，进行阅读和讨论。该室还利用重大节假日，深入公园、广场和基层支会，建立图书流动服务站，开展图书的流动阅览活动。旅顺市、金县和大连县支会也建有中苏友协俱乐部，内设图书室。1948年，俱乐部组织了宣传工作队，深入基层支会开展宣传教育工作，工作队配备流动图书馆和流动图片展览，吸收流动图书读者6000余人。据1948年9月统计，该图书室有藏书1941种7373册；借阅人数3588人次，阅览人数5909人次，发放读者证1319人。每月平均阅览人数为370人次，借阅图书225人次；主要读者为学生，占三分之二，还有工人、职员、警察、店员等。各支会也设有图书阅览室，据1948

① 《平市图书馆　广设巡回阅览站》，《人民日报》1949年3月17日。

年9月统计，共有图书374种3415册①。

4. 企业内部图书馆

在企业内部建立的图书馆，能让职工在工作之余方便地学习科学文化知识，成为政府图书馆的有益补充。唐山各厂矿职工掀起空前高涨的学习热潮，职工们先后自发成立了学习小组和学习委员会，主办图书馆和阅览室，开展工余的政治、文化和技术学习。此外如电讯局、军管冀北电力唐山分公司、启新、华新的职工们，都有同样的学习组织和图书馆。张家口市各公营企业职工积极学习政治与文化，平绥铁路总工会成立了总学委会，还设立图书馆，便于员工学习，同时聘请专人解答学习中的疑难问题；井陉煤矿公司积极兴办职工福利事业，文化教育方面，设立了工人夜校、职工夜校，两个职工子弟学校，共五六百人，两个图书馆，藏书千余册，订《人民日报》及《石家庄日报》80余份，有剧团两个，并设俱乐部，出版《矿工报》与办黑板报等。枣庄的中兴公司拥有一个科学知识比较完备的图书馆；榆次晋华纺织厂是山西规模最大的纺织厂，该厂成立职工筹委会，在筹备时间，对工人进行了更深入的了解，并在工人的要求下，组织了识字班，建立了图书馆，工人学习情绪大为提高。

值得一提的是，当时也有很多的群众喜爱新华书店开放式的服务模式，这种服务类似于阅览室，他们认为这种形式较为适合，便于读者选购和阅览。有一群众写道："我在武安冶陶新设的新华书店门市部，看到新书满架，可惜只能站在柜台外边看看，要想浏览一下，略知其内容，以便选择购买，却不能够。因此，我建议该店：将每种书籍，各挑一本，装在案头小书架内，放在柜台上，任人翻阅，使书店图书馆化。"同时，他还认为，"延安新华书店柜台外即设有座位，可供阅览，于是读者川流不息"。

在旅大特殊解放区，1946年12月，旅大职工总会建立后开展了图书馆（室）的建设工作，把图书馆（室）作为向职工传播科学文化知识的阵地和陶冶职工情操的学校；积极发动各厂矿、企业的基层工会建立工人俱乐部，内设

① 张本义：《百年图书府（上）》，万卷出版社，2011年，第44页。

图书馆。到1949年年初，全市工会系统已建立了中长铁路工人的火车头俱乐部、交通公司工人的“工人之家”、船渠工人的火轮船俱乐部。后来又建立了码头（海港）工人俱乐部、建新公司工人俱乐部和西岗区工人俱乐部等。这些俱乐部内都设有图书馆（室）及阅览室。各厂矿的基层工会也普遍建立了图书室、阅读室，共72处。

5. 随军书店（图书馆）

随军书店最早在新四军抗日根据地创立，它为抗战军民提供通俗读物、革命理论和文艺书籍，起到了战地图书馆的作用①。山东解放区建立的随军书店全称“华东军区、第三野战军随军书店—图书馆”，其前身是山东新华书店随军书店，刚建立时，存在单纯的营业观点，以为书店就是卖书的，因此工作很难展开，但某纵队却利用书籍办了个图书馆，立刻受到部队同志的欢迎，这给随军书店工作指引出一条明确的道路，也是书店工作模式的创新。随军书店就不再单纯卖书，而是帮助机关、连队、学校组织读书组，建立小型图书馆②，增加了图书馆职能后，“随军书店—图书馆”顺应变化，一心为军队服务，逐渐成为军队文化生活中的重要部分。野政分店图书馆在建立的第一个月，即有400个同志来借书，并推动了警卫连、供给部、保卫部等单位建立了小型阅览室。在行军途中，随军书店—图书馆则常常选择适合连队需要的书籍打成易解易扎的小包，行军间隙里打开给大家看，当部队转入新区作战时，还同时为新区群众服务，特别在刚解放的城市中，通过展览广泛宣传了党的政策和毛泽东思想，把新民主主义文化带到新区。太岳新华书店晋南分店为将文化食粮送到前线人员手里，也办起战地流动书店，由负责人各带一个流动书店，深入围困运城的火线上。

“随军书店—图书馆”是我党创建的服务于战时需要的机构，它担负着解放战争时期军队思想建设、理论指导、文化教育等方面的功能，是我军克敌制胜

① 甘发俊：《新四军的随军书店》，《江淮文史》1998年第4期。

② 钟虹、鲁明：《解放战争时期的山东新华书店》，载新华书店总店主编《书店工作史料第一辑》，1979年，第296—303页。

的思想文化武器。首先，“随军书店—图书馆”以流动借阅的形式服务，真正做到了图书“下基层”。其次，提升官兵科学文化素养。我军自创建以来就有善于学习的优良传统。朱德同志曾说，“要克服游击主义习气，务使大家重视学习，关心学习，积极起来”[①]。在当时我军官兵的文化水平普遍较低的情况下，“随军书店—图书馆”出版了《人民军队三字经》，将其选为临时课本，为便于战士携带，课本做成了 64 开[②]。官兵文化素养的提升有助于提高我军的作战能力。再次，采用了“分店—图书馆”和“支店—图书馆”模式。“一支店—图书馆”开办初期恰逢胶东保卫战，1948 年 1 月 6 日，一纵队攻克许昌并在当地进行为期半个月的新式整军训练，其间，“一支店—图书馆”首次举办书报展，采用图文并茂的方式进行宣传。解放开封后，在三野宣传部部长陈其五的直接领导下，与文工团联合举办了书报展览，共计有 3 万余群众参观。此后，跟随部队在徐州、蚌埠等城市开展新区宣传工作，在广袤的城市乡村土地上送知识、传智慧、撒光明，直到上海战役结束。最后，配合军队在接管的新区开展宣传工作。为了宣传我党的先进性和“为人民服务”的执政理念，“随军书店—图书馆”针对不同的读者群体进行相应服务内容，在农村地区，配合土地改革运动，推出《游击区边缘区土地改革经验》等小册子，受到农民拥护。在已解放的城市，“随军书店—图书馆”翻印《论知识分子》《目前形势与青年任务》等书，向知识分子和青年学生传播新思想，提高其政治觉悟，为城市的接管工作提供帮助。渡江战役后，七中心支店曾在杭州工作达 77 天[③]，“随军书店—图书馆”因地制宜、因时制宜地在新区开展宣传工作，取得了积极成效。

---

① 朱德：《军事教育必须从实际出发》，转引自陶然、赵更群主编《中国教师百科全书》，中国国际广播出版社，1994 年，第 58 页。

② 《华东新华书店简史》编写组编《华东新华书店简史》，文汇出版社，1998 年，第 230—233 页。

③ 中国出版科学研究所、中央档案馆编《中华人民共和国出版史料（1949 年）》，中国书籍出版社，1995 年，第 399 页。

五、解放区图书馆社会教育的历史作用

图书馆教育和冬学、民校、识字班、庄户学等都是解放区社会教育的组成部分，民族的、科学的、大众的新民主主义教育是解放区图书馆社会教育的基本方针，在具体开展中遵循“以工农大众为主要对象，实施免费的普及教育”①“改善教育内容，加强政治教育，实施教育与实际生活统一”②“实现知识大众化、社会教育化、文化组织化的原则，定期消灭文盲”等原则③，因此在中国共产党领导和广大军民的共同努力下，取得了显著成就。

1. 增强了解放区民众对党的政治认同

人民群众对党中央方针政策的拥护和政治认同在很大程度上决定了解放区建设全局的发展和中国革命事业的顺利完成，解放战争时期各解放区处于不同的战争环境，面对国民党反动派的军事进攻、解放区生产支前任务的繁重，巩固人民群众力量、增强人民群众对党的政治认同成为克服困难、扭转胜利局势的重要法宝。解放区图书馆配合中央和各级指示，以丰富的形式加强政策宣传、民众引导和政治教育，注重研究现实特点，按照人民群众自觉自愿的原则，根据斗争的实际需要决定教育的内容，提高了人民群众的政治觉悟和对党的政治认同。

2. 紧密配合党的中心任务，服务全局

抗战胜利后，解放区图书馆配合不同时期的中心任务，恢复发展各种教育形式，加强识字、文化教育和政治、思想教育，提高了人民群众的科学文化水平和对党中央政策指示的拥护；配合土地改革，开展以形势任务为中心的宣传工作，巩固了解放区建设工作。在老解放区，经过“土改”“大生产”等运动，农村情况发生了根本变化，广大农民对于文化的要求日益迫切，图书馆（室）

① 刘桂林：《山东抗日根据地的宣传》，中共党史出版社，2005 年，第 116 页。

② 同上书，第 47 页。

③ 同上书，第 48 页。

配合学校教育、识字班等开展文字教育和阅读推广；在新解放区，建立工厂或行业图书馆，采取适当形式对工人进行文化技术和时事政治教育，在政治上启发了工人阶级觉悟，培养了大批积极分子。以东北解放区为例，据1949年8月统计，全东北解放区共有200个文化馆、124个文化站、29个图书馆。这些文化馆（站）、图书馆在开展市民教育方面做出了重要贡献，服务对象是一般市民、家庭妇女、店员、独立劳动者、手工业工人。如哈尔滨市北付家区文化馆，1947年至1949年9月，两年共购置图书23种2227册，画片689幅，报纸杂志数十种，平均每天读者或观众700人左右，为群众代书问事7387件①。

解放区城乡各地的图书馆社会教育内容丰富，配合党的中心工作，及时有效地宣传了党的方针政策，对教育群众、组织群众参加人民解放战争，参加“土改”和“大生产”运动，对肃清封建意识和盲目观念，破除迷信，树立革命思想，都起了积极作用，并对中华人民共和国成立后的图书馆教育事业有着深远影响。

---

① 董纯才主编《中国革命根据地教育史　第三卷》，教育科学出版社，1993年，第176页。

结语

社会教育是以“启民智”为核心目标的教育过程，图书馆也成为推进社会教育发展的重要力量。“自从社会教育发达以来，图书馆在社会上的位置，也为之一变。”1949 年 5 月 16 日，联合国教育、科学及文化组织通过的第一版《公共图书馆宣言》，将公共图书馆定位为“重要的社区力量”和“人民的大学”。考察近代图书馆社会教育的历史过程及功能演变可以看出，图书馆作为没有围墙的大学，在文化传播、社会教育以及信息提供等方面具有先天优势。一是全民性的教育对象。公共图书馆的服务宗旨是让每个人都享有平等利用图书馆的权利，无论贫富贵贱、地位尊卑、健康与否，公共图书馆都公平地对待每一位读者，因为其服务对象是全体民众。二是优质丰富的馆藏资源。公共图书馆是一个地区的社会记忆储备机构，前来学习的读者即使知识水平、知识结构、需求目的千差万别，但是面对海量的文献信息资源，都可以找到自己的“知识归属”，满足受众群体的多样化需求。三是多元化的教育手段。自公共图书馆诞生以来，随着新技术的更迭，其开展社会教育手段也呈现出多样性，满足了不同读者群体在不同时间和空间上对图书馆的需求。四是可持续的教育资源。随着文献出版物的不断面世，网络和数字资源的更新，使得图书馆资源得以补充并保持与时俱进，这满足了图书馆社会教育的持续性和稳定性。五是公益性的教育服务。图书馆是一个公益机构，服务广大民众，读者利用图书馆或参与图书馆社会教育活动均免费，这种优势是社会上其他教育机构所无法比拟的。

图书馆教育相对于家庭教育、学校教育有着全面性、自主性、多样性、持久性的特点，所以人们称图书馆教育是自动的教育、自修的教育、全面的教育、终身的教育。在媒介革命、服务创新以及“泛在·无界·生态”理念培育下，图书馆应当充分发挥职能优势，更广泛地开展新时期的社会教育服务工作，并使之成为公共文化服务体系的一部分。首先，要发挥资源优势。图书馆是一个不断生长着的有机体，是文献情报信息的聚散中心，无论是纸质还是数字资源，在数量上都是其他社会教育机构所无法匹敌的。这些资源，涉及各学科门类和生活领域，且随时更新，能满足不同文化层次读者的实际需要，可为市民提供可持续、终身且稳定的社会教育。其次，拓宽教育服务类型。要借力新技术、融入新媒体，突破传统图书馆服务的樊篱，向全方位、多元化文化服务发展。最后，利用体系优势。公共图书馆、部门图书馆、学校图书馆、专业图书馆、社区图书馆、乡村图书馆等图书馆体系已形成并拥有完善的服务职能，可方便实现资源共建共享，建立起以城带乡、统筹发展、惠及全地区民众的公共服务网络。在此基础上，还可以通过多种机制实现以公共图书馆服务体系为主干，多种形式教育资源为补充的格局。

主要参考资料

［1］王冬桦、王非主编《社会教育学概论》，教育科学出版社，1992 年。

［2］王雷：《中国近代社会教育史》，人民教育出版社，2003 年。

［3］马宗荣：《社会教育纲要》，商务印书馆，1947 年。

［4］瞿葆奎主编《教育学文集　第十四卷　教育制度》，人民教育出版社，1990 年。

［5］黄书光：《变迁与转型：中国传统教化的近代命运》，上海教育出版社，2014 年。

［6］吴洪成、姜柏强：《新儒家梁漱溟的教育事业》，山西人民出版社，2018 年。

［7］周慧梅：《民国社会教育研究》，湖南教育出版社，2018 年。

［8］朱有瓛、戚名琇、钱曼倩、霍益萍编《教育行政机构及教育团体》，上海教育出版社，2007 年。

［9］李桂林、戚名琇、钱曼倩编《普通教育》，上海教育出版社，2007 年。

［10］陈学恂主编《中国近代教育史教学参考资料（上册）》，人民教育出版社，1986 年。

［11］邹华享、施金炎：《中国近现代图书馆事业大事记》，湖南人民出版社，1988 年。

［12］陈侠、傅启群编《傅葆琛教育论著选》，人民教育出版社，1994 年。

［13］刘晓云：《近代北京社会教育发展研究（1895—1949）》，知识产权出版社，2013 年。

［14］高平叔撰著《蔡元培年谱长编　第一卷》，人民教育出版社，1999 年。

［15］丁文江、赵丰田编《梁启超年谱长编》，上海人民出版社，1983 年。

［16］沈祖荣：《沈祖荣文集》，武汉大学出版社，2013 年。

［17］中国第二历史档案馆编《中华民国史档案资料汇编　第三辑　文化》，江苏古籍出版社，1991 年。

［18］舒新城编《中国近代教育史资料》，人民教育出版社，1981 年第 2 版。

［19］李景文、马小泉主编《民国教育史料丛刊》，大象出版社，2015 年。

［20］刘国钧著，史永元、张树华编辑：《刘国钧图书馆学论文选集》，书目文献出版社，1983 年。

［21］范并思等编著《20 世纪西方与中国的图书馆学——基于德尔斐法测评的理论史纲》，北京图书馆出版社，2004 年。

［22］吴洪成：《中国近代教育思潮新论》，知识产权出版社，2016 年。

［23］宋恩荣主编《晏阳初全集（全 4 册）》，天津教育出版社，2013 年。

［24］刘劲松：《抗战时期中国图书馆界研究》，商务印书馆，2018 年。

［25］陈源蒸、张树华、毕世栋编《中国图书馆百年纪事（1840—2000）》，北京图书馆出版社，2004 年。

［26］谢林主编《陕西省图书馆馆史（上、下）》，三秦出版社，2009 年。

［27］李希泌、张椒华主编《中国古代藏书与近代图书馆史料（春秋至五四前后）》，中华书局，1982 年。

［28］辽宁省教育志编纂委员会编《辽宁教育史志资料》，辽宁大学出版社，1990 年。

［29］张蓉：《中国现代民众教育思潮研究》，中国文史出版社，2005 年。

［30］江西省档案馆、中央江西省委党校党史教研室编《中央革命根据地史

料选编》，江西人民出版社，1982 年。

［31］《中央苏区文艺丛书》编委会编《中央苏区文艺史料集》，长江文艺出版社，2017 年。

［32］教育科学研究所筹备处编《老解放区教育资料选编》，人民教育出版社，1959 年。

［33］江西省文化厅革命文化史料征集工作委员会编《江西抗战文化史料汇编》，江西省文化厅革命文化史料征集工作委员会办公室，1997 年。

［34］陕西师范大学教育研究所编辑《陕甘宁边区教育资料（社会教育部份）》（上册），教育科学出版社，1981 年。

［35］陕西省档案馆、陕西省社会科学院编《陕甘宁边区政府文件选编（第一辑）》，陕西人民教育出版社，2013 年。

［36］《晋察冀抗日根据地》史料丛书编审委员会、中央档案馆：《晋察冀抗日根据地——第一册（文献选编上、下）》，中共党史资料出版社，1989 年。

［37］中共山东省委党史研究室：《中共山东地方史　第一卷》，山东人民出版社，1998 年。

［38］王谦主编《晋察冀边区教育资料选编　干部教育分册》（上），河北教育出版社，1990 年。

［39］董纯才主编《中国革命根据地教育史　第三卷》，教育科学出版社，1993 年。

［40］辽宁省教育科学研究所编《东北解放区教育资料选编》，教育科学出版社，1983 年。

［41］余子侠、冉春：《抗日战争时期中国教育研究》，团结出版社，2015 年。

［42］谢灼华主编《中国图书和图书馆史》，武汉大学出版社，1987 年。

［43］赖伯年主编《陕甘宁边区的图书馆事业》，西安出版社，1998 年。

［44］顾明远主编《中国教育大系：20 世纪中国教育》，湖北教育出版社，2015 年。

[45] 郑智明主编《福建省图书馆百年纪略（1911—2011）》，鹭江出版社，2011年。